ALLEN GINSBERG

# DEATH
# & FAME

# ALLEN GINSBERG

# DEATH & FAME

## POEMS 1993–1997

Edited by Bob Rosenthal, Peter Hale, and Bill Morgan

*Foreword by Robert Creeley*

*Afterword by Bob Rosenthal*

### HarperPerennial

*A Division of HarperCollinsPublishers*

A hardcover edition of this book was published in 1999 by HarperFlamingo, an imprint of HarperCollins Publishers.

HarperCollins books may be purchased for educational, business, or sales promotional use. For information please write: Special Markets Department, HarperCollins Publishers, Inc., 10 East 53rd Street, New York, NY 10022.

First HarperPerennial edition published 2000.

The Library of Congress has catalogued the hardcover edition as follows:

Ginsberg, Allen, 1926—1997
    Death and fame : last poems, 1993–1997 / Allen Ginsberg. — 1st ed.
      p.  cm.
   ISBN 0-06-019292-5
   I. Title.
  PS3513.I74D42  1999
  811'.54—dc21                                  98-39988

ISBN 0-06-093083-7 (pbk.)

00 01 02 03 04 ❖/RRD 10 9 8 7 6 5 4 3 2 1

# CONTENTS

# ACKNOWLEDGMENTS

The editors wish to acknowledge the following people for their help and support: Andrew Wylie, Sarah Chalfant, Jeff Posternak, Terry Karten, Megan Barrett, Jaqueline Gens, Eliot Katz, Steven Taylor, Ben Schafer, and Regina Pellicano.

Thanks to the hospitable editors, variants of these writings were printed first in: *Aftonbladet, Allen Ginsberg e Il Saggiatore, The Alternative Press, American Poetry Review, American Sentences, Ballad of the Skeletons* [recording], *The Best American Poetry 1997, Bombay Gin, Booglit, City Lights Review, Cuaderno Carmin, Davka, Harper's* magazine, *Harvard* magazine, *Illuminated Poetics, Lettre International, Literal Latté, Long Shot, Man Alive, The Nation, New York Newsday, New York Times Book Review,* the *New Yorker, Off the Wall, Poetry Flash, Poetry Ireland Review, Shambhala Sun, Tribu, Tricycle, Viva Vine, Viva Ferlinghetti!,* and *Woodstock Journal*.

# FOREWORD

*Vale*

This is Allen Ginsberg's last book, particular to his determining intent, his last writings when in hospital aware of his impending death, his last reflections and resolutions—his last mind. When he was told by the doctors that he had at best only a short time to live, he called his old friends to tell them the hard news, comforting, reassuring, as particular to their lives as ever. Despite the intensely demanding fame he'd had to deal with for more than forty years, he'd kept the world both intimate and transcendent. It was a "here and now" that admitted all the literal things of each day's substance and yet well knew that all such was finally "too heavy for this lightness lifts the brain into blue sky/at May dawn when birds start singing on East 12th street . . ." He was, and remains, the enduring friend, the one who goes with us wherever we are taken, who counsels and consoles, who gets the facts when it seems we will never be told them, who asks "Who'll council who lives where in the rubble,/who'll sleep in what brokenwalled hut/in the moonlight . . ." He kept a witness of impeccable kind.

The playful, reductive, teasing verses, which could sometime make this world seem just the bitter foolishness it finally has to, sound here clearly. What is the grandness of death, of a body finally worn out, at last the simple fact of stubbornly reluctant shit and a tediously malfunctioning heart, of "all the accumulations that wear us out," as he put it, when still a young man? There is no irony, no despair, in delighting as one can in "No more right & wrong/yes it's gone gone gone/ gone gone away . . ." No poet more heard, more respected, more knew the intricacies of melody's patterns. He took such pleasure in the whimsical, insistent way the very rhythms could take hold of attention, bringing each word to its singular place.

"Chopping apples into the fruit compote—suffer, suffer, suffer, suffer!" His company insisted upon music and he danced with a consummate grace.

Now we must make our own music, albeit his stays with us forever. William Blake's great call, "Hear the voice of the bard . . .," now changes to "The authors are in eternity," because ours is a passing world. Yet the heroic voices, the insistent intimacies of their tenacious humanity, hold us in a profound and securing bond. Where else would we think to live? Our friend gave his whole life to keep faith with Whitman's heartfelt insistence, "Who touches this book touches a man." So Allen Ginsberg will not leave us even now. "To see Void vast infinite look out the window into the blue sky."

*Robert Creeley*
*June 13, 1998*

# DEATH
# & FAME

Coordinate National crash program to research inexpensive anti-
     AIDS medicines.

Separate Church & State in arts, education & civil law. Restore Na-
     tional Endowment for the Arts & FCC freedom from
     Fundamentalist political intrusion.

Sexuality's loose not fixed. Legalize it.

Decriminalize addictive drug problem, doctors can cure addiction or
     provide maintenance if no cure. Reduce mass-million expense
     on narcotics-addicted political prisoners overcrowding courts
     & jails, Medicalize drug trade.

Decriminalize marijuana, its disadvantages are minor; reserve hemp
     grass as unadvertised private small cash crop for failing
     family farms, encourage hemp fabric industries.

Privatize & entrust psychedelics to medical educational priestly
     professions. End Military monopoly on LSD research and
     development.

End tobacco farming subsidies, cut use. Ex-Nicotine lobbyists working
     in Clinton's new White House can stop smoking.

Shift agricultural subsidies toward grain beans & vegetable diet. Tax
     meat as a nutritional agronomic & ecologic disaster.

With massive scale reforestation rural & in wilderness, plant also uni-
     versal urban tree rows.

Establish Civilian Conservation Corps for Urban homesteading, thin out
     corrupt local bureaucracies obstructing populist housing re-
     construction.

Encourage international trade in Eco-technology in place of enabling
     codependency on weapons trade.

Inaugurate National "Limits of Growth" Program for Population/Land Use/Pollution.

Jump start national state & city human and industrial waste compost & recycling.

Honor primary and secondary school teachers, elevate respect, reward educators as handsomely as Plumbers, reduce class crowding to human size, under 15 students; encourage national child-care projects.

Take back money from SLA bankruptcy profiteer goniffs.

Purge U.S. military death squad subsidies in Salvador, Guatemala, etc. We backed up dictators in Zaire, Somalia, Liberia, Sudan, Angola, Haiti, Iran, Iraq, Salvador, we're responsible: admit it then figure ways out.

Open CIA & FBI & NSA archives on Cointelpro raids, Government drug dealing, Kennedy/King assassinations, Iranian Contragate, Panama Deception, Vatican, Hand & Lavoro Bank thuggery, etc. including Bush-Noriega relations and other CIA client-agent scandals.

Open all secret files on J. Edgar Hoover-Cardinal Spellman-Roy Cohn-Joe McCarthy alcoholic Closet-Queen Conspiracy with Organized Crime to sabotage the U.S. Labor Movement, Native African-American Hispanic & Gay minority leaderships; and blackmail U.S. Presidents Congress each other for half century.

Get Government Secret Police (DEA CIA FBI NSA etc.) off our backs by the next millennium.

*January 17, 1993*

# Peace in Bosnia-Herzegovina

General Mother Teresa
    Emperor Dalai Lama XIV
        Chief of Staff Thich Nhat Hanh
          Army Chaplain John Paul II
    followed by the shades of Gandhi
    Sakharov, Sartre & his uncle
          Albert Schweitzer
went to the bombed out streets
talked to Moslem Bosnians in
    the burnt out grocery stores
parlayed with Croatian & Serbian Generals & Parliament
asked them to quit shooting & firing
    artillery from the mountainside
overlooking villages
    emptied of grandmothers—
So now there was quiet—a few fires
    smoldered in back alleys
a few corpses stank in wet fields
—But who owns these houses? The
    cinema theaters with broken doors?
Who owns that grocery store, that City Hall,
    that windowless school with broken
    rooftiles?
Who owns these little apartments, now
    all worshippers of Allah
pray in towns besieged 100 miles away
overcrowded in tenements & tents, with
    U.N. portosans at the crossroads?
Who owns these abandoned alleys &
    drugstores with shattered bottle shards over
    the sidewalk & inside the door?
Who'll be the judge, attorney, file
    legal briefs,

bankruptcy papers, affidavits of ownership,
      deeds, old tax receipts?
Who'll council who lives where in the rubble,
      who'll sleep in what brokenwalled hut
in the full moonlight when spring clouds
      pass over the face
of the man in the moon at the end of May?

*May 6, 1993, 3 A.M.*

# After the Party

amid glasses clinking, mineral water, schnapps
among professors' smiling beards,
sneaker'd classicists, intelligent lady millionaire
      literary Patron fag hags
        earth mothers of Lambeth, Trocadero,
        Hyde Park, 5th Avenue
blond haired journalists with bracelets, grand
        readers of Dostojevsky & Gogol—
senior editor escorts from Trotskyite weeklies,
lesbians sitting on glossy magazine covers—
what have we here? a kid moving from
      foyer to bathroom, thin body,
Pale cheeked with red cap, 18 year old window washer,
      came with Señora Murillo
She admired his impudence, amused by his
      sincere legs
as I admire his glance, he turns aside to
      gaze at me, I'm
happy to guess he'll show his
      naked body in bed
where we talk the refined old doctrine,
      Coemergent Wisdom

*Lódź, October 5, 1993*
*9:15 P.M. at "Construction in Process" poetry reading*

6

# After Olav H. Hauge

### I

Some live on islands, hills near Trondheim
Some in St. Moritz, or the forest depths
Some lonely have beautiful wives
castles, fine carpets on Wall Street
Buy & sell currencies, solitary on marble floors
consumed by a passion for fossil fuel
magnetized by cannons, lasers, bombsights, enriched uranium
or together play the stock market
They live & die at the throw of the dice
They're all businessmen
who have found eachother.

### II

*Fermented Jungle*

North wind blows
Fish fly around the room
wind dies down
Fish fly under water.

### III

Sometimes the Godliness
     strikes me as heroic
People mill about
Bodø won the Norwegian soccer cup
It's so crowded, fans are drunk
Peoples' feet get mixed up
That big man wanders around
       lost, barefoot
he can't find his feet—
Finally he goes out, late
on his way home
not sure if he's on
his own two feet

*Trondheim, October 25, 1993*

# These knowing age

These knowing age
fart
These knowing age
walk slowly
these knowing age
remind themselves of their grandmothers
these knowing age
take waterpills, high blood pressure,
       watch their sugar and salt
these knowing age eat less meat, some
       stopped smoking a decade ago
Some quit coffee, some drink it strong
These knowing age saw
best friends' funerals, telephoned
       daughters & granddaughters
Some drive, some don't, some cook, some
       do not
These knowing age often
keep quiet.

*Munich, November 5, 1993*

# C'mon Pigs of Western Civilization Eat More Grease

Eat Eat more marbled Sirloin more Pork'n
       gravy!
Lard up the dressing, fry chicken in
       boiling oil
Carry it dribbling to gray climes, snowed with
       salt,
Little lambs covered with mint roast in racks
       surrounded by roast potatoes wet with
       buttersauce,
Buttered veal medallions in creamy saliva,
       buttered beef, by glistening mountains
       of french fries
Stroganoffs in white hot sour cream, chops
       soaked in olive oil,
surrounded by olives, salty feta cheese, followed
       by Roquefort & Bleu & Stilton
       thirsty
for wine, beer Cocacola Fanta Champagne
       Pepsi retsina arak whiskey vodka
Agh! Watch out heart attack, pop more
       angina pills
order a plate of Bratwurst, fried frankfurters,
couple billion Wimpys', McDonald's burgers
       to the moon & burp!
Salt on those fries! Hot dogs! Milkshakes!
Forget greenbeans, everyday a few carrots,
       a mini big spoonful of salty rice'll
       do, make the plate pretty;
throw in some vinegar pickles, briny sauerkraut
       check yr. cholesterol, swallow a pill
and order a sugar Cream donut, pack 2 under
       the size 44 belt
Pass out in the vomitorium come back cough
       up strands of sandwich still chewing
       pastrami at Katz's delicatessen

Back to central Europe & gobble Kielbasa
        in Lódź
swallow salami in Munich with beer, Liverwurst
on pumpernickel in Berlin, greasy cheese in
        a 3 star Hotel near Syntagma, on white
        bread thick-buttered
Set an example for developing nations, salt,
        sugar, animal fat, coffee tobacco Schnapps
Drop dead faster! make room for
        Chinese guestworkers with alien soybean
        curds green cabbage & rice!
Africans Latins with rice beans & calabash can
        stay thin & crowd in apartments for working
        class foodfreaks—

Not like Western cuisine rich in protein
        cancer heart attack hypertension sweat
        bloated liver & spleen megaly
Diabetes & stroke—monuments to carnivorous
        civilizations
presently murdering Belfast
        Bosnia Cypress Ngorno Karabach Georgia
mailing love letter bombs in
        Vienna or setting houses afire
        in East Germany—have another coffee,
        here's a cigar.
And this is a plate of black forest chocolate cake,
        you deserve it.

                          *Athens, December 19, 1993*

# Here We Go 'Round the Mulberry Bush

I got old & shit in my pants
        shit in my pants
        shit in my pants
I got old & shit in my pants
        shit in my pants again

We got old & shit in our pants
        shit in our pants
        shit in our pants
We got old & shit in our pants
        shit in our pants again

You'll be lucky if you get old
        & shit in your pants
        & shit in your pants
You'll be lucky if you get old
        & shit in your pants again

*January 1, 1994*

## Tuesday Morn

Waking with aching back at base of spine, walked stiffly to kitchen
        toilet to pee,
more limber returned to unmade bed, sat to write, dreamlike yesterdays
        recorded—
From pill dispenser 60 mg Lasix, water pills brings blood to kidney to
        relieve heart stressed by lung liquid
one white Lanoxin something further steadies the heart, one brown
        Vasotec for high blood pressure
a round blue potassium pill set aside for breakfast
Next another quaff of water for sleep-dried tongue
& check stove water boiling Tibetan medical powders
Quarter tsp. directly in mouth with hot water, morn & night
Next make the bed—pull out mattress, lift up sheets ballooning in air
        to settle all four corners,
lay on the orange-diamonded Mexican wool blanket & 3 pillows—
        push mattress back in place
brush teeth—then prick my finger
a drop, Exac-Tech blood sugar teststrip results noted morn & eve
98 today, a little low, swab pinkie with alcohol pad, another sip medi-
        cinal tea—
replace reading glasses with bifocals, brush teeth at front-room sink
        & looking out window, church door passers-by four floors
        below
while noon bells ring, clock ticking on the kitchen wall above the toilet
        cabinet—pull chain
worked this morning, flushed a wobbly porcelain throne—needa get
        Mike the Super fix pipes—
Back to front room, brush teeth, bowels begin to stir relief, electric
        shave,
brush out gray dust from razor head, wash face, clear throat's pale yellow
        phlegm, blow nose
in paper towel, stick pinkie end with white cream Borofax drop in
        each nostril, wipe mustache, put on teashirt
Vitalis on short hair around bald head, brush back small beard—&
        ready for breakfast

in boxer shorts alone at home, pee again, gray sky out window
Sparrows on courtyard dirt, bare Heaven Trees—yesterday's *Times*
        half read on the table where
red tulip blossoms dry in a glass jar—Time to crap & finish *Exquisite*
        *Corpse*—not much came down—
flush, climb ladder and fix the water ball, wash ass change shorts and
        choose fresh sox—
At last it's time to eat, clear & safe in the morning—1 P.M.
Salt-free cornflakes from the icebox, brown rice, shredded wheat in a
        Chinese bowl
filled thereafter with Rice Dream milk—banana that!
Chew and wonder what to read, answer phone, yes, "Peter's flown to
        Colorado, Huncke's rent is due" to patron Hiro—
Finish cereal reading yesterday's *Times* "How Mental Patients Sleep
        Out of Doors"
" 'Last time, I was just walking in the rain,' he said, his hands and lips
        quivering slightly from the medication he takes."
Slip a multivitamin pill in my mouth, grab a dish, fruit stewed two
        nites ago—
Ring Ring the telephone—the office, Bob Rosenthal, Debbie for Jewel
        Heart Benefit,
Ysrael Lubavitcher fairy returned from his Paris year
Edith not home, Aunt Honey leaving for Australia next week,
she had stroke & splenectomy 1942, long story—
David Rome preparing arts program Halifax during Sawang's Shambhala
        confirmation
—Finally 3 P.M. I get dressed go to office couple hours—
Phone Robert Frank? Yup, he's out, call early evening. I'm free.

*January 23, 1994*

# God

The 18 year old marine "had made his Peace with God."
A word. A capitol G. Who is God? I thought I saw him once
and heard his voice, which now sounds like my own,
and I'm not God, so who's God? Jesus Bible God?
Whose Bible? Old JHVH? The 4 letter one without vowels or the 3 letter
        word God? G-O-D?
Allah? Some say Allah's great, tho' mock his name you're dead!
Zoroaster's Wise One used to be great, & Mormons' version got
        absolute pedigrees & Genealogies.
Is Pope's God same as Southern Baptist Inerrancy televangelists?
How's that square with the Ayatollah's Allah, Billy Graham Nixon's on
        his knees, Ronald Reagan's Armageddon deity?
What of Lubavitcher Rabbi's God refusing land for peace exchange?
Is Yassir Arafat's God same as Shamir's? What about Magna Mater?
What happened to Aphrodite, Hecate, Diana many breasted at Ephesus,
round bottom'd Willendorf Venus older than Jahweh & Allah &
        Zoroaster's dream!
older than Confucius, Lao Tzu, Buddha & the 39 patriarchs.
Is any God real? Is there one God? How come so many Gods—
Fighting eachother, poor Mayans, Aztecs, Peruvian sun worshippers?
        Hopi peyote dreamers round the half moon fire.
Am I God after all, made the universe, we dreamed it up together
or got tumbled out of the Chute onto the Planet, looking for progenitors?
I know I'm not God, are you? Don't be silly.
God? God? Everybody's God? Don't be silly.

*February 25, 1994*

## Ah War

Ah War bigness addiction
Alchemized thru meta-industrial
Labor-Intensive permanent tree
Crop protein energy system
recycling Urban Wastes
in Meditative Egoless non
Theistic Space

*Lisner Auditorium*
*Monday, March 21, 1994, 8:00* P.M.

# Excrement

Everybody excretes different loads
To think of it—
Marilyn Monroe's pretty buttocks,
            Eleanor Roosevelt's bloomers dropt
    Rudolf Valentino on the seat, taut
                muscles relaxing
Presidents looking down the bowl
                to see their state of health
    Our White House rosy-cheeked dieter,
            One last, gaunt sourpuss
                striped pants ankle'd
                    in the Water Chamber

Name it? byproduct of
            vegetables, steak, sausages, rice
    reduced to a brown loaf in the watery tureen,
                splatter of dark mud on highway
                side cornfields
        studded with peanuts & grape seeds—

Who doesn't attend to her business
No matter nobility, Hollywood starshine, media
        Blitz-heroics, everyone at
                table follows watercloset
                regulation & relief
An empty feeling going back to banquet,
            returned to bed, sitting for Breakfast,
    a pile of dirt unloaded from gut level
        mid-belly, down thru the butthole
                relaxed & released from the ton
                of old earth, poured back
                    on Earth

It never appears in public
   'cept cartoons, filthy canards,
      political commix left & right
The Eminent Cardinal his robes pushed aside,
    Empress of Japan her 60 pound kimono,
      layered silks pushed aside,
The noble German Statesman giving his heart ease
    The pretty student boy in Heidelberg
      between chemic processor abstractions,
Keypunch operators in vast newsrooms
      Editors their wives and children
   drop feces of various colors
    iron supplement black
     to pale green-white sausage
     delicacies the same
      in tiny bathroom
       distant suburbs,
  even dogs on green front lawns
     produce their simulacra of
      human garbage
    we all drop
Myself the poet aging on the stool
  Polyhymnia the Muse herself, lowered to this throne—
    what a relief!

*March 24, 1994*

# New Stanzas for *Amazing Grace*

I dreamed I dwelled in a homeless place
Where I was lost alone
Folk looked right through me into space
And passed with eyes of stone

O homeless hand on many a street
Accept this change from me
A friendly smile or word is sweet
As fearless charity

Woe workingman who hears the cry
And cannot spare a dime
Nor look into a homeless eye
Afraid to give the time

So rich or poor no gold to talk
A smile on your face
The homeless ones where you may walk
Receive amazing grace

*I dreamed I dwelled in a homeless place*
*Where I was lost alone*
*Folk looked right through me into space*
*And passed with eyes of stone*

*April 2, 1994*

*Composed at the request of Ed Sanders for his production of The New Amaz-*
*ing Grace, performed November 20, 1994, at the Poetry Project in St. Mark's*
*Church in-the-Bouwerie.*

# City Lights City

On Via Ferlinghetti & Kerouac Alley young heroes muse melancholy
    2025 A.D.
Musicians brood & pace Bob Kaufman Street and practice future jazz
    on Rexroth place
Spiritual novelists sit rapt in contemplation under the street sign at
    Saroyan Place before they cross to Aram Alley
Loves' eyes gaze sparkling on Bay waters from McClure Plaza at the
    foot of Market
Old Market itself as Robert Duncan Boulevard teems with theosophic
    shops & Hermetic Department Stores
& crossing Duncan Blvd.: First DiPrima Second Henry Miller Third
    Corso Street
Fourth Jeffers Street & Fifth on John Wieners Street the Greyhound
    Terminal stands
surrounded by Bookstore Galleries, Publishers Rows, and Artists lofts
Sightseers in tourist buses breathe fresh foggy air on Harold Norse &
    Hirschman Peaks—oldies but goldies
Ken Kesey's name makes Bayshore famous as you barrel up past
    Brother Everson Memorial Stadium
Whalen Bridge sits meditating all the way to Oakland
Snyder Bridge connects the East-West Gate between S.F. & Marin
Commuters crowd exhausted into the Neal Cassady R.R. Station on
    Corso
Czeslaw Milosz Street signs shine bright on Van Ness
Poet Jack Micheline gets Tenderloin, Philip Lamantia Tower crowns
    Telegraph Hill
where international surrealist tourists climb to see the view—
& I'll take Alcatraz (to return to Native Americans along with Treasure
    Island)

*April 21, 1994*

# Newt Gingrich Declares War on "McGovernik Counterculture"

Does that mean war on every boy with more than one earring on the
    same ear?
against every girl with a belly button ring? What about nose piercing?
    a diamond in right nostril?
Does that mean more plainclothesmen high on LSD at Dead concerts?
What about MTV—no more Michael Jackson, no Dylan Subterranean
    Homesick Blues? Yoko & John no more Give Peace a Chance
Will there be laws against Punk, Generation X, the Voidoids, Slackers,
    Grunge?
Blues, Jazz, Bebop, Rocknroll? Where did it get countercultural?
What about Elvis' Pelvis? Sonic Youth dumbed, Cobain's screams
    banished from Nirvana?
No more grass on college campuses, Mushrooms stomped to death by
    the Elephant Party?
What about African-Americans? That's a terrific Counterculture, &
    what about the Yellow Peril, Chinese restaurants? New Age
    Cooking? is Japanese Sushi too much Zen?
Sitting meditation, that be frowned satanic in Congress? Tai Chi, Tai
    Kwando, Karate, Martial Arts? Ballet? Opera, *La Bohème*?
Don't mention us cocksuckers?! Is eating pussy countercultural?
    Sappho, Socrates, Da Vinci, Shakespeare, Michelangelo,
    Proust in or out the canon?
J. E. Hoover's name wiped off FBI granite in the Capital?
Poetry slams, is poetry countercultural, like a Third Party?
Is ecology pro or counter culture? Astronomy determining the Uni-
    verse's age & size?
Long hair, relativity, is Einstein countercultural?

*January 1995*

# Pastel Sentences (Selections)

Mice ate at the big red heart in her breast, she was distracted in
    love.

Bowed down by the weight of nebulae he crouches underneath the
    hill.

A bat that's bigger than your ear watches you sleep while you dream
    him there.

A round blue eye woke red lipped 'neath this century's gigantic lightbulb.

Lantern-jawed Bismarck dreams a rich red rose blossoms thorn-
    stemmed through his skull.

In an oval blue womb a full-grown girl curled up eyes closed dreams
    her birth.

Big little people do yab yum in their ten petal'd yellow daisy.

Long hand over left eye Mother Sudan sees big bellied kids' thin
    ribs.

In midst of coition a blood-red worm spurts out his heaving rib-
    cage.

The one eyed moon-whale watches you weep, drifting brown seas in
    a pale boat.

Thirty Kingdoms' keys chainmailed down his chest, the Pope dreams
    he's St. Peter.

Jeannie Duval's cheek tickled by a Paris fly, 1852.

Puff a cigarette between skullfleshed lips, smoke gets in your empty
    eyes.

Sphincter-wound in his chest, he kneels and lifts both hands in
    surprise to pray.

All mixed up breasts feet genitals nipples & hands, both fall into
    sleep.

Adam contemplates his navel covered with a bush of jealous hearts.

Body spread open, black legs held down, she eats his ice cream—white
    sex-tongue.

One centaur palm raised thru earth-crust lifts a red live dog barking
    at stars.

Her dog licks the live red heart of th' African lady curled up in bed.

Naked in solitary prison cell he looks down at a hard-on.

Hands hold her ass tight with joy to lick & eat the blue star 'twixt her
    thighs.

Small pink-winged Lady-Heart hovers, rose-cunt legs spread nigh his
    stiff black dick.

Chic shoes rest in a black rose vortex of sociable fashion money.

She poses self-confident, blue sky & clouds borne in her oval womb.

Lady Buddha sleeps on blue air in a green leaf, knees raised spread
    naked.

Repose open-eyed on starry blue pillows under a star-roofed sky.

The black guy steps in the shade, glancing back at the sunlit boy he
    screwed.

Legs behind neck, arms hung down, Yogi's solar anal navel burns red.

Blowing bubbles in blue sky he squats on his own blue bubble planet.

Star, bird, cane & big thigh bones, the ghost baby dreams life beyond the womb.

Regarding their long thick tails, blue demons wrestle with golden scissors.

He steps on his own breast lying in bed with red half hard-on.

Lady snails delicately climb naked thighs to stir his genitals.

Left forefinger probed into his own left hand proves a Doubting Thomas.

They exchange glances, a bee shadows her tail, a rose grows on his hip.

William Burroughs' skeleton twists a towel, he's got the bloody rag on.

The rose-girl kneels weighed down, iron tanks on shoulder, coccyx, calves & footsoles.

Horse stands on horse upon horse, lie back on top & take your forty winks.

He dives from naked sky past the sun's nimbus into space-blue ocean.

Curtains part on a nail and its shadow, Samsara's drama Act I.

The red lip'd fat billionaire appeals you try out his wee twat or dick.

Arms to neck, his tit, her belly, prong-twat, the President and his wife.

Pale green headless phantoms upside-down dipsy-doodle with thin
　　　hard-ons.

Lady Day bows her neck under a pyramid of oily black rocks.

Beneath breast-eyed wasp-beaks the pink rose opens, better get in
　　　there quick!

Inside her red womb the hermaphrodite fetus closes a third eye.

Wiping blood-black tears from hard labor, try holding up your
　　　big sad head.

Jealousy! Jealousy! Chin in hand he ponders the Unfaithful Muse.

Young Don Juan bravely displays his girlish red-sexed lips and
　　　eyeshadow.

Caught in the burning house of my brown body I fainted openeyed.

Big phallus, black womb lined with reddish flesh, look at the monkey
　　　we birthed.

One bird pecks her double's breast on a ghost-white lingam's
　　　unblinking head.

She flies down thousands of stone steps for years, aged climbs them
　　　all back up.


for Francesco Clemente
Château Chenonceau, June 24, 1995
Naropa Institute, July 5, 1995
Lawrence, Kansas, July 22, 1995

# Nazi Capish

Catholicism capish
Catholicism capish
Catholicism abortion capish
Capish capish capish

Christian capish
Christian capish
Christian sin capish

Islamic capish
Islamic capish
Islamic Jihad capish

Zionist capish
Zionist capish
Zionist nationalist capish

Fundamentalism capish
Fundamentalism capish
Fundamentalism absolutism
Fundamentalism capish

Hunkie Honkie Aryan Frog
Jap & Gook & Limey Wog
         Afric Chink capish

Nazi capish
Nazi capish
Nazi capish capish

Commie capish
Commie capish
Commie capish capish

Capitalist capish
Capitalist capish
Capitalist capish capish

Fascisti capish
Fascisti capish
Fascisti shit capish

*September 21, 1995*

# Is About

Dylan is about the Individual against the whole of creation
Beethoven is about one man's fist in the lightning clouds
The Pope is about abortion & the spirits of the dead . . .
Television is about people sitting in their living room looking at their
        things
America is about being a big Country full of Cowboys Indians Jews
        Negroes & Americans
Orientals Chicanos Factories skyscrapers Niagara Falls Steel Mills
        radios homeless Conservatives, don't forget
Russia is about Tzars Stalin Poetry Secret Police Communism barefoot
        in the snow
But that's not really Russia it's a concept
A concept is about how to look at the earth from the moon
without ever getting there. The moon is about love & Werewolves, also
        Poe.
Poe is about looking at the moon from the sun
or else the graveyard
Everything is about something if you're a thin movie producer chain-
        smoking muggles
The world is about overpopulation, Imperial invasions, Biocide,
        Genocide, Fratricidal Wars, Starvation, Holocaust, mass
        injury & murder, high technology
Super science, atom Nuclear Neutron Hydrogen detritus, Radiation
        Compassion Buddha, Alchemy
Communication is about monopoly television radio movie newspaper
        spin on Earth, i.e. planetary censorship.
Universe is about Universe.
Allen Ginsberg is about confused mind writing down newspaper
        headlines from Mars—
The audience is about salvation, the listeners are about sex, Spiritual
        gymnastics, nostalgia for the Steam Engine & Pony Express
Hitler Stalin Roosevelt & Churchill are about arithmetic & Quadri-
        lateral equations, above all chemistry physics & chaos theory—

Who cares what it's all about?
I do! Edgar Allan Poe cares! Shelley cares! Beethoven & Dylan care.
Do you care? What are you about
or are you a human being with 10 fingers & two eyes?

*New York City,*
*October 24, 1995*

# The Ballad of the Skeletons

Said the Presidential Skeleton
I won't sign the bill
Said the Speaker skeleton
Yes you will

Said the Representative Skeleton
I object
Said the Supreme Court skeleton
Whaddya expect

Said the Military skeleton
Buy Star Bombs
Said the Upperclass Skeleton
Starve unmarried moms

Said the Yahoo Skeleton
Stop dirty art
Said the Right Wing skeleton
Forget about yr heart

Said the Gnostic Skeleton
The Human Form's divine
Said the Moral Majority skeleton
No it's not it's mine

Said the Buddha Skeleton
Compassion is wealth
Said the Corporate skeleton
It's bad for your health

Said the Old Christ skeleton
Care for the Poor
Said the Son of God skeleton
AIDS needs cure

Said the Homophobe skeleton
Gay folk suck
Said the Heritage Policy skeleton
Blacks're outa luck

Said the Macho skeleton
Women in their place
Said the Fundamentalist skeleton
Increase human race

Said the Right-to-Life skeleton
Foetus has a soul
Said Pro Choice skeleton
Shove it up your hole

Said the Downsized skeleton
Robots got my job
Said the Tough-on-Crime skeleton
Tear gas the mob

Said the Governor skeleton
Cut school lunch
Said the Mayor skeleton
Eat the budget crunch

Said the Neo Conservative skeleton
Homeless off the street!
Said the Free Market skeleton
Use 'em up for meat

Said the Think Tank skeleton
Free Market's the way
Said the S&L skeleton
Make the State pay

Said the Chrysler skeleton
Pay for you & me
Said the Nuke Power skeleton
& me & me & me

Said the Ecologic skeleton
Keep Skies blue
Said the Multinational skeleton
What's it worth to you?

Said the NAFTA skeleton
Get rich, Free Trade,
Said the Maquiladora skeleton
Sweat shops, low paid

Said the rich GATT skeleton
One world, high tech
Said the Underclass skeleton
Get it in the neck

Said the World Bank skeleton
Cut down your trees
Said the I.M.F. skeleton
Buy American cheese

Said the Underdeveloped skeleton
Send me rice
Said Developed Nations' skeleton
Sell your bones for dice

Said the Ayatollah skeleton
Die writer die
Said Joe Stalin's skeleton
That's no lie

Said the Middle Kingdom skeleton
We swallowed Tibet
Said the Dalai Lama skeleton
Indigestion's whatcha get

Said the World Chorus skeleton
That's their fate
Said the USA skeleton
Gotta save Kuwait

Said the Petrochemical skeleton
Roar Bombers roar!
Said the Psychedelic skeleton
Smoke a dinosaur

Said Nancy's skeleton
Just say No
Said the Rasta skeleton
Blow Nancy Blow

Said Demagogue skeleton
Don't smoke Pot
Said Alcoholic skeleton
Let your liver rot

Said the Junkie skeleton
Can't we get a fix?
Said the Big Brother skeleton
Jail the dirty pricks

Said the Mirror skeleton
Hey good looking
Said the Electric Chair skeleton
Hey what's cooking?

Said the Talkshow skeleton
Fuck you in the face
Said the Family Values skeleton
My family values mace

Said the N.Y. Times skeleton
That's not fit to print
Said the C.I.A. skeleton
Cantcha take a hint?

Said the Network skeleton
Believe my lies
Said the Advertising skeleton
Don't get wise!

Said the Media skeleton
Believe you Me
Said the Couch-potato skeleton
What me worry?

Said the TV skeleton
Eat sound bites
Said the Newscast skeleton
That's all Goodnight

*February 12–16, 1995*

## "You know what I'm saying?"

I was shy and tender as a 10 year old kid, you know what I'm saying?
Afraid people'd find me out in Eastside H.S. locker room you know
       what I'm saying?
Earl had beautiful hips & biceps when he took off his clothes to put on
       gym shorts you know what I'm saying?
His nose was too long, his face like a ferret but his white body
Proportioned thin, muscular definition thighs & breasts, with boy's
       nipples you know what I'm saying? uncircumcised
& strange, goyishe beauty you know what I'm saying, I was dumb-
       struck—
at Golden 50th H.S. Reunion I recognized him, bowed, & exchanged
       pleasant words, you know what I'm saying?
He was retired, wife on his arm, you know what I'm saying?
& Millie Peller "The Class Whore" warmest woman at our last Silver
       25th Reunion alas had passed away
She was nice to me a scared gay kid at Eastside High, you know what
       I'm saying?

*December 23, 1995*

# Bowel Song

You've been coughing for weeks
still you don't sit on your cushion & visualize Bam
You've been in the hospital just last week
still you read the newspapers
Recovered from congestive heart failure,
you took 7 hours last week to read the Sunday N.Y. Times
Listen, your days are numbered, why waste the essence of your clock
How will you feel when you can't breathe?
What'll you do the last six minutes?
Where'll you go for the next 6 hours
What good, half dozen gay porno films then?
You can hardly catch your breath now, why jack off limp prick?
Your master gives good advice, you listen, follow it couple weeks
then lapse into old habits, waste time on the toilet reading books,
at the kitchen sink 3am washing dishes daydreaming.
If you don't get ready now, what'll you do at the Black Hole
You wanna get born a pretty little girl & go through agony?
Wanna get caught between snakes coupling?
In between death and life, still wanna get laid?
What makes you lazy? you're not on your deathbed yet,
if you've an ounce of strength, use it to look inside.
Clear your mind, you won't escape the Great Sickness
the Immortal Plague, Grand Disaster continuous to eternity—
Whatever it is, whyn'cha figure it out?
Wanna drift off & become a newspaper headline,
what good favorable publicity in the bardo?
Allen Ginsberg says, these words'll get you nowhere
these jokes won't be funny when everyone leaves the seven exits.

*January 2, 1996*

# Popular Tunes

What do I hear in my ear
        approaching my 70th year—
Echoes of popular tunes, old rhymes
                familiar runes
Songs my mother taught me
        "O tell me pretty maiden
            are there any more at home
                like you?"
Cousin Claire heard on the Newark radio
Aunt Elanor played on her Bronx phonograph
piercing Bell Song soprano notes,
           sostenuto Amelita Galli-Curci & Rosa Ponselle
Wind up Victrola Yiddish Monologues
      *Cohen On The Telephone*,
          The Wind the Wind,
"Last night da vind, da vind blew down da shutters."
          "No I didn't say shuddup!"
The fugitive words of a Scots contralto
      woman's chant "McCushla,
  McCushla my dark eyed McCushla"
Ask Aunt Honey age 83, ask Stepmother Edith just 90,
      they'll know—
         they'll remember
   "The March of the Wooden Soldiers," tin drums
    & pipes of *Babes in Toyland*
"Comin' thru the rye" new generations of
    folksing kids never remember sung
when they play Guitar on Union Square's
      L train subway platform—
or "Auchichornya, auchimolinka, rasdrivyminya,
    molijeninka," with Mandolins or Balalaikas
and "Tis the last rose of Summer" by Thomas Moore—
   echoing thru Time's skull as my beard's
    turned white, sugar high in my blood
      coughing weeks on end fall to winter,

Chronic bronchitis the rest of my days?
& "Down will come baby cradle and all"
as 1930's all fell down with
mournful Peat Bog Soldiers'
"Lied des Concentrationslagers"

*February 9, 1996*

# Five A.M.

Élan that lifts me above the clouds
into pure space, timeless, yea eternal
Breath transmitted into words
           Transmuted back to breath
       in one hundred two hundred years
nearly Immortal, Sappho's 26 centuries
of cadenced breathing—beyond time, clocks, empires, bodies, cars,
chariots, rocket ships skyscrapers, Nation empires
brass walls, polished marble, Inca Artwork
of the mind—but where's it come from?
Inspiration? The muses drawing breath for you? God?
Nah, don't believe it, you'll get entangled in Heaven or Hell—
Guilt power, that makes the heart beat wake all night
flooding mind with space, echoing thru future cities, Megalopolis or
Cretan village, Zeus' birth cave Lassithi Plains—Otsego County
          farmhouse, Kansas front porch?
Buddha's a help, promises ordinary mind no nirvana—
coffee, alcohol, cocaine, mushrooms, marijuana, laughing gas?
Nope, too heavy for this lightness lifts the brain into blue sky
at May dawn when birds start singing on East 12th street—
Where does it come from, where does it go forever?

*May 1996*

# Power

The N Power, the feminine power
     the woman power the
     flower power, the power of Marigolds
     & roses, Sequoia power,
     Nature's power
wont blossom in this lifetime
     or the next, this Yuga's finished,
     seeds shot, entered the earth
     gestating with alligators & waterworms
     in swamps where planes crash,
Next lifetimes after, watch roses turn
     red, Marigolds yellow, little
     sequoias begin to climb the sky
Millions of African kids'll grow up
     amid green bushes & radiant
           camelopards again—
Down 12th Street corner Avenue A midnight police
     lean against Bodega shutters looking for
     last week's swarthy crack pushers

*May 15, 1996, 11 A.M.*

# Anger

How'd I get angry? Analytic approach:
M'I still angry with Carolyn? forty three years ago
     kicked me out of bed with
        naked Neal their house San Jose—
Disadvantaged hating Podhoretz
      for put-down of Beat writers
         queers nineteen fifty eight
      later defense of death-squad drug-dealer
       Generals in El Salvador
         & op-ed B2 Bombers
Angrily sat an hour adamant
      Thangka-thief meth-head Gaiton's apt.
        E. Houston Street nineteen sixty three
         never got my Dancing Skeletons back—
Never forgave late Alan Marlowe nineteen seventy five
      stole back my $100 loan gift
       to Jyoti Datta Calcutta four years earlier
Lost my telephone temper with critic Walter
      Goodman
      insulting Gunther Grass' visit to poor South Bronx
International PEN Congress nineteen eighty five
      & my own handmade Nicaraguan
       Contra-War peace petition mocked
        as "all the news that's fit to print."

*May 18, 1996*

# Multiple Identity Questionnaire

*"Nature empty, everything's pure;*
*Naturally pure, that's what I am."*

I'm a jew? a nice Jewish boy?
A flaky Buddhist, certainly
Gay in fact pederast? I'm exaggerating?
Not only queer an amateur S&M fan, someone should spank me for
    saying that
Columbia Alumnus class of '48, Beat icon, students say.
White, if jews are "white race"
American by birth, passport, and residence
Slavic heritage, mama from Vitebsk, father's forebears Grading in
    Kamenetz-Podolska near Lvov.
I'm an intellectual! Anti-intellectual, anti-academic
Distinguished Professor of English Brooklyn College,
Manhattanite, Another middle class liberal,
but lower class second generation immigrant,
Upperclass, I own a condo loft, go to art gallery Buddhist Vernissage
    dinner parties with Niarchos, Rockefellers, and Luces
Oh what a sissy, Professor Four-eyes, can't catch a baseball or drive a
    car—courageous Shambhala Graduate Warrior
addressed as "Maestro" Milano, Venezia, Napoli
Still student, chela, disciple, my guru Gelek Rinpoche,
Senior Citizen, got Septuagenarian discount at Alfalfa's Healthfoods
    New York subway—
Mr. Sentient Being!—Absolutely empty neti neti identity, Maya Nobo-
    daddy, relative phantom nonentity

*July 5, 1996, Naropa Tent,*
*Boulder, CO*

# Don't Get Angry with Me

for Chödok Tulku

Don't get angry with me
You might die tomorrow
I'm an empty hungry ghost
Any spare change I can borrow?

Don't get angry with me
Full of God tomorrow
Could get sorry you got mad,
wanna be the God of sorrow?

Don't get angry with me
War starts tomorrow
I'll get bombed You'll get shot
in the eye with Interdependent Arrow

Don't get angry with me
Hell's hot tomorrow
If we're burned up now inflamed
Could pass aeons in cold horror

Don't get angry with me
We'll be worms tomorrow
Both wriggling in the mud
cut in two by the ploughman's harrow

Don't get angry with me—
Who'll we be tomorrow?
who knows who we are today?
Better meditate & pray,
Tila, Mila, Marpa, Naro.

*August 27, 1996*

# Swan Songs in the Present

"Swan songs in the present
moon systems in gleeps
Don't hang on to the essence
the refrigerator's for keeps
the Hot house vernacular
Sets up on the moldy hill
you and I climb the ribcage
& look for a heart to kill

you can do whatcha want with Europe
Eat Bananas with your dung
Whistle while you wonk the Pope
Breathe out of a spastic lung
but you'll live forever anyway
in birds' beasts hungry ghosts
& various Boddhisattvas
Drinking morning coffee
eating loxes & toasts

Hypnogogi Twaddle
anytime I can
But 70 years I'll sleep
like other old men

*October 29, 1996, 3:50 A.M.*

# Gone Gone Gone

*"The wan moon is sinking under the white wave*
*and time is sinking with me, O!"*

—*Robert Burns*

yes it's gone gone gone
gone gone away
yes it's gone gone gone
gone gone away
yes it's gone gone gone
gone gone away
yes it's gone gone gone
it's all gone away
gone gone gone
won't be back today
gone gone gone
just like yesterday
gone gone gone
isn't any more
gone to the other shore
gone gone gone
it wasn't here to stay
yes it's gone gone gone
all gone out to play
yes it's gone gone gone
until another day
no one here to pray
gone gone gone
yak your life away
no promise to betray
gone gone gone
somebody else will pay
the national debt no way
gone gone gone
your furniture layaway

plan gone astray
gone gone gone
made hay
gone gone gone
Sunk in Baiae's Bay
yes it's gone gone gone
wallet and all you say
gone gone gone
so you can waive your pay
yes it's gone gone gone
gone last Saturday
yes it's gone gone gone
tomorrow's another day
gone gone gone
bald & old & gay
gone gone gone
turned old and gray
yes it's gone gone gone
whitebeard & cold
yes it's gone gone gone
cashmere scarf & gold
yes it's gone gone gone
warp & woof & wold
yes it's gone gone gone
gone far far away
to the home of the brave
down into the grave
yes it's gone gone gone
moon beneath the wave
yes it's gone gone gone
so I end this song
yes this song is gone
gone to kick the gong
yes it's gone gone gone
No more right & wrong
yes it's gone gone gone
gone gone away

*November 10, 1996*

## Reverse the rain of Terror . . .

Reverse the rain of Terror on street consciousness U.S.A.
Death Penalty! Electric Chair! A roomsful of poison gas! Lethal
       injections! Mortal Hanging! Beheading the Idiot killer!
Dogs slaver over airport luggage! Suitcase bottoms caked with hash!
       Strip search the sick opium addict, medicine's up his anus in
       a finger stall
arriving from legal India, cozy England, lax Morocco, face 12 billion
       Dollars worth of cops
Sniffing bodies for illegal medicine! Vomiting in a stone cell,
       abdominal convulsions, muscle spasms thigh & foot, sleepless
       cold-turkey torture—
Puerto Rican kid needs a doctor, young black man needs his girlfriend's
       fix, white boy didn't know his habit was immortal!
The octogenarian schmecker's liver & kidneys failed, wants a
       deathbed shot of M
Half mad lady on the street had a fight with her daughter the whore!
The old boy lies on the sidewalk hands dirty red faced in his own
       saliva.
The delicate youth's in his halfway house a decade, thorazine eyes
       glazed over
His brother's Christmas card arrives at Binghampton State Hospital!
The elder hides in a furnished room drinks wine delivers newspapers,
       didn't wanna work on the neutron bomb!
The salesman's product went off the market, recycling coke bottles he
       cries at kitchen tables blaming Jews
An auto worker shoveling snow curses six African-Americans mugged
       him twenty years ago—
A black man walked the street with his B.A. pager, clubbed down
       giving lip to a cop car
The young fruit dies body with sores he challenged the Senate on the
       plague.
The homeless jewish guitarist sings on the 14th Street's L Train
       Subway platform, blows harmonica, taps tambourine with one
       foot, with another drums

then back to his graybeard cocksucker's apartment fries eggs
Streetcorner boys and girlfriends hang round the butcher shop
    corner, "Smoke smoke?"
Rocky Flats engineers tear their hair, Plutonium waste'll outlast an
    otherworldly God

*December 1996*

# Sending Message

They are sending a message to the youth of America
Smoking medical marijuana's all right
They're sending a message in cartoon saloons hard-ass blokes look
        like camels smoke Camels at the bar, 5 year olds love it,
To the youth of America they're sending a message
CIA no official connections to Contra coke dealers in *New York Times*
*Washington Post* expert crackheads send same messages to adoles-
        cent Senior citizen crackhead readers
They're sending a message to American youth, African youth can
        starve to death we can't care
too much money, far over the Atlantic, our boys'll never die, politi-
        cally unpopular, they'll become dependent, it won't fly
They're sending message by Bronco, Honda, 4 by 4, cinema MG, Land
        Rover & half million gas stations
youth of this nation fossil fuel's neat, hella cool, admirable dope really
        rad, as if—what valley girls think when their fathers drive
        them to Highschool—
They're sending the message to Saturn, American Democracy works
        over the globe, spin that round your rings
To Chinese youth, eat like us, we do flesh & fries,
Don't sleep on streets, dangerous off-duty death-squad police send
        this message to Brazilian kiddies
Someone sent naked pretty boys on FCC Internet, Don't!
No Forbidden Planet Swedish sex? Got the message pretty girls?
Got the message clean old men? Michelangelo got the message? Da
        Vinci got it? Phidias, Socrates, Shakespeare, J. Edgar Hoover
        at the Plaza, Cardinal Francis Spellman on Roy Cohn's yacht,
        Senator Jesse Helms in your gut, duh
got the message teeny-weenies? They're sending a message right
        below your belly button.
A message to the youth of America, "Diminished expectations," they's
        too many people,
native gooks work cheaper, rich get richer, North hemispheric whites
        live longer, Black high-blood pressure rules Kentucky Fried
        Chicken

Across the highway from Arbie's Barbecue Palace, Roy Rogers' Horse-
      chops, or McDonalds Amazon Treeburgers
you heard about on Television serves the message Eat your meat
or beat your meat, safe sex with ketchup, Whatever
The message now's pay 4 trillion dollars debt Reagan pissed away on
      Military,
promised before you born, sit in school waterclosets study yr Latin
They're sending youth a message look at TV football baseball hypnotic
      soccer basketball sports, sport!
General Rios-Montt & Pat Robertson sent a message to Guatemalan
      Indians
so 200,000 dropped dead with delight at sight of Christ's military
pistol machete machinegun baseball bat & Inerrant Bible
700 Club's Antichrist sends U.S. youth this message Despise the poor
      & piss on liberal Jesus
The message is Compassion'll cause a Wall Street crash
& Networks send me messages Shut the fuck up.

*December 3, 1996, 4:30 A.M.*
*New York City*

# No! No! It's Not the End

No! No!
    Not the end of
        Civilization
    Not the end of
        Civilization

Blast of industrial
    Gas in Bhopal
        No! No! Not the end of
        Civilization

Dropt one bomb
    killed one
        hundred thousand
    Hiroshima nineteen forty five

No no not the end of
        Civilization
    Not the end of Civilization

Guatemala murdered
    two hundred thousand
        Indians

No no not the end of
        Civilization
    Not the end of Civilization

200 thousand
    slaughtered in Rwanda
    Crazed events
        on the TV screen

No no not the end of
            Civilization
      Not the end of Civilization

U.S. Blacks in jail
            land of the free
      mosta these citizens you & me

No no not the end of
            Civilization
      Not the end of Civilization

Fossil fuel dust filling heaven
      ozone layer hole in the sky

No no not the end of
            Civilization
      Not the end of Civilization

Oldest trees in the world cut down
      Weyerhaeuser Bush wears a cardboard Crown

No no not the end of
            Civilization
      Not the end of Civilization

Amazon forests cut to the ground
      you can still breathe
            to the chainsaw's sound

No no not the end of
            Civilization
      Only a temporary aberration

No No it's not the end of Civilization
It's Nobadaddy's
      old temptation
No no it's not the end of Civilization
Everybody's waltzing
      to "the Hesitation"

It's the same damned
President's Inauguration
No no it's not the end of Civilization
We're come to "the fabled
damned of Nations"
No no it's not the end of Civilization
Slaves wore chains
at the States' creation
No no it's not the end of Civilization
sourpuss wantsa stop colored immigration
Nobody's wearing
hooves & scales
all they wanna do is
kill more whales
No no it's not the end of Civilization

No no it's not the end of Civilization
Cayenne saved a little bit of sensation
No no it's not the end of civilization
No final solution
just gas & cremation

*December 18–20, 1996*

## Bad Poem

Being as Now has been re-invented
I have devised a new now
Entering the real Now
at last
which is now

*December 24, 1996, 3 A.M.*

# Homeless Compleynt

Pardon me buddy, I didn't mean to bug you
        but I came from Vietnam
where I killed a lot of Vietnamese gentlemen
           a few ladies too
and I couldn't stand the pain
          and got a habit out of fear
& I've gone through rehab and I'm clean
        but I got no place to sleep
            and I don't know what to do
            with myself right now

I'm sorry buddy, I didn't mean to bug you
        but it's cold in the alley
           & my heart's sick alone
and I'm clean, but my life's a mess
        Third Avenue
          and E. Houston Street
on the corner traffic island under a red light
wiping your windshield with a dirty rag

*December 24, 1996*

# Happy New Year Robert & June

Happy New Year Robert & June
Tho I'd hoped to see you soon
I'd better say Happy Hanukkah too
Till I get your number that's new—
I'll be leaving for retreat,
Where they make me salt-free meat
along with Gelek Rinpoche
Who's got ailments same as me,
in Michigan Camp Copneconic
Where I'll room with Mr. Harmonic
Philip Glass in our Buddhist Class
Ten days later January 8
I'll go to Boston, rest & wait
the weekend in anticipation
Maybe a hernia operation
supervised by Dr. Lown
(cardiologist of wide renown
—I'd recommended him to you
elderly trustworthy smart & true)
—Recuperate a week with Ellie
Dorfman, eat yellow fish-yuckh jelly
with Gefilte fish, then best
Mid January home NY to rest
Maybe we'll see eachother then,
in any case let me know when.

*Love, Allen*
*December 12, 1996*

# Diamond Bells

*"Clear light & illusion body become one"*

Hearing the all pervading scintillation of empty bells I realize
Napoleon had toes
Frankenstein's big toe
Hayagriva cosmic horse one big cleft toe
Virgin Mary white-toed married Joseph brown-toed, impregnated by
      a white dove transparent triple-toed
How many toes has God? Yahweh nobody knows his toes
Allah's toes? Mohammed, prophetic ten
Jesus Christ well-kissed human toes
Sealo the Seal Boy who two-fingered hand-flippers at shoulders could
      smoke & type with regular ten toes
sold tiny white toilets wrapped in toilet paper, souvenirs one dollar
Shelly ten pale pure toes
Michelangelo enjoyed five digits per foot, Da Vinci mapped ten on his
      two feet
Flies toes get stuck on spiderwebs
Spiders slide swift-toed on sticky nets
Scratch the sole, toes curl
Foetus is capable of toes
Stubbed my bare fourth toe on a step ladder one dark Friday night,
      though it still wiggles
walking on snowy mud's painful, back aches
John Madison has chocolate toes
Hitler natural toes
Buddha ten bare toes enlightened
Lay my skull on night pillows, rest on Tara's lap between gentle toes
Lama YabYum dreams with 20 toes
Emptiness innumerable trillion toes
Old men's toenails thicken ivory aged
Dead toenails grow in cenotaphs
Napoleon wore toenails inside polished riding boots
Elephant toenail stubs nudge tussocks
Such is the all pervading scintillation of empty bells

*December 30, 1996, 12:55 A.M.*

56

## Virtual Impunity Blues

With Virtual impunity Clinton got campaign funds from pink Chinese
With Virtual impunity CIA Contra stringers sold Cocaine disease L.A.
       & Minneapolis
With Virtual impunity FBI burned down apocalyptic Waco
With Virtual impunity gov't began charging huge fees for public
       college studies
With Virtual impunity Congress FCC ok'd Fundamentalist Broadcast
       censorship
With Virtual impunity Family Values insulted ladies, gays, Afric
       Americans
With Virtual impunity the Pope banned planet birth control
With Virtual impunity N. Carolina banned sodomy in the wrong hole
With Virtual impunity the Chinese banned fresh speech electrics
With Virtual impunity Albanian Lottery bosses bought & sold elections

*January 1997*

# Waribashi

Walk into your local Japanese restaurant Teriyaki Boy—
order sliced raw fish mackerel, smoked eel, roe on vinagered rice balls
slide thin wooden utensils out a white paper sleeve with blue Crane print
split the wood, rub ends together smooth down splinters, sit & wait & sigh—
200,000 cubic meters Southeast Asian timber exports
sawed & processed in Japan, resold, 20 billion waribashi
used once, thrown away—roots of rainforest destruction—help pay interest
Thailand's & Malaysia's yearly debt service to World Bank, IMF—
Your plate arrives with sharp green mustard & pink pickled ginger slices
new sprig of parsley, lift the chopsticks to your mouth enjoy sashimi

*January 7, 1997, 6:30 A.M.*

# Good Luck

I'm lucky to have all five fingers on the right hand
Lucky peepee with little pain
Lucky bowels move
Lucky, sleep nights on a captain's bed, nap mid-afternoons
Lucky to amble down First Avenue
Lucky make a couple hundred thousand a year
singing Eli Eli, writing passing mind, etching primordial doodles,
         teaching Buddhist college, snapping Leica bus-stop photos
         thru my window eyeballs
Hear ambulance sirens, smell garlic & rust, taste persimmons &
         flounder, walk the loft floor barefoot soles a little desensitized
Lucky I can think, and sky can snow

*January 8, 1997*

# Some Little Boys Dont

Some little boys like it
Some little boys dont
Some little girls swipe it
Some little girls won't

Some nephews suck it
Some lollypops grunt
Some nieces truck it
If grandpa's a runt

Some puberties request it
Four times a month
Some girl teens breast it
Some eat it for brunch

Some little people gargle
Some adolescents warble
Some teenyboppers babble
Some kiddies play Scrabble

*January 10, 1997, 4 A.M.*

# Jacking Off

Who showed up?
        Joe S. pale bodied wiry leanness,
        suck your cock—I kissed his belly,
        thin muscular breast—
Suck my cock you bitch, little bitch
        suck my cock,
Huck, I got him on his knees
        licked his ass his hairy behind
        doggie style, jacked him off he
        grabbed his own dick finished—come.
Tom G. big cocked passed thru my
        dream bed, didn't stay
Ah John got you, bought the
        leather handcuffs & strap
        binding hand & feet helpless,
        Leather collar roped to the
        bedstead's head—buy it
        once for all S&M shops
        Christopher Street
        Uptown leather
Spank good & hard, slap his ass
        let him writhe, better
        than cutting him up,
        designs with razor—
So came on that unfamiliar fear
        savage control over
        Adonis body, willing
        eager—bound to be true.

*January 28, 1997*

# Think Tank Rhymes

think tank
pick thank
lamb shank
wet wank
drug dork
hankie pankey
kitchey camp
namby pamby
macho wimp
witchy granny
randy daddy
skimpy mammie
toilet Tilly
itchy nursie
Golden Grammie
dandy Sammy

Fried pork
mind wonk
brain konk
junk funk
coke dink
dead drunk
Big Pink
skunk stink
mom wink
nuke kink
big dick
instinct
gum crank
space pork
fried wok

Hershey drink
Einstein

*January 30, 1997, 2:45 A.M.*

# Song of the Washing Machine

Burned out Burned out Burned out
We're not burned out We're not burned out
for a house for a house for a house for a house
Bathroom Bathroom Bathroom Bathroom
At home at home at home at home
We're not burned out We're not burned out
Fair enough fair enough fair enough
Can you account for yourself account for yourself
Better not better not better not better not

*January 31, 1997*

# World Bank Blues

I work for the world bank yes I do
My salary was hundred thousand smackeroo
I know my Harvard economics better than you

Nobody knows that I make big plans
I show Madagascar leaders how to dance
How to read statistics & wear striped pants

Emotional statistics that's not my job
Facts & figures, I'm no slob
But foresting & farming's all a big blob

Here's our scheme to stabilize your paper
for International trade right now or later
Follow our advice you'll thank your creator

Whatcha got to export, what raw materials?
Monoculture diamonds, coffee, Cereals
Sell 'em on the market to Multinational Imperials

We'll loan you money to expand production
Pay our yearly interest, for your own protection
Tighten your belts, we'll have no objection

Throw in some little minimal principle
tho debt service paid makes the deal invincible
That takes dollars but your currency's exchangeable

Get people working on mass market land
cut down forests, for your cash in hand
Or superhighways money where Rainforests stand

With agribusiness farms you can export beef
Cut social services & poverty relief
Forest people shift to the cities in grief

Tighten your belt for a roller coaster ride
Production's up, market prices slide
Wood pulp burger meat, coffee downside

Increase production pay yr. World Bank debt—
At least the interest if that's all you can get
Cut down Amazon you haven't paid it yet

In one decade you give all the money back
As Bank debt service but the Principal, alack!
We'll lend more cash (but dont sell smack)

Austerity measures, wages go down,
th'urban sewage is a charnel ground
Buses fall apart at the edge of town

coral reef fish dead factory waste,
Indigines hooked on Yankee dollar taste
Swiss bank funds for dictators disgraced

Fauna killed for the debt Costa Rica
Unknown flora at the mouth of Boca Chica
Birds in Equador, sick with toxic leakage?

Riots start over bags of foreign rice
Arm your teenage army with U.S. mace
Borrow money for a local Arms race

Families driven from crop land to forests
Forest folk in hovels hid from tourists
Currencies bankrupt for free market purists?

I just retired from my 20 year job
at World Bank Central with the money mob
Go to AA meetings so's not die a slob

I worked in Africa, Americas, Vietnam
Bangkok too with World Banks' big clan
Now I'm retired and I don't give a damn

Walk the streets of Washington alone at night
The job I did, was it wrong was it right?
Big mistakes that've gone out of sight?

It wasn't the job of a bureaucrat like me
to check the impact of the Bank policy
When debt bore fruit on the world money tree.

*February 1997*

# Richard III

Toenail-thickening age on me,
Sugar coating my nerves, leg
        muscles lacking blood, weak kneed
Heart insufficient, a thick'd valve-wall,
Short of breath, six pounds
        overweight with water—
logged liver, gut & lung— up at 4 a.m.
        reading Shakespeare.

*February 4, 1997, 4:03 A.M., NYC*

# Death & Fame

When I die
I don't care what happens to my body
throw ashes in the air, scatter 'em in East River
bury an urn in Elizabeth New Jersey, B'nai Israel Cemetery
But I want a big funeral
St. Patrick's Cathedral, St. Mark's Church, the largest synagogue in
        Manhattan
First, there's family, brother, nephews, spry aged Edith stepmother
        96, Aunt Honey from old Newark,
Doctor Joel, cousin Mindy, brother Gene one eyed one ear'd, sister-
        in-law blonde Connie, five nephews, stepbrothers & sisters
        their grandchildren,
companion Peter Orlovsky, caretakers Rosenthal & Hale, Bill Morgan—
Next, teacher Trungpa Vajracharya's ghost mind, Gelek Rinpoche
        there, Sakyong Mipham, Dalai Lama alert, chance visiting
        America, Satchitananda Swami,
Shivananda, Dehorahava Baba, Karmapa XVI, Dudjom Rinpoche,
        Katagiri & Suzuki Roshi's phantoms
Baker, Whalen, Daido Loori, Qwong, Frail White-haired Kapleau
        Roshis, Lama Tarchin—
Then, most important, lovers over half-century
Dozens, a hundred, more, older fellows bald & rich
young boys met naked recently in bed, crowds surprised to see each
        other, innumerable, intimate, exchanging memories
"He taught me to meditate, now I'm an old veteran of the thousand
        day retreat—"
"I played music on subway platforms, I'm straight but loved him he
        loved me"
"I felt more love from him at 19 than ever from anyone"
"We'd lie under covers gossip, read my poetry, hug & kiss belly to belly
        arms round each other"
"I'd always get into his bed with underwear on & by morning my
        skivvies would be on the floor"
"Japanese, always wanted take it up my bum with a master"

"We'd talk all night about Kerouac & Cassady sit Buddhalike then
        sleep in his captain's bed."
"He seemed to need so much affection, a shame not to make him happy"
"I was lonely never in bed nude with anyone before, he was so gentle my
        stomach
shuddered when he traced his finger along my abdomen nipple to hips—"
"All I did was lay back eyes closed, he'd bring me to come with mouth
        & fingers along my waist"
"He gave great head"
So there be gossip from loves of 1946, ghost of Neal Cassady commin-
        gling with flesh and youthful blood of 1997
and surprise—"You too? But I thought you were straight!"
"I am but Ginsberg an exception, for some reason he pleased me,"
"I forgot whether I was straight gay queer or funny, was myself, tender
        and affectionate to be kissed on the top of my head,
my forehead throat heart & solar plexus, mid-belly, on my prick,
        tickled with his tongue my behind"
"I loved the way he'd recite 'But at my back always hear/ time's winged
        chariot hurrying near,' heads together, eye to eye, on a
        pillow—"
Among lovers one handsome youth straggling the rear
"I studied his poetry class, 17 year-old kid, ran some errands to his
        walk-up flat,
seduced me didn't want to, made me come, went home, never saw him
        again never wanted to . . ."
"He couldn't get it up but loved me," "A clean old man," "He made
        sure I came first"
This the crowd most surprised proud at ceremonial place of honor—
Then poets & musicians—college boys' grunge bands—age-old rock
        star Beatles, faithful guitar accompanists, gay classical con-
        ductors, unknown high Jazz music composers, funky trum-
        peters, bowed bass & french horn black geniuses, folksinger
        fiddlers with dobro tambourine harmonica mandolin auto-
        harp pennywhistles & kazoos
Next, artist Italian romantic realists schooled in mystic 60's India,
        late fauve Tuscan painter-poets, Classic draftsman Massa-
        chusetts surreal jackanapes with continental wives, poverty
        sketchbook gesso oil watercolor masters from American
        provinces

Then highschool teachers, lonely Irish librarians, delicate biblio-
        philes, sex liberation troops nay armies, ladies of either sex
"I met him dozens of times he never remembered my name I loved
        him anyway, true artist"
"Nervous breakdown after menopause, his poetry humor saved me
        from suicide hospitals"
"Charmant, genius with modest manners, washed sink dishes, my
        studio guest a week in Budapest"
Thousands of readers, "Howl changed my life in Libertyville Illinois"
"I saw him read Montclair State Teachers College decided be a poet— "
"He turned me on, I started with garage rock sang my songs in Kansas
        City"
"Kaddish made me weep for myself & father alive in Nevada City"
"Father Death comforted me when my sister died Boston 1982"
"I read what he said in a newsmagazine, blew my mind, realized
        others like me out there"
Deaf & Dumb bards with hand signing quick brilliant gestures
Then Journalists, editors' secretaries, agents, portraitists & photo-
        graphy aficionados, rock critics, cultured laborors, cultural
        historians come to witness the historic funeral
Super-fans, poetasters, aging Beatniks & Deadheads, autograph-
        hunters, distinguished paparazzi, intelligent gawkers
Everyone knew they were part of "History" except the deceased
who never knew exactly what was happening even when I was alive

*February 22, 1997*

# Sexual Abuse

*"A Nation of Finks"*
—*W. S. Burroughs*

A voice in the kitchen light:
Sexual abuse should not be
      rewarded with a wink
Sexshual abuse should not be
      revarded mit a vink
Re Boston-Herald headline "Sexual Abuse Law Targets Clergy"
"Senator: Religious leaders must report child molesters"
Priests should turn each other in, fink—
So, say it in the confession box, not
      over sherry at intimate dinner.

*February 26, 1997, 6 A.M.*

# Butterfly Mind

The mind is like a butterfly
That lights upon a rose
or flutters to a stinky feces pile
swoops into smoky bus exhaust
or rests upon porch chair, a flower breathing
open & closed balancing a Tennessee breeze—
Flies to Texas for a convention
spring weeds in fields of oil rigs
Some say these rainbow wings have soul
Some say empty brain
tiny automatic large-eyed wings
that settle on the page.

*January 29, 1997, 2:15 A.M., NYC*

## A fellow named Steven

A fellow named Steven
went to look for God
on a street that's even
and a street that's odd

A lifestyle clean
with music and wife
A golden mean
For a heavenly life

He went to the city
Tried all tricks
Sadness & pity
many highs, many kicks

Saved by music
Books & dance bands,
Generous, correct
Taught class, steady hands

Married, had a boy
Whom he sang into life
He'll long enjoy
His Child & Wife

*Air Shuttle Boston–N.Y.*
*March 4, 1997, 5 P.M. in milky sky*

# Half Asleep

Moved six months ago left it behind for Peter
He'd been in Almora when we bought it,
an old blanket, brown Himalayan wool
two-foot-wide long strips of light cloth
bound together with wool strings
That after 3 decades began to loosen
Soft familiar with use in Benares & Manhattan
I took it in my hands, searched to match the seams,
      fold them, sew together as I thought
But myself, being ill, too heavy for my arms,
Leave it to housekeeper's repair
      it disappeared suddenly in my hands—
back to the old apartment
where I'd let go half year before

*March 7, 1997*

## Objective Subject

It's true I write about myself
Who else do I know so well?
Where else gather blood red roses & kitchen garbage
What else has my thick heart, hepatitis or hemorrhoids—
Who else lived my seventy years, my old Naomi?
and if by chance I scribe U.S. politics, Wisdom
meditation, theories of art
it's because I read a newspaper loved
teachers skimmed books or visited a museum

*March 8, 1997, 12:30 A.M.*

## Kerouac

I can't answer,
reason I can't answer
I haven't been dead yet
Don't remember dead
I'm on 14th St & 1st Avenue
Vat's the qvestion?

*March 12, 1997*

## Hepatitis Body Itch . . .

Hepatitis
Body itch
nausea
hemorrhage
tender Hemorrhoids
High Blood
Sugar, low
leaden limbs
lassitude
bed rest
shit factory
this corpse
cancer

*March 13, 1997*

# Whitmanic Poem

We children, we
        school boys,
girls in America
        laborers, students
dominated by lust

*March 18, 1997*

# American Sentences 1995–1997

I felt a breeze below my waist and realized that my fly was open.

*April 20, 1995*

*   *   *

Sitting forward elbows on knees, oh what luck! to be able to crap!

*April 17, 1995*

"That was good! that was great! That was important!" Standing to flush
the toilet.

*June 22, 1995*

Relief! relief! O Boy O Boy! That was necessary, wash behind!

*January 18, 1997*

"A good shit is worth a thousand dollars if your purse can afford it."

*February 10, 1997, 5 A.M.*

Heard at every workplace—obnoxious slogan: "Shit or get off the pot!"

*January 24, 1997*

How did I know? How did my ass know? Suddenly, go to the bathroom!

*March 10, 1997*

*   *   *

*Château d'Amboise*

Sun setting on their faces the diners chatter over plates of duck.

*June 22, 1995*

*Baul Song*

"Oh my mad mind, my mad mind, where've you been all my life, my old
    mad mind?"

                                            *October 7, 1996*

The three-day-old kitchen fly's flown into my bedroom for company.

                                            *December 9, 1996*

"Hi-diddly-Dee, a poet's life for me," Gregory Corso sang in Paris
    sniffing H.

                                            *January 16, 1997*

Chopping apples for the fruit compote—suffer, suffer, suffer, suffer!

                                            *January 24, 1997*

Courageous little lemon with so many pits! sliced into the pot.

                                            *January 25, 1997*

The young dog—he jumped out the TV tube stood still then barked for
    supper.

                                            *January 26, 1997*

Stupid of me, stupid of me, just dumb plain stupid ass! Where's my
    pen?

                                            *February 19, 1997, 2:45 A.M.*

My father dying of Cancer, head drooping, "Oy kindelach."

                                            *February 24, 1997*

Whatcha do about little girls who want to play Horsey on my knee?

                                            *March 10, 1997*

"Hey Buster! Whatcha looking at me like that for?" in the Bronx
subway.

*March 10, 1997, 2:45 A.M.*

To see Void vast infinite look out the window into the blue sky.

*March 23, 1997*

# Variations on Ma Rainey's See See Rider

"I've been down at the bus stop
　　Buy my jellyroll there
If I can't sell it in Memphis
　　　　　you can
　　buy it in Eau St. Claire.
See See Rider
　　　　you got me
　　　　　　　in your chair
　　　　But if I have
　　　　　　　my fanny
　　　　　　　　can sell it anywhere
　　　　See what I want today
　　　　　　　yes yes yes
　　　　Need a man who
　　　　　　really can do
　　anything I say
　　　　Do that for me
　　　　　　Then I
　　　　　　　　guess I
　　　　won't go way.

Go way go way go way from here
　　look for all old gray home
I can live by myself and
　　ring my telephone
Dirty pictures on my new TV
　　Just now turned them on
I don't need you and your
　　　　mamma's long time gone

*March 3, 1997*

# Sky Words

Sunrise dazzles the eye
Sirens echo tear thru the sky
Taxi klaxons echo the street
Broken car horns bleat bleat bleat

Sky is covered with words
Day is covered with words
Night is covered with words
God is covered with words

Consciousness covered with words
Mind is covered with words
Life & Death are words
Words are covered with words

Lovers are covered with words
Murders are covered with words
Spies are covered with words
Governments covered with words

Mustard gas covered with words
Hydrogen Bombs covered with words
World "News" is words
Wars are covered with words

Secret police covered with words
Starvation covered with words
Mothers bones covered with words
Skeleton Children made of words

Armies are covered with words
Money covered with words
High Finance covered with words
Poverty Jungles covered with words

Electric chairs covered with words
Screaming crowds are covered with words
Tyrant radios covered with words
Hell's televised, covered with words

*March 23, 1997, 5 A.M.*

# Scatalogical Observations

*The Ass knows more than the mind knows*

Young romantic readers
Skip this part of the book
If you want a glimpse of life
You're free to take a look

Shit machine shit machine
I'm an incredible shit machine
Piss machine Piss machine
Inexhaustible piss machine

Piss & shit machine
That's the Golden Mean
Whether young or old
Move your bowels of gold

Piss & shit machine
It always comes out clean
Whether you're old or young
Never hold your tongue

(Chorus)
Shit machine piss machine
I'm an incredible piss machine
Piss machine piss machine
Inexhaustible shit machine.

Brown or black or green
everything will be seen
Hard or soft or loose
Shit's a glimpse of Truth

Babe or boy or youth
Fart's without a tooth
Baby girl or maid
Many a fart in laid

Shit piss shit piss
Fuck & shit & piss
Fuck fart shit Piss
It all comes down to this

Beautiful male Madonnas
Wrathful Maids of Honor
To be frank & honest
Stink the watercloset

Shit machine piss machine
Much comes down to this
Piss machine shit machine
Nature's not obscene

Shit piss shit piss
How'll I end my song?
Shit piss shit piss
Nature never wrong

(Chorus)
Shit machine Piss Machine
I'm an incredible piss machine
Piss machine shit machine
Inexhaustible shit machine

*March 23, 1997*

# My Team Is Red Hot

My dick is red hot
Your dick is diddly dot

My politics red hot
Your politics diddly-plot

My President's red hot
your President's diddly-blot

My land is red hot
Your land is diddly-knot

My nation's red hot
Your nation's diddly rot

My cosmos red hot
Your cosmos diddly iddly squat

*March 23, 1997*

## Starry Rhymes

Sun rises east
Sun sets west
Nobody knows
What the sun knows best

North star north
Southern Cross south
Hold close the universe
In your mouth

Gemini high
Pleiades low
Winter sky
Begins to snow

Orion down
North Star up
Fiery leaves
Begin to drop

*March 23, 1997, 4:51 A.M.*

# Thirty State Bummers

Take a pee pee take a Bum
Take your choice for number one

Old man more or someone new
Take your choice someone new

President Clinton President Dole
Number three you're in a hole

Anchor two or anchor four
One's a liar one's a bore

Richard Helms Angleton live
We were lucky to survive

Jesse Helms & dirty pix
Dance your fate with his party mix

Idi Amin General Mobutu
Were paid by me & you

They were bought by me & mine
Albania, number 9

Mr. Allende was number 10
Pinochet Dictator then

Death squads in El Salvador
We paid D'Aubisson to score

Guatamalas by the dozen
Pat Robertson was country cousin

Rios-Montt the Indian killer
Born-again General Bible pillar

Nicaragua squeezed between
Col. North & a cocaine queen

Drug Czar Bush gave Company moolah
To Noriega Panama's ruler

Venezuela's Drug War Chief
Turned around to be a thief

Mexico's general drug-war head
pumped informers full of lead

State Department's favorite bloke
In Haiti he sold tons of coke

Till Aristide unhex'd the curse
CIA filled Cedras' Purse

White Peru's its Indian shame
Gave "Shining Path" worldwide fame

Then dictator Fujimori
Paid the World Bank hunky dory

With Indian Class the majority
Peru got respectable with poverty

Made a deal with English banks
To pay back USA with thanks

The price of rubber tin went down
Cocaine syndicates come to town

Now the money's in cocaine crops
U.S. Hellies do their dope air drops

We got rid of the President of Costa Rica
He had no army he didn't kill people

Lots began in '53
Guatemala couldn't break free

United Fruits annulled the vote
As Alan & Foster Dulles gloat

Then unseated Mosaddeq
& left Iran a police-state wreck

Then we sold the guy in Iraq
Money to bomb Iranians back

Central America Middle East
Preyed on by "Great Satan's" beast

Worst of all, & hell be damned!
Think what happened in Vietnam

Laos, victim of the war
Nobody really knew what for

Cambodia, caught by the tail
When we blew up Mekong's Ho Chi Minh Trail,

Descended into Anarchy
Pol Pot's Maoist Butchery

Shihanook's book before that day
Was called "My War with the CIA"

Who's to blame, Who's to blame
Anybody share America's shame

But there's more! Count the score!
So far we got twenty-four

25 is Afghanistan
Fundamentalists armed by The Man

Tribal Drug Lord Mountain gangs
Veiling up their own sex thangs

Looking around for number 26
Indochina was the Colonial sticks

France introduced the opium crop
France would sell the Chinese hop

Britain, U.S. got in on the deal
Opium war made the Emperor kneel

China opened to our own junk men
Shanghai famous for the opium den

Strung out on junk we took their silk
The yellow peril drank Christian milk

We're doing exactly the same thing again
In Indochina with Marlboro men

Smoke our dope to be Favored Nation
Nicotine cancer next generation

Who's pushing this new dope ring?
Senator Jesse Helms the Moralist King

Peaches Prunes & company goons
For the next two-hundred eighty eight moons

NAFTA NAFTA what comes after?
Toxic waste—Industrial laughter

Industrial Smog, Industrial sneers
Industrial women weeping tears

Wages low no CIO
No medical plan oh no! no! no!

No FDR No WPA
No toilet time, human say

No overtime no other way
Yankee work for a dollar a day

No jobs today No jobless pay
No future life but turn to clay

Work hard for a little bit of honey
But USA takes all the money

*March 24, 1997, 10:40 P.M.*

I have a nosebleed You have a nosebleed
He has a nosebleed three
She has a nosebleed It has a nosebleed
They all bleed on me

*March 24, 1997*


Timmy made a hot milk
Better than a warm milk
Better than a cold milk shake
Hot cream warm cream oh La La!
Pretty boy straight kids, Ha ha ha
Sneakers Jeans & T-shirts, damn!
Got it made said houseboy Sam
All except the Ku Klux Klan
Wham Bam & thank you ma'm

*March 25, 1997, 6:30 A.M.*


This kind of Hepatitis can cause ya
Nosebleed skin itch bowel nausea
Swell up hanging hemorrhoid heads
Easter lilies by your hospital beds

*March 24, 1997*


Giddy-yup giddy-yup giddy-yap
I can't take more of your crap
Giddy-yap Giddy-yap Giddy-yup
So you're right, so you're right, Shut up!
Giddy yup shut up, Giddy yup shut up
Giddy-yap giddy yap giddy yap shut up.

*March 24, 1997*

Turn on the heat & take a seat
& lookit junkies on the street

Forget the news from old Time-Warner
Lookit crackheads on the corner

Turn off TV 7 o'clock
They're selling grass around the block

Minimum wage is whacha make
Narcs are mostly on the take.

Make big money from your mob
Till Old MacDonald makes a job.

*March 25, 1997*

## Bop Sh'bam

OO Bop Sh'bam
At the poetry slam
Scream & yell
At the poetry ball

Get in a rage
On the poetry stage
Make it rhyme
In double-time

Talk real fast
till your time's passed
Sound like a clown
& then sit down.

Listen to the next
'cause she listened to you
Tho all she says is
Peek-a-boo-boo.

*March 25, 1997, 3:30 P.M.*

# Dream

There was a bulge in my right side, this dream recently—just now I realized I had a baby, full grown that came out of my right abdomen while I in hospital with dangerous hepatitis C.

I lay there awhile, wondering what to do, half grateful, half apprehensive. It'll need milk, it'll need exercise, taken out into fresh air with baby carriage.

Peter there sympathetic, he'll help me, bent over my bed, kissed me, happy a child to care for. What compassion he has. Reassured I felt the miracle was in Peter's reliable hands—but gee what if he began drinking again? No this'll keep him straight. How care for a baby, what can I do?

Worried & pleased since it was true I slowly woke, still thinking it'd happened, consciousness returned slowly 2:29 AM I was awake and there's no little mystic baby—naturally appeared, just disappeared—

A glow of happiness next morn, warm glow of pleasure half the day.

*March 27, 1997, 4 A.M.*

# Things I'll Not Do (Nostalgias)


Never go to Bulgaria, had a booklet & invitation
Same Albania, invited last year, privately by Lottery scammers or
    recovering alcoholics,
Or enlightened poets of the antique land of Hades Gates
Nor visit Lhasa live in Hilton or Ngawang Gelek's household & weary
    ascend Potala
Nor ever return to Kashi "oldest continuously habited city in world"
    bathe in Ganges & sit again at Manikarnika ghat with Peter,
    visit Lord Jagganath again in Puri, never back to Birbhum take
    notes tales of Khaki Baba
Or hear music festivals in Madras with Philip
Or return to have Chai with older Sunil & the young coffeeshop poets,
Tie my head on a block in the Chinatown opium den, pass by Moslem
    Hotel, its rooftop Tinsmith Street Choudui Chowh Nimtallah
    Burning ground nor smoke ganja on the Hooghly
Nor the alleyways of Achmed's Fez, nevermore drink mint tea at Soco
    Chico, visit Paul B. in Tangiers
Or see the Sphinx in Desert at Sunrise or sunset, morn & dusk in the
    desert
Ancient collapsed Beirut, sad bombed Babylon & Ur of old, Syria's
    grim mysteries all Araby & Saudi Deserts, Yemen's sprightly
    folk,
Old opium tribal Afghanistan, Tibet-Templed Beluchistan
See Shanghai again, nor cares of Dunhuang
Nor climb E. 12th Street's stairway 3 flights again,
Nor go to literary Argentina, accompany Glass to Sao Paolo & live a
    month in a flat Rio's beaches & favella boys, Bahia's great
    Carnival
Nor more daydream of Bali, too far Adelaide's festival to get new song
    sticks
Not see the new slums of Jakarta, mysterious Borneo forests & painted
    men & women
No more Sunset Boulevard, Melrose Avenue, Oz on Ocean Way
Old cousin Danny Leegant, memories of Aunt Edith in Santa Monica

No more sweet summers with lovers, teaching Blake at Naropa,
Mind Writing Slogans, new modern American Poetics, Williams
       Kerouac Reznikoff Rakosi Corso Creeley Orlovsky
Any visits to B'nai Israel graves of Buba, Aunt Rose, Harry Meltzer and
       Aunt Clara, Father Louis
Not myself except in an urn of ashes

*March 30, 1997, A.M.*

# AFTERWORD
*On Death & Fame*

This final collection of Allen Ginsberg poems completes a remarkable half century of continuous verse creation. Allen leaves nothing out and takes the readers down a final walk of sickness and decline, but still the illumination of life shines through these strophes and rhythms. In these final five years, Allen struggles through several transformations. He is placed under the ever intensifying glare of media attention as a founder of the Beat Generation. He is interviewed as a living icon/prophet to each generation from the 1940s through the 1990s and is expected to elucidate the meaning of the century's conclusion and make new millennial predictions. The telephones ring continually for talk and advice on every subject from presidential politics to baby naming. He finally manages to place his lifelong archives into a permanent home at Stanford University. He is reviled in the *New York Times* on several occasions for "selling out." For the first time in his life, he buys himself a bit of comfort. At age seventy, he leaves his fourth-floor walk-up tenement apartment and moves into an elevator loft building still within his beloved Lower East Side of Manhattan. In these years, he embraces Jewel Heart Buddhist Center in Ann Arbor, Michigan, where he attends retreats, performs benefits, and receives profound and ultimate instructions from his teacher Gelek Rinpoche. Although struggling with illnesses continually, he does not learn of his fatal diagnosis until a week before his last breath. The poems follow these paths and illumine our own lives.

"New Democracy Wish List" was written at the request of *Long Island Newsday*. Allen polled his friends and collected advice on various subjects. The poem was sent to the White House and politely received. Allen's diabetes led to a state of dysesthesia below the waist. Allen transformed any shame of incontinence to a celebration of aging and life, as in "Here We Go 'Round the Mulberry Bush." It was Allen's habit to write poetry in his journals in the late night or the early morning. He would often write at dawn and then go back to sleep until late morning. His waking routine took several hours. There is a good sample of that routine in "Tuesday Morn." When Allen had collected several pages of poetry in his journals, he would photocopy them and hand them to his office to perform a first typing. Peter Hale typed them and returned them promptly. Allen would make alterations by hand and return them. Sometimes this process went on through ten drafts. We kept every draft in a file folder labeled with the title of the poem. Often slight rhythmic corrections to poems would come in after Allen returned from giving poetry readings. Allen Ginsberg was one of very few poets who had the opportunity to refine the exact cadence of his lines through his frequent public readings.

One of Allen's most beautiful song lyrics was "New Stanzas for *Amazing Grace.*" Allen never ignored the homeless or beggars. He was generous to a fault and could not pass an outstretched hand without leaving a coin and looking deeply into the face beyond the hand. Allen lived comfortably within his modest fame. As he walked the streets of Lower Manhattan, people would nod to him in recognition or simply say "Hi Allen!" as they passed. If they stopped to recall when they last met him or ask a question, he was patient and conversed with them. If someone came up and said, "Are you Allen Ginsberg?" he might answer, "No, but that is what I am called." Allen was always supportive of the writers he admired and who were his friends. Notice in "City Lights City" which was written for the naming ceremony of Via Ferlinghetti, Allen used the occasion to create new literary renamings of streets for all the worthy writers of his circle.

"Pastel Sentences" were written in Allen's form of American Haiku (seventeen syllables with the common haiku associational enjambment of senses but carried through on a single strophe each). These sentences were composed to accompany a set of water colors by his friend, Francesco Clemente. There was a conciliation in Allen's poems; he was commingling his worldview with its detail of causes into Buddhist mindfulness and ego urges. He continued a flirtation with children's poetry in "The Ballad of the Skeletons" which was turned into a rock 'n' roll song with Paul McCartney, Philip Glass, and Lenny Kaye collaborating musically. Gus Van Sant made a music video. Memories from East Side High, Paterson, are explored in "You know what I'm saying?" Allen remembered the songs of his childhood ("Popular Tunes"). One day he walked around the loft trying to find his scarf. He sang a little ditty about the lost scarf, which became "Gone Gone Gone": a poem about loss, which was read at a Buddhist service the day after Allen's death.

☙

Allen was unsteady on his feet, hesitant in his step, and exhausted in his frame. He had to fly the shuttle to Boston to see his cardiologist. I sensed that, for the first time, he didn't have the energy to fly by himself. "Allen, I'll go with you," I reassured him in the early twilight of a late February afternoon. He protested that it was not necessary. I insisted and he gave in happily.

I carried my bag and his. He shuffled with me. In the taxi to LaGuardia Airport, Allen asked for his book bag. The taxi was dark, only lit by the street lamps whisking by in an alternating stream. As the vehicle sped between lanes, I felt my stomach rise up to my throat and stick there. Allen said, "Listen to this. I started it last night!" He was laughing and cracking up. He searched in his journal and found the scrawled poem. It started:

> When I die
> I don't care what happens to my body
> throw ashes in the air, scatter 'em in the East River
> bury an urn in Elizabeth New Jersey, B'nai Israel Cemetery
> But I want a big funeral

I wanted the cab ride to be over. I didn't want to hear the poem, but it got funnier and funnier. He was almost in hysterics as he listed what all his myriad boyfriends would say at his funeral. He wanted to know if I could add any lines. I suggested that women would all say, "He never did remember my name."

On the shuttle, Allen fell into a deep sleep. I stared at the deep lines in his face. He seemed so far away. I thought he might be dead. But at the beginning of our descent, he jerked awake, grabbed his notebook, scribbled for about two minutes, and read me this American sentence: "My father dying of Cancer, head drooping, 'Oy kindelach.' "

※

Allen's health continued to deteriorate. Poems were being written so fast that we could not keep up with them. Weeks after the trip to Boston, Allen entered Beth Israel Hospital in New York City. One of the doctors in the Emergency Room handed Allen a poem he had written seeking Allen's improvements. Allen obliged and was pleased as he confided in me that it was "a much stronger poem now." In the hospital, Allen asked for a copy of *Mother Goose*. I brought my children's Rackham edition. "Starry Rhymes" injected pure beauty into the simple rhymes. The poetry of late March 1997 reflected Allen's lively mind balancing the primary hospital bodily events and his childhood innocence so long overridden in the need to grow up fast in a dysfunctional family.

Although we are unsure that Allen had finished with the rhymes dated March 24, 1997, we include them as exemplar of the pure, supple child Allen slipped in and out of in the late stages of liver cancer. "Dream" resolves contradictions inherent in his long love affair with Peter Orlovsky and remained the last poem written before the fatal diagnosis of liver cancer. After being told of the massive metastasized cancer within him, Allen Ginsberg only completed one poem in his final week of life. "Things I'll Not Do (Nostalgias)" is the only poem that Allen did not have a chance to proof and amend before his death. The poem is a compendium of farewells, with honest regrets and true Buddhist ability to let go. Allen was sad to leave the world, but he was also exhilarated.

Besides calling friends to take leave, and extract a few promises, he wrote a final political letter to President Clinton. He prefaces his note with, "Enclosed some recent political poems." Allen lapsed into his death coma before he could select the poems.

In preparing *Death & Fame*, Peter Hale, Bill Morgan, and myself have honored Allen's insistence on chronology and notes. We have included each poem as Allen fashioned it. We suspect that some of the short verse would be further revised and combined. These are the final poetry breaths—no more Allen Ginsberg. When Allen died many people felt as if a large hole gaped in their lives. Allen left many writings and songs to fill that hole. With *Death & Fame*, we find the circle will be unbroken.

*Bob Rosenthal*
*July 7, 1998*

# NOTES

(p. 1)   "New Democracy Wish List"

Ryan White Care Act—A federal program designed to provide support services for people with HIV/AIDS. The act was named for youth Ryan White, a hemophiliac who had contracted HIV through blood transfusion. His battle to return to school helped advance the rights of people living with AIDS.

SLA—Savings & Loan Association, a 1980's Federal program to bail out bankrupted savings & loan banks resulted in much mis-use and corruption.

Hand & Lavoro Bank Thuggery—Lavoro: Banca Nazionale del Lavoro.

(p. 4)   "Peace in Bosnia-Herzegovina"

Thich Nhat Hanh—(b. 1926) Zen monk, exiled from Vietnam, heads a retreat community in the south of France. Authored over seventy-five books.

Sakharov—Andrei Sakharov (1921–1989) Russian engineer and humanist, first known as "father of the Soviet Hydrogen Bomb" but soon realized radioactivity's hazards and in a series of articles confronted the Soviet government. In 1975, he was awarded the Nobel Peace Prize.

Albert Schweitzer—(1875–1965) Theologian, minister, medical missionary in Gabon, Organist, awarded the Nobel Peace prize in 1952. Schweitzer was in fact Sartre's cousin, though Sartre referred to him as "uncle Al."

(p. 6)   "After the Party"

Coemergent Wisdom—A key term in Vajrayana Buddhism referring to the simultaneous arising of samsara and nirvana, naturally giving birth to wisdom.

(p. 7)   "After Olav H. Hauge"

Olav H. Hauge—Norwegian poet (1908–1994). Trained as a gardener, his work was inspired by the natural world.

Bodø—Second largest city of northern Norway, just inside the Arctic Circle.

(p. 12)   "Tuesday Morn"

 *Exquisite Corpse*—Literary Journal, edited by poet Andrei Codrescu.
 Peter's flown—Peter Orlovsky
 Sawang's . . . confirmation—*Sawang*: Previous title for Sakyong Mipham Rinpoche (see note, page 108). *Confirmation*: Or enthronement in Tibetan Buddhism, it is the formal recognition of an incarnation.

(p. 14)   "God"

 Willendorf Venus—Late Stone-Age limestone statuette of Venus, found near the village of Willendorf, Austria.
 39 patriarchs—In Chinese and Zen Buddhism, patriarch is the founder of a school and his successors. In some accounts lineages are traced back to 28 original Patriarchs in India, and many more in China, although never as a group of 39—. It's likely the Author remembered incorrectly here.

(p. 16)   "Excrement"

 Polyhymnia—Polyhymnia (Polymnia) is one of the nine muses; sometimes considered the muse of Sacred Poetry.

(p. 21)   "Pastel Sentences"

 The author had worked out a series of 108 seventeen syllable sentences describing individual pastel paintings by Francesco Clemente. With a copy of the catalogue, he continued to polish them as he traveled on. Included here are the sentences that the Author felt could stand alone without accompanying images.

(p. 27)   "Is About"

 muggles—Hipster term for marijuana cigarette.

(p. 29)   "The Ballad of the Skeletons"

 Yahoo—From Swift's *Gulliver's Travels*: A member of a race of brutes who have all the human vices, hence a boorish, crass, or stupid person.
 Heritage Policy—Heritage Foundation: Conservative foundation think tank, often thwarting NEA projects, opposing social welfare programs and favoring strict FCC restrictions on "indecent" language. In their own words "One of the nations largest public policy research organizations."
 NAFTA—North American Free Trade Agreement, passed by President Clinton and Congress over objections of many labor and environmental groups concerned about lowered workplace and ecological safeguards.
 Maquiladora—Foreign-owned factories operating on the Mexican side of the U.S./Mexican border producing goods mainly for the U.S. market.

GATT—General Agreement on Tariffs and Trade.
I.M.F.—International Monetary Fund.

(p. 35)   "Bowel Song"
Bam—Seed syllable for Vajrayogini, one of the Author's principal Tibetan Buddhist practices.

(p. 39)   "Power"
Yuga—As in kaliyuga, Sanskrit for "age," as in the dark age.

(p. 40)   "Anger"
Carolyn—Carolyn Cassady.

(p. 41)   "Multiple Identity Questionnaire"
chela—Sanskrit term, literally "servant," though often used as the general word for a student, as in a spiritual student seeking guidance from a teacher.
neti neti—"Not this, not this." Vedantic process of discrimination by negation.
Maya—Sanskrit term in Buddhism meaning "deception, illusion, appearance," the continually changing impermanent phenomenal world of appearances and forms of illusion or deception which the unenlightened mind takes as the only reality.

(p. 42)   "Don't Get Angry with Me"
Chödok Tulku—Gelugpa school Tibetan Lama friend of Gelek Rinpoche, he was a guest speaker at a summer retreat attended by the Author. Because of nervousness or difficulty with English, he repeatedly interjected, "Don't get angry with me." The Author found it funny and innocent and wrote this poem during the lecture.
Tila, Mila, Marpa, Naro—Said here in prayer form, it is short for Tilopa, Milarepa, Marpa, Naropa (Gampopa). The line of saints or Mahasidhas of Kagupa lineage of Tibetan Buddhism.

(p. 46)   "Reverse the rain of Terror . . ."
Rocky Flats—Rockwell Corporation Nuclear Facility's Plutonium Bomb trigger factory, near Boulder, Colorado. Starting in the late '70s, the Author joined in many protests against the plant. In 1989 the FBI investigated the site, confirmed careless handling of radioactive materials, suspended activity there and subsequently shut it down, but only after a $2 billion failed attempt to get the plant back on line. Cleanup will continue into the next millennium.

(p. 48)  "Sending Message"

General Rios-Montt—Efrain Rios-Montt (b. 1926), Guatemalan dictator, rose to power in a 1982 coup lasting seventeen months. Claiming himself a "Born-Again" Christian reformer and backed by President Reagan, his campaigns were responsible for the destruction of native villages and the killing of tens of thousands of natives.

700 Club—Televangelist cable talk show, Christian Broadcasting Networks's Flagship program, founded by Pat Robertson.

(p. 55)  "Happy New Year Robert & June"

Robert & June—Robert Frank, June Lief.

(p. 56)  "Diamond Bells"

Hayagriva—One of the eight fierce protective deities, identified by a horse's head in Tibetan Buddhist iconology.

(p. 58)  "Waribashi"

See "Roots of Rain Forest Destruction," Khor Kok Pen, *Third World Resurgence*, no. 4, December 1990 (Malaysia, Third World Network), paraphrased in *The Debt Boomerang*, Susan George, 1992 (London, Pluto Press with Transnational Institute).

(p. 68)  "Death & Fame"

Trungpa Vajracharya—*Vajracharya*: In Tibetan Buddhism, Mantrayana-style meditation practice master. *Trungpa*: Chögyam Trungpa, Rinpoche (1939–1987), the Author's first meditation master (1971–1987), founder of Naropa institute and Shambhala centers, author of *Cutting Through Spiritual Materialism* and *First Thought Best Thought*, with introduction by Allen Ginsberg, 1984, both published by Shambhala Publications, Boston.

Gelek Rinpoche—Kyabje or Ngawang Gelek Rinpoche (b. 1939), friend and teacher to the Author, he is the founder of Jewel Heart Tibetan Buddhist centers. A refugee in India since 1959, where he gave up monastic life to better serve the Tibetan Buddhist lay community, in the late '70s he was directed by tutors to the Dalai Lama to begin teaching Western students. He currently resides in Ann Arbor, Michigan.

Sakyong Mipham Rinpoche—(b. 1962) The lineage holder of the Buddhist and Shambhala meditation traditions brought from Tibet by his father and teacher, Chögyam Trungpa Rinpoche. He is the leader of the international Shambhala community based in Halifax, Nova Scotia.

Satchitananda Swami—Sri Swami Satchidananda, founder of Integral Yoga Institute. Came to the United States from India 1966.

Dehorahava Baba—A yogi the Author met at the Ganges River across from Benares in 1963.

Karmapa XVI—(1924–1981) Sixteenth lama head of Milarepa lineage, Kagupa order of Tibetan Buddhism.

Dudjom Rinpoche—(1904–1987) Former lama head of Nyingmapa "old school" Tibetan teachings, founded by Padmasambhava.

Katigiri Roshi—Dainin Katagiri-Roshi (1928–1990), first Abbot of the Minnesota Zen Meditation Center in Minneapolis. Came to the United States from Japan in 1963. Taught and practiced in California and also assisted Suzuki-roshi at the San Francisco Zen Center.

Suzuki Roshi—Shunryu Suzuki-roshi: Zen master of the Soto Lineage. Came to the United States in 1958 as head of the Japanese Soto sect in San Francisco, where he established a Zen Center. He built Zen Mountain Center at Tassajara Springs, the first Zen monastery in America. His Dharma heir is Richard Baker.

Baker Roshi—Richard Baker, Roshi, Abbot, head teacher, and founder of the Dharma Sangha centers, Crestone, Colorado, and Germany.

Whalen Roshi—Zenshin Philip Whalen (b. 1923), poet friend associated with the Beat Generation, now an ordained Zen Buddhist priest, he is Abbot of the Hartford Street Zen Center, San Francisco.

Daido Loori Roshi—John Daido Loori, Abbot of Zen Mountain Monastery in Mt. Tremper, New York, and the founder/director of the Mountains and Rivers Order. Master in Rinzai and Soto lines of Zen Buddhism. Dharma heir of Hakuyu Taizen Maezumi Roshi.

Kapleau Roshi—Philip Kapleau Roshi, Zen master, studied Zen in Japan, founded the Rochester Zen Center in 1966, author of many books on Zen practice.

Lama Tarchin—Nyingmapa school Tibetan Lama, founded the Vajrayana Foundation, Santa Cruz, California, at the request of HH Dudjom Rinpoche.

(p. 71)   "Sexual Abuse"

See article "Sexual Abuse Bill Targets Clergy," Mark Mueller, *Boston Herald* (February 21, 1997).

(p. 74)   "Half Asleep"

Almora—Town in Uttar Pradesh state of Northern India, near the foothills of the Himalayas.

(p. 89)   "Thirty State Bummers"

Idi Amin—Idi Amin Dada Oumee (b. 1925), president and dictator of Uganda from 1971–1979, responsible for the killing of 300,000 tribal Ugandans.

General Mobutu—Joseph Mobutu (1930–1997), president and dictator of Zaire from 1965–1991, supported by Western powers.

Mr. Allende—Salvador Allende Gossens (1908–1973), Popularly elected Democratic Socialist President of Chile, overthrown by a military coup supported by the CIA.

Pinochet—Augusto Pinochet Ugarte (b. 1915), president of Chile following the death of Allende.

D'Aubuisson—Roberto D'Aubuisson Arrieta, Death Squad Leader of Arena Party in El Salvador.

Pat Robertson—Conservative Baptist minister and television talk show host who ran for president in 1988.

Rios-Montt—(See note, p. 108.)

Col. North—Oliver L. North, Jr. (b. 1943), U.S. Marine Colonel and a key figure in the Iran-Contra affair.

Aristide—Jean-Bertrand Aristide (b. 1951), the first democratically elected leader of Haiti from 1990–1991 and 1994–1995.

Cedras—Lt. Gen. Raoul Cedras, Haitian military ruler who overthrew Aristide in 1991.

Fujimori—Alberto Fujimori (b. 1938), president of Peru.

United Fruits—Corporation that controlled much of the Central American fruit market and now part of United Brands Company. United Fruit Company's law firm, Sullivan and Cromwell, had employed State Secretary Dulles, whose brother, Allen, heading the CIA, coordinated the 1954 then-covert overthrow of Jacob Arbenz, elected president of Guatemala. The event is notorious throughout Latin America as a mid-twentieth-century example of "banana republic" repression by North American imperium. By 1980, the U.S.-trained Guatemalan military had reportedly killeed 10 percent of jungle Indian population as part of a "pacification" program to "create a favorable business climate." (See note: Rios-Montt.)

Mosaddeq—Mohammad Mosaddeq (1880–1967), Democratically elected Iranian premier from 1951–1953 who nationalized Western oil holdings.

Pol Pot—(1928–1998), Prime Minister of Cambodia from 1976–1979 and former leader of the Khmer Rouge.

Sihanook—Norodom Sihanook, Prime Minister since 1955 and crowned king of Cambodia in 1993 for the second time.

(p. 98)   "Things I'll Not Do (Nostalgias)"

Kashi—Known now as Benares, a city in northern India, mentioned in ancient Buddhist writings.

Manikarnika ghat—Benares, India; steps near the river where corpses are burned.

Jagganath, Lord—Lord Jagganath is the form under which the Hindu god Krishna is worshipped in Puri, a town in eastern India.

Birbhum—A district in West Bengal state, northeastern India, home of nineteenth-century holy fool, Khaki Baba (see below).

Khaki Baba—North Bengali (Birbhum area), nineteenth-century saint who, dressed in khaki loincloth, is pictured sometimes sitting surrounded by canine friends and protectors.

Philip—Philip Glass, American composer.

Sunil—Sunil Ganguly, Indian poet-friend.

Choudui Chowh Nimtallah—Calcutta neighborhood where the Author lived in the summer of 1962, near the burning ghats.

Soco Chico—Square in the medina, Tangiers, where outdoor cafes were popular with the Author, William S. Burroughs, and Paul Bowles.

Paul B.—Paul Bowles, American writer living in Tangier.

Baluchistan—Baluchistan province in Pakistan, bordered by Afghanistan on the north and Iran on the west.

Dunhuang—Pinyin Dunhuang, city in western Kansu Sheng province, China.

Buba—(Yiddish) *Grandmother* Rebecca Ginsberg was Allen Ginsberg's grandmother, buried in this cemetery.

# INDEX OF TITLES
# AND FIRST LINES

Poem titles appear in *italics*.

# ABOUT THE AUTHOR

ALLEN GINSBERG was born in 1926 in Newark, New Jersey, a son of Naomi Ginsberg and lyric poet Louis Ginsberg. In 1956 he published his signal poem "Howl," one of the most widely read and translated poems of the century. A member of the American Academy of Arts and Letters, awarded the medal of Chevalier de l'Ordre des Arts et Lettres by the French Minister of Culture in 1993, and cofounder of the Jack Kerouac School of Disembodied Poetics at Naropa Institute, the first accredited Buddhist college in the Western world, Allen Ginsberg died in 1997.

Univers des Lettres Bordas

Sous la direction de Fernand Angué

# MOLIERE

# LES FOURBERIES DE SCAPIN

Comédie
suivie de
**LE SICILIEN OU L'AMOUR PEINTRE**
Comédie-ballet
avec une notice sur le théâtre au XVIIe siècle,
une biographie chronologique de Molière,
une étude générale de son œuvre, une analyse
méthodique des « Fourberies »,
de longs extraits de « Joguenet ou les Vieillards dupés »
par

## Jean FABRE

Agrégé des Lettres
Professeur au Lycée de Montpellier

**Bordas**

Dessin de Boucher pour l'édition originale
des œuvres de Molière

© Bordas, Paris 1964 - 1ʳᵉ édition
© Bordas, Paris 1984 pour la présente édition
I.S.B.N. 2-04-016052-3; I.S.S.N. 0249-7220

# LE THÉATRE AU XVIIᵉ SIÈCLE

## Origines du théâtre parisien

1402   (décembre). Les Confrères de la Passion (société de bons bourgeois : tapissiers, merciers, épiciers, notables) sont installés par Charles VI à l'hôpital de la Sainte-Trinité, rue Saint-Denis. Ils y présentent des mistères, des farces, des moralités.

1539   Ils transportent leur siège à l'Hôtel de Flandre.

1543   Celui-ci démoli, ils font construire une salle à l'emplacement de l'hôtel des anciens ducs de Bourgogne (il en reste la Tour de Jean sans Peur et une inscription au nº 29 de la rue Étienne-Marcel), tout près de l'ancienne Cour des Miracles.

1548   (17 novembre). Un arrêt du Parlement défend aux Confrères la représentation des pièces religieuses, leur réservant en retour « le monopole des représentations dramatiques à Paris, dans ses faubourgs et dans sa banlieue » (A. Adam); ce monopole sera renouvelé par Henri IV en 1597.

## Les troupes au XVIIᵉ siècle

1. **L'Hôtel de Bourgogne.** — Locataires de la Confrérie, les « Comédiens français ordinaires du Roi », dirigés par Bellerose après Valleran le Conte, sont des « artistes expérimentés » mais, vers 1660, leur équipe a vieilli. Ils reçoivent une pension de 12 000 livres que leur avait fait donner Richelieu.

2. Fondé en 1629, le **Théâtre du Marais,** qui fit triompher *le Cid* en 1637, n'a plus, en 1660, « un seul bon acteur ny une seule bonne actrice », selon Tallemant des Réaux. La troupe cherche le salut dans les représentations à grand spectacle. Elle ne touche plus aucune pension.

3. Les **Italiens** sont animés par Tiberio Fiurelli, dit Scaramouche. Ils improvisent sur un canevas, selon le principe de la *commedia dell'arte.* S'exprimant en italien, ils sont « obligés de gesticuler [...] pour contenter les spectateurs », écrit Sébastien Locatelli. Ils reçoivent 16 000 livres de pension générale et des pensions à titre personnel.

4. La **troupe de Molière** s'installe à Paris en 1658 (voir p. 11); en 1665, devenue Troupe du Roi, elle reçoit 6 000 livres de pension. « Tous les acteurs aimaient M. de Molière leur chef qui joignait à un mérite et à une capacité extraordinaires une honnêteté et une manière obligeante qui les obliga à lui protester qu'ils voulaient courir sa fortune, et qu'ils ne le quitteraient jamais, quelque proposition qu'on leur fît et quelque avantage qu'ils pussent trouver ailleurs. » (Préface de Vinot et La Grange pour l'édition des Œuvres de Molière, 1682).

5. L'**Opéra,** inauguré le 3 mars 1671 au jeu de paume de Laffemas, près de la rue de Seine et de la rue Guénégaud, sera dirigé, à partir de l'année suivante, par Lully.

6. **Autres troupes** plus ou moins éphémères : celle de Dorimond; les Espagnols; les danseurs hollandais de la foire Saint-Germain; les animateurs de marionnettes. Enfin, de dix à quinze troupes circulent en province, selon Chappuzeau.

En **1673** (ordonnance du 23 juin), la troupe du Marais fusionne avec celle de Molière, qui a perdu son chef. Installés à l'hôtel Guénégaud, ces « **comédiens associés** » se vantent d'être les Comédiens du Roi; cependant, ils ne touchent aucune pension.

En **1680** (18 août), ils fusionnent avec les Grands Comédiens; ainsi se trouve fondée la **Comédie-Française.** « Il n'y a plus présentement dans Paris que cette seule compagnie de comédiens du Roi entretenus par Sa Majesté. Elle est établie en son hôtel, rue Mazarini [en 1689, dans une salle toute neuve, rue des Fossés-Saint-Germain, aujourd'hui rue de l'Ancienne-Comédie], et représente tous les jours sans interruption; ce qui a été une nouveauté utile aux plaisirs de cette superbe ville, dans laquelle, avant la jonction, il n'y avait comédie que trois fois chaque semaine, savoir le mardi, le vendredi et le dimanche, ainsi qu'il s'était toujours pratiqué » (Vinot et La Grange).

## Les comédiens : condition morale

Par ordonnance du 16 avril 1641, Louis XIII les a relevés de la déchéance qui les frappait : « Nous voulons que leur exercice, qui peut innocemment divertir nos peuples de diverses occupations mauvaises, ne puisse leur être imputé à blâme, ni préjudice à leur réputation dans le commerce public. »

Cependant, le *Rituel du diocèse de Paris* dit qu'il faut exclure de la communion « ceux qui sont notoirement excommuniés, interdits et manifestement infâmes : savoir les [...] comédiens, les usuriers, les magiciens, les sorciers, les blasphémateurs et autres semblables pécheurs ». La *Discipline des protestants de France* (chap. XIV, art. 28) stipule : « Ne sera loisible aux fidèles d'assister aux comédies et autres jeux joués en public et en particulier, vu que de tout temps cela a été défendu entre chrétiens comme apportant corruption de bonnes mœurs. »

## Les comédiens : condition matérielle

Les comédiens gagnent largement leur vie : de 2 500 livres à 6 000 livres par an; ils reçoivent une retraite de 1 000 livres lorsqu'ils abandonnent la scène (à cette époque un charpentier gagne $^1/_2$ livre par jour). La troupe forme une société : chacun touche une part, une moitié ou un quart de part des recettes — déduction faite des 80 livres de frais (un copiste, deux décorateurs, les portiers, les gardes, la receveuse, les ouvreurs, les moucheurs de chandelles) que coûte à peu près chaque représentation. Le chef des Grands Comédiens touche une part et demie. Molière en touche deux, à cause de sa qualité d'auteur (les auteurs ne recevaient pas, comme aujourd'hui, un pourcentage sur les recettes).

## Les salles

En 1642, Charles Sorel évoque ainsi l'**Hôtel de Bourgogne :** « Les galeries où l'on se met pour voir nos Comédiens ordinaires me déplaisent pour ce qu'on ne les voit que de côté. Le parterre est fort incommode pour la presse qui s'y trouve de mille marauds mêlés parmi les honnêtes gens, auxquels ils veulent quelquefois faire des affronts [...]. Dans leur plus parfait repos, ils ne cessent de parler, de siffler et de crier, et parce qu'ils n'ont rien payé à l'entrée et qu'ils ne viennent là que faute d'autre occupation, ils ne se soucient guère d'entendre ce que disent les comédiens. » La salle du **Palais Royal,** où l'on joua *Scapin,* est une grande salle rectangulaire contenant 1 200 places : deux incendies la détruiront, en 1763 et en 1781.

Dans les trois théâtres, la plupart des spectateurs sont debout, au parterre. Un certain nombre occupent la scène — des hommes seulement —, côté cour et côté jardin [1] : deux balustrades les isolent des comédiens qui se tiennent au centre du plateau. D'autres spectateurs occupent les galeries, les loges. Une buvette offre des limonades, des biscuits, des macarons.

Le prix des places est passé de 9 sous (en 1640) à 15 sous (en 1660) pour le parterre; de 10 sous (en 1609) à 19 sous (en 1632) puis à un demi-louis (en 1660), soit 110 sous (prix indiqué dans *la Critique de l'École des femmes* — sc. 5 — en 1663), pour les galeries, le plateau ou les loges. On saisissait d'ailleurs toute occasion d'élever les prix : pièces « à machine », nouveautés, grands succès. Pour *la Toison d'or* de Corneille (1660), on dut payer un demi-louis au parterre et un louis dans les loges. Les Grands (princes du sang, ducs et pairs), les mousquetaires et les pages du roi entrent au théâtre sans payer. Les pages suscitent parfois du désordre que le Lieutenant de police doit réprimer.

Chassés de l'hôtel Guénégaud en 1687, les Comédiens français s'installeront, le 8 mars 1688, au jeu de paume de l'Étoile, rue des Fossés-Saint-Germain (aujourd'hui, de l'Ancienne-Comédie) où ils resteront jusqu'en 1770. Inaugurée le 18 avril 1689, la nouvelle salle accueillera près de 2 000 spectateurs. Vingt-quatre lustres l'illumineront, mais il n'y aura pas encore de sièges au parterre : ils apparaîtront seulement en 1782, dans la salle que nous nommons l'Odéon.

Annoncées pour 2 heures (affiches rouges pour l'Hôtel de Bourgogne, rouges et noires pour la troupe de Molière), les représentations ne commencent qu'à 4 ou 5 heures, après vêpres.

Il y a un rideau de scène, mais on ne le baisse jamais, à cause des spectateurs assis sur le plateau; des violons annoncent l'entracte.

---

1. Regardons la scène, conseillait Paul Claudel, et projetons-y les initiales de *Jésus-Christ,* nous saurons où est le côté *Jardin* et le côté *Cour.*

# L'ÉPOQUE DE MOLIÈRE

| **Règne de Louis XIII 1610-1643** | **Jeunesse** |
|---|---|

1621  Naissance de La Fontaine.

1622  Richelieu nommé cardinal.

1623  Naissance de Pascal (19 juin).
*Histoire comique de Francion* par Charles Sorel.

1624  *Lettres* de Louis Guez de Balzac.

1625  *Les Bergeries* de Racan.

1626  Naissance de M<sup>me</sup> de Sévigné.
Édit de Nantes ordonnant la destruction des châteaux fortifiés.

1627  Naissance de Bossuet.
Fondation de la Compagnie du Saint-Sacrement.
Construction du palais de Delhi.

1628  Mort de Malherbe.
Harvey explique la circulation sanguine.

1630  *Quatre Dialogues* par La Mothe le Vayer.    Études.

1631  Théophraste Renaudot fonde *la Gazette*.

1632  *La Leçon d'anatomie* par Rembrandt.

1633  Saint-Cyran devient directeur de conscience à Port-Royal.
Galilée abjure devant l'Inquisition.

1634  *Sophonisbe*, tragédie de Mairet.
Fondation des Filles de la Charité par Vincent de Paul.

1635  *Médée*, tragédie de Corneille.
Fondation de l'Académie française.

1636  Naissance de Boileau.    Carrière.
Fondation de l'Université de Harvard.

1637  *Le Cid*, tragédie de Corneille.    Vocation.
*Discours de la méthode* par Descartes.
Débuts de la Société des Solitaires de Port-Royal.

1638-1641  Révolte des « va-nu-pieds » en Normandie.

1640  *Horace*, tragédie de Corneille.
*Augustinus* par Jansenius.

1641  *La Guirlande de Julie*.

1642  *Polyeucte*, tragédie de Corneille.
Olier fonde la congrégation de Saint-Sulpice.
Mort de Richelieu.
Naissance de Newton.
Construction du château de Maisons-Laffitte.

# LA VIE DE MOLIÈRE (1622-1673)

**1622** (15 janvier).   Baptême de Jean (nommé Jean-Baptiste en **1624** quand un second fils est baptisé Jean) POQUELIN à l'église Saint-Eustache (on ignore la date de naissance, ses parents étaient mariés depuis huit mois et dix-huit jours). La mère, Marie CRESSÉ, fille d'un tapissier, sait lire et écrire; elle mourra en **1632**.
Le père, Jean Poquelin, riche marchand tapissier rue Saint-Honoré (vers le n° **96** d'aujourd'hui), achète à son frère Nicolas, en **1631**, un office de tapissier ordinaire du roi; en **1633**, il se remarie avec une autre fille de marchand, mais illettrée, Catherine FLEURETTE, qui mourra en **1636**, le laissant veuf avec cinq enfants. « Tous les jours, les valets de chambre tapissiers aident à faire le lit du Roy. Ils sont obligés de garder les meubles de campagne pendant leur quartier et de faire les meubles de Sa Majesté. Ils confectionnent les meubles usuels, garnitures de lit, rideaux, fauteuils, tabourets, réparent et entretiennent les meubles quand la Cour marche en campagne » (document cité par Abel Lefranc [1]).

**1633? - 1639**   Jean-Baptiste chez les Jésuites du Collège de Clermont (aujour-d'hui lycée Louis-le-Grand) qui compte près de 2 000 externes et 300 pensionnaires; les fils de grands seigneurs sont placés, en classe, devant une barrière de bois doré qui les sépare des autres élèves (le prince de Conty [2] y aura sa place, quelques années après la scolarité de Molière).

**1642**   Études de droit à Orléans; il obtient sa licence, sans doute contre « épices » :

> Je sortis du collège et j'en sortis savant,
> Puis, venu d'Orléans où je pris mes licences...
>
> *Élomire hypocondre,* sc. 2.

Après avoir été inscrit au Barreau six mois durant, Jean-Baptiste remplace son père — qui veut l'éloigner des Béjart — comme tapissier valet de chambre du roi (à qui il a prêté serment dès **1637**) durant le voyage de celui-ci à Narbonne.
— Peut-être le grand-père Cressé (il signait : Louis *de* Cressé; pensons à M. Jourdain) conduisit-il l'enfant à l'Hôtel de Bourgogne.
— Peut-être le grand-père Poquelin lui donna-t-il l'occasion d'écouter et de voir les farceurs enfarinés : Turlupin, Gros-Guillaume, Gaultier-Garguille (mort en **1634**), Guillot-Gorju (mort en **1648**).
— Peut-être le jeune homme subit-il l'influence du philosophe épicurien Paul Gassendi, installé à Paris en **1641**, et connut-il les épicuriens Chapelle, La Mothe le Vayer, Cyrano de Bergerac, d'Assoucy, qu'il devait fréquenter plus tard.

---

1. *Revue des Cours et Conférences,* 1909. — 2. La terre de Conty (et non *Conti*) se trouve en Picardie.

| | | |
|---|---|---|
| 1643 | Mort de Louis XIII (13 mai). | **Comédien pari-sien** |
| | **Régence d'Anne d'Autriche 1643-1661** | |
| | Victoire de Rocroi (19 mai). | |
| | Condamnation de l'*Augustinus*. | |
| 1644 | Torricelli invente le baromètre. | |
| 1645 | Naissance de La Bruyère. | |
| | Gassendi professeur au Collège de France. | |
| | Mariage de Julie d'Angennes et de Montauzier. | |
| 1646 | Conversion des Pascal au jansénisme. | |
| 1647 | Expériences de Pascal sur le vide. | |
| | Naissance de Bayle et de Denis Papin. | |
| 1648-1653 | Fronde. | |
| 1648 | Fondation de l'Académie de peinture et de sculpture. | Poquelin devient Molière. |
| | Traité de Westphalie. | |
| | *Les Pèlerins d'Emmaüs* par Rembrandt. | |
| 1650 | Mort de Descartes. | |
| 1651 | *Nicomède*, tragédie de Corneille. | |
| | *Le Roman comique* par Scarron. | |
| | Naissance de Fénelon. | |
| 1653 | Condamnation du Jansénisme. | **Comédien ambulant** du |
| | Fouquet surintendant des finances. | duc d'Épernon, |
| | Cromwell protecteur d'Angleterre. | |
| | Vincent de Paul fonde l'Hospice général. | |
| 1654 | Nuit de Pascal (23 novembre). | |
| 1655 | Conversion du prince de Conty. | |
| | Pascal se retire à Port-Royal-des-Champs. | |
| | Racine entre aux Petites-Écoles de Port-Royal-des-Champs. | |
| 1656 | *Le Voyage dans la lune* par Cyrano de Bergerac. | |
| 1656-1657 | *Lettres provinciales* par Pascal. | du prince de Conty, |
| 1656-1659 | Construction du château de Vaux. | |
| 1657 | Naissance de Fontenelle. | |
| 1658 | Corneille écrit les *Stances à Marquise* pour la Du Parc (Marquise Thérèse de Gorla, femme du comédien Du Parc). | du gouverneur de Normandie. |
| | Mort de Cromwell. | |
| | Création de l'Académie des sciences. | |
| | Publication des *Œuvres complètes* de Gassendi. | |

**1643** (16 juin). Jean-Baptiste signe, avec les Béjart (Joseph, Madeleine et Geneviève, enfants d'un huissier à la maîtrise des Eaux et Forêts), l'acte de constitution de l'**Illustre Théâtre**; mais c'est Madeleine la directrice. Protégée par le baron de Modène, elle a une fille (ou une sœur : on discute toujours de la question), Armande, âgée de cinq ans.

Opinion de M. Jasinski (1951) : « Dans l'état actuel des connaissances la question demeure insoluble. »

Opinion de M. Adam (1956) : « Les érudits du xixe siècle ont fait l'impossible pour démontrer [...] qu'Armande était bien la sœur de Madeleine. Mais tous les documents qu'ils ont mis à jour, par cela seul que ce sont des actes notariés, ne portent témoignage que de la vérité officielle adoptée par la famille. »

Opinion de M. Jacques Scherer (1958) : « Jeune sœur et non, semble-t-il, fille de Madeleine. »

**1644** (1er janvier). Après quelques représentations en province, débuts de la troupe au Jeu de paume des Métayers (il appartenait à Nicolas et Louis Métayer); en juillet, Jean-Baptiste prend le pseudonyme de **Molière** et devient directeur; en décembre, la troupe s'installe au jeu de paume de la Croix-Noire, d'une location moins élevée (quai des Célestins, no 32).

**1645** Les affaires devenues franchement mauvaises, Molière est emprisonné pour dettes au Châtelet, durant quelques jours.

**1645-1658** Molière libéré, l'Illustre Théâtre cherche fortune en province où il mène une vie moins famélique que celle dont Scarron nous a laissé le tableau dans *le Roman comique* (1651). La troupe est, en effet, protégée par le duc d'Épernon, gouverneur de Guyenne, qui lui donne pour directeur le comédien Charles Dufresne. Principales étapes : Albi, Carcassonne (1647); Nantes (1648); Toulouse, Narbonne (1649). En 1650, Molière reprend la direction de la troupe qui séjourne à Agen, **Lyon**, **Pézenas** (1650) : selon la légende, Molière se postait chez le perruquier Gely, dans un fauteuil que l'on montre encore à Pézenas, pour entendre les conversations et observer les clients; Vienne, Carcassonne (1651); Grenoble, Lyon, Pézenas (1652). En 1653, la troupe passe sous la protection du **prince de Conty** (frère du Grand Condé), nouveau gouverneur de Guyenne, puis gouverneur du Languedoc. Montpellier, Lyon (1654); Avignon, Lyon, Pézenas (1655); Narbonne, Béziers (1656). En 1657, le prince de Conty, converti, retire son patronage à la troupe qui passe au service du gouverneur de Normandie. Lyon, Dijon, Avignon (1657); Lyon, Grenoble, Rouen (1658) où Molière rencontre Corneille. Durant ces tournées, le comédien compose des farces dont la plupart sont perdues (certaines n'étaient qu'un canevas sur lequel brodaient les acteurs). Il présente le personnage de **Mascarille** dans ses premières pièces connues : *l'Étourdi*, joué à Lyon en 1655, *le Dépit amoureux*, joué à Béziers en 1656.

| | |
|---|---|
| 1659 | *Œdipe*, tragédie de Corneille.<br>Traité des Pyrénées. |
| 1660 | Premières *Satires* de Boileau.<br>Mariage de Louis XIV et de Marie-Thérèse.<br>*Examens* et *Discours sur le poème dramatique*<br>par Corneille.<br>Louis XIV fait brûler *les Provinciales*.<br>*Dictionnaire des précieuses* par Somaize. |

**Règne personnel de Louis XIV 1661-1715**

| | |
|---|---|
| 1661 | Mariage d'Henriette d'Angleterre avec Monsieur<br>(mars).<br>Fêtes de Vaux en l'honneur du roi (17 août).<br>Arrestation de Fouquet (5 septembre).<br>*Élégie aux nymphes de Vaux* par La Fontaine.<br>Le Vau commence à construire le château de<br>Versailles. |
| 1662 | Mort de Pascal (19 août).<br>*Histoire comique* par Cyrano de Bergerac.<br>*Mémoires* de La Rochefoucauld. |
| 1663 | Premières pensions attribuées aux gens de<br>lettres sur les indications de Chapelain.<br>Descartes mis à l'index par l'Université de<br>Paris ; Molière songe à faire une comédie<br>sur ce sujet.<br>Boileau entre en relations avec Molière.<br>Querelle de *l'École des femmes* ; Molière attaqué<br>dans sa vie privée. |
| 1664 | Le roi apprend à faire des vers.<br>Premiers *Contes* de La Fontaine.<br>Molière joue *la Thébaïde* de Racine.<br>Dans *le Mariage forcé*, créé au Louvre (29 jan-<br>vier), le roi danse, costumé en Égyptien.<br>Dispersion des religieuses de Port-Royal de<br>Paris (août).<br>Condamnation de Fouquet (20 décembre). |
| 1665 | Molière monte l'*Alexandre* de Racine (4 dé-<br>cembre) ; mais Racine le trahit pour l'Hôtel<br>de Bourgogne (18 décembre).<br>Fondation du *Journal des savants*.<br>Mort de M<sup>me</sup> de Rambouillet.<br>*Maximes* de La Rochefoucauld. |

**Auteur et direc-
teur de théâtre
parisien**

au Petit-Bourbon
(1658-1662),

au Palais-Royal
(1662-1673).

**Comédien du roi**

Un de ces « valets
intérieurs » par
lesquels « le roi
se communiquait
particulièrement »
(Saint-Simon).

**1658** (12 juillet). La troupe (dix acteurs et actrices) loue à Paris le Jeu de paume du Marais (il y avait 120 jeux de paume à Paris et la vogue de la paume commençait à passer). Protégée par **Monsieur,** frère unique du roi, elle se taille bientôt une réputation inégalable dans le comique. En conséquence, le roi l'installe dans la salle du **Petit-Bourbon** où elle joue les lundi, mercredi, jeudi et samedi (les autres jours étant réservés aux Comédiens italiens).

**1659** (18 novembre). On joue **les Précieuses ridicules** (après *Cinna*) avec un succès éclatant. La pièce est imprimée en janvier 1660 : les auteurs sont « à présent mes confrères », ironise le comédien dans sa préface.

**1660** Molière crée le personnage aux moustaches tombantes de **Sgana-relle**[1] (le « laid humain personnifié et qui fait rire », selon Sainte-Beuve) et devient, selon Somaize, « le premier farceur de France ». Son frère étant mort, Molière reçoit définitivement le titre de tapissier valet de chambre du roi.

**1662** (20 février). A Saint-Germain-l'Auxerrois, il épouse **Armande Béjart** (elle a une vingtaine d'années de moins que lui : pensons à Arnolphe devant Agnès), fille ou sœur de Madeleine.

Dans la magnifique salle du **Palais-Royal** (on démolit le Petit-Bourbon depuis octobre 1660 afin d'ériger la colonnade du Louvre) qu'elle partage avec les Italiens, et où elle restera jusqu'à la mort de Molière, la troupe triomphe[2] dans *l'École des femmes*. Molière reçoit la première pension accordée par le roi à un comédien. L'envie, la jalousie suscitent des cabales dirigées par les comédiens de l'Hôtel de Bourgogne (c'est la « guerre comique »); on dénonce l'impiété de Molière : il a pour amis des gassendistes, disciples d'Épicure, et un historien catholique de nationalité suisse, M. Gonzague de Reynold, parle encore ainsi aujourd'hui (*Le XVIIe siècle*, 1944, p. 63) de l'épicurisme : « C'est l'adversaire avec lequel on ne compose jamais. »

**1664** (février). Réplique royale : le premier-né (qui mourra en mai) de Molière a pour parrain le roi et pour marraine Madame.

**1664** (du 8 au 13 mai). Molière anime « les plaisirs de l'Ile enchantée » et fait représenter *la Princesse d'Élide*.

**1664** (12 mai). Première représentation publique du *Tartuffe*. Mais, influencé par les dévots, le roi interdit de jouer la pièce en public.

**1665** (15 février). *Dom Juan*[3] au Palais-Royal : 15 représentations seulement.

**1665** (15 août). La troupe devient la **Troupe du roi** et reçoit 6 000 livres de pension.

**1665** (27 novembre). Molière tombe malade d'une fluxion de poitrine et se trouve écarté de la scène durant deux mois. Il subit une rechute de quatre mois en 1666 et ne remontera sur les planches qu'en juin 1667.

---

1. Sganarelle apparaît dans *le Médecin volant* (valet de Valère), *le Cocu imaginaire* (bourgeois de Paris), *l'École des maris* (tuteur d'Isabelle), *Dom Juan* (valet de Don Juan), *l'Amour médecin* (bourgeois, père de Lucinde), *le médecin malgré lui* (fagotier, mari de Martine). — 2. Elle joue maintenant les mardi, vendredi et dimanche, comme les Grands Comédiens. — 3. M. Antoine Adam (*Histoire de la littérature française au XVIIe siècle*, III, p. 321) a expliqué pourquoi l'on écrit *Dom* pour le titre de la pièce et *Don* pour le personnage.

| | | |
|---|---|---|
| **1666** | Mort d'Anne d'Autriche (22 janvier). | Deuils, douleurs. |
| | Mort du prince de Conty (10 février). | |
| | *Satires* I à VI de Boileau. | |
| | *Le Roman bourgeois* par Furetière. | |
| | Newton réalise la décomposition de la lumière. | |
| **1667** | Mlle Du Parc quitte Molière pour l'Hôtel de Bourgogne où, le 22 novembre, elle crée le rôle d'Andromaque (elle mourra le 11 décembre 1668). | |
| **1668** | *Fables* (livres I à VI) de La Fontaine. | Disgrâce. |
| | *Les Plaideurs*, comédie de Racine. | |
| **1669** | *Oraison funèbre d'Henriette de France* par Bossuet. | Maladie et mort. |
| | *Britannicus*, tragédie de Racine. | |
| **1670** | Mort d'Henriette d'Angleterre (29 juin). | |
| | *Bérénice*, tragédie de Racine. | |
| | *Tite et Bérénice*, tragédie de Corneille. | Obsèques. |
| | Première publication des *Pensées* de Pascal. | |
| **1671** | Début de la *Correspondance* de Mme de Sévigné. | |
| | Début de la construction des Invalides. | |
| **1672** | Mort du chancelier Séguier, protecteur de l'Académie. | *Sic transit...* |
| | *Bajazet*, tragédie de Racine. | |
| | Louis XIV s'installe à Versailles. | |
| **1673** | Première réception publique à l'Académie française (13 janvier). | |
| | *Mithridate*, tragédie de Racine. | |

## Les aînés de Molière et ses cadets

| | | |
|---|---|---|
| Malherbe (1555) | | Pascal (1623) .............. |
| . François de Sales (1567) | | Mme de Sévigné (1626) ...... |
| .. Honoré d'Urfé (1568) | | Bossuet (1627)............ |
| ... Racan (1589) | Molière | Boileau (1636) .......... |
| .... Vaugelas (1595) | né en 1622 | Racine (1639) .......... |
| ..... Balzac (1595?) | | La Bruyère (1645)...... |
| ...... Descartes (1596) | | Bayle (1647) ........ |
| ....... Corneille (1606) | | Fénelon (1651) ...... |
| ........ Retz, La Rochefoucauld (1613) | | Fontenelle (1657) ... |
| ......... La Fontaine (1621) | | Saint-Simon (1675). |

## L'âge du succès

Racine (*Andromaque*) et Hugo (*Hernani*) : vingt-huit ans.
Corneille (*Le Cid*) : trente ans.
Molière (*Les Précieuses ridicules*) : trente-sept ans.
La Fontaine (premier recueil des *Fables*) : quarante-sept ans.
Stendhal, Rimbaud : plusieurs générations après leur mort.

1667   Armande et lui ayant décidé de vivre séparément, Molière loue un appartement dans le village d'Auteuil, afin de s'y reposer en compagnie de Chapelle, de Boileau et du petit Baron, âgé de quatorze ans, dont il fera un comédien.

1667 (5 août). Seconde représentation publique du *Tartuffe*, sous le titre de *l'Imposteur*. Le lendemain, Lamoignon interdit la pièce.

1669 (5 février). Le roi ayant levé l'interdiction de jouer *Tartuffe*, la recette atteint le chiffre record de 2 860 livres.

1669 (23 février). Mort de Jean Poquelin, père de Molière.

1672 (17 février). Mort de Madeleine Béjart, à cinquante-cinq ans, après une longue maladie (elle s'était repentie depuis un certain temps). Lully commence à supplanter Molière dans la faveur royale.

**1673** (17 février). **Molière tombe malade** durant la quatrième représentation du *Malade imaginaire* et **meurt** (de tuberculose?) en son logis, rue de Richelieu. « Il passa des plaisanteries du théâtre au tribunal de Celui qui dit : *Malheur à vous qui riez, car vous pleurerez* » (Bossuet). Riche directeur de troupe, héritier de la charge paternelle, il faudra six jours aux hommes de loi pour faire l'inventaire de ses biens.

1673 (21 février, 9 heures du soir). Après intervention du roi auprès de Mgr de Harlay, archevêque de Paris, on enterre le poète de nuit (car il était mort sans avoir renié sa vie de comédien devant un prêtre), au cimetière Saint-Joseph, dans le terrain réservé aux enfants mort-nés (donc non baptisés), « sans autre pompe sinon de trois ecclésiastiques ». Cependant, le même mémorialiste ajoute : « Quatre prêtres ont porté le corps dans une bière de bois, couverte du poêle des tapissiers, six enfants bleus portant six cierges dans six chandeliers d'argent, plusieurs laquais portant des flambeaux de cire allumés »; huit cents personnes, dont Boileau et Chapelle, assistèrent aux funérailles.

1677 (29 mai). Armande épouse le comédien Guérin d'Estriché.

## Documents les plus anciens

Les gazettes : *la Muse historique* (1652-1655); *la Muse héroï-comique* (1664-1665); *la Muse royale* (1656-1666); *la Muse de la cour* (1665-1666); *le Mercure galant*, fondé en janvier 1672 par Donneau de Visé.

*Élomire hypocondre*, comédie en cinq actes de Le Boulanger de Chalussay (1670).

Le registre de La Grange, tenu de 1659 à 1685.

Le registre de La Thorillière.

*La Fameuse Comédienne ou histoire de la Guérin, auparavant femme et veuve de Molière* (1688).

*La Vie de Molière* par Grimarest (1705).

*Addition à la vie de Molière* par Grimarest (1706).

*Vie de Molière et Commentaires* par Voltaire (1764).

Georges Mongrédien, *Recueil des textes et des documents du XVII^e s., relatifs à Molière*, C.N.R.S., 2 vol. 1966.

# MOLIÈRE : L'HOMME

**Il n'était pas beau.** « Les gravures de Brissart en 1682 prouvent qu'il était bas sur jambes, et que le cou très court, la tête trop forte et enfoncée sur les épaules lui donnaient une silhouette sans prestige » (A. Adam, *op. cit.*, III, p. 224).

Cependant, débarrassé de ses oripeaux de comédien, « il se fit remarquer à la Cour pour un homme civil et honnête, ne se prévalant point de son mérite et de son crédit, s'accommodant à l'humeur de ceux avec qui il était obligé de vivre, ayant l'âme belle, libérale, en un mot possédant et exerçant toutes les qualités d'un parfait honnête homme » (Préface de Vinot et La Grange, 1682).

**Il portait en scène deux moustaches** noires, épaisses et tombantes, comme son maître Scaramouche. Il les supprima en 1666, pour jouer Alceste ; les spectateurs furent déçus.

**Mime génial**, il arrivait en scène les pieds largement ouverts, comme Charlot ; « tout parlait en lui, et d'un pas, d'un sourire, d'un clin d'œil et d'un remuement de tête, il faisait plus concevoir de choses que le plus grand parleur n'en aurait pu dire en une heure » (Donneau de Visé).

**Esprit parisien**, un peu gaulois, il fut « le premier farceur de France », selon Somaize ; d'une « charmante naïveté », selon Boileau, « dans les combats d'esprit savant maître d'escrime » (*Satires*, II). « Il n'est bon bec que de Paris », selon le proverbe, mais l'esprit parisien se présente sous des formes variées : narquois et tendre chez Villon ; amer et satirique chez Boileau ; mondain, épigrammatique chez Voltaire ; insolent, persifleur chez Beaumarchais ; irrespectueux et rieur chez le jeune Musset. En Molière, l'esprit s'unit au bon sens, selon une tradition bien française. « Nous goûtons chez lui notre plaisir national » (Taine).

**Nous n'avons de Molière aucune lettre, aucun manuscrit**, et cependant combien de manuscrits possédons-nous qui datent du XVIIe siècle ! N'y a-t-il pas là un mystère semblable à celui qui entoure Shakespeare ?[1] « Il y a autour de Molière un mystère que personne n'a jamais éclairci. Qui nous dira pourquoi nous n'avons de lui aucune espèce d'autographe, fors sa signature [...] ? Il semble qu'il ait souffert, sur la fin de sa vie, d'étranges machinations, qui nous demeureront à jamais inconnues » (Francis Ambrière, *la Galerie dramatique*, 1949, p. 273).

---

1. Pierre Louÿs (voir *la Nouvelle Revue* du 1er mai 1920 a pu insinuer que Corneille serait l'auteur des pièces auxquelles Molière aurait seulement prêté son nom, et Abel Lefranc a « démontré » que l'auteur des pièces signées par le comédien Shakespeare serait William Stanley, comte de Derby. M. Henri Poulaille argumente de façon très abondante sur la thèse de Pierre Louÿs, qu'il reprend à son compte dans *Corneille sous le masque de Molière*, 1957.

# MOLIÈRE : SES PRINCIPES

1. **Le metteur en scène** aurait été approuvé par l'auteur du *Paradoxe sur le comédien* puisque Diderot voulait qu'on joue « de tête » et non d'inspiration : « Chaque acteur sait combien il doit faire de pas, et toutes ses œillades sont comptées » (Donneau de Visé, à propos de *l'École des femmes*).

   « Un coup d'œil, un pas, un geste, tout [...] était observé avec une exactitude qui avait été inconnue jusque-là sur les théâtres de Paris » (noté par La Grange sur son précieux carnet de régisseur).

2. **L'écrivain** voulait instruire et plaire, mais sans s'astreindre à des règles rigoureuses; ses préfaces nous en informent :

   **1660**, préface des *Précieuses ridicules :* « Le public est juge absolu de ces sortes d'ouvrages. » *Les Précieuses* « valent quelque chose puisque tant de gens en ont dit du bien ».

   **1662**, avertissement des *Fâcheux :* « Je tiens aussi difficile de combattre un ouvrage que le public approuve que d'en défendre un qu'il condamne. »

   **1663**, *Critique de l'École des femmes :* « Je me fierais assez à l'approbation du parterre, par la raison qu'entre ceux qui le composent, il y en a plusieurs qui sont capables de juger d'une pièce selon les règles et que les autres en jugent par la bonne façon d'en juger, qui est de se laisser prendre aux choses, et de n'avoir ni prévention aveugle, ni complaisance affectée, ni délicatesse ridicule » (Dorante, sc. 5).

   « La grande épreuve de toutes vos comédies, c'est le jugement de la Cour [...] c'est son goût qu'il faut étudier pour trouver l'art de réussir [...] il n'y a point de lieu où les décisions soient si justes [...] on s'y fait une manière d'esprit qui, sans comparaison, juge plus finement des choses que tout le savoir embrouillé des pédants » (Dorante, sc. 6).

   « Vous êtes de plaisantes gens avec vos règles, dont vous embarrassez les ignorants et nous étourdissez tous les jours [...]. Je voudrais bien savoir si la grande règle de toutes les règles n'est pas de plaire » (Dorante, sc. 6).

   **1669**, préface de *Tartuffe :* « Si l'emploi de la comédie est de corriger les vices des hommes, je ne vois pas pour quelle raison il y en aura de privilégiés [...]. Les plus beaux traits d'une sérieuse morale sont moins puissants, le plus souvent, que ceux de la satire; et rien ne reprend mieux la plupart des hommes que la peinture de leurs défauts [...]. On veut bien être méchant; mais on ne veut point être ridicule. » Une comédie est « un poème ingénieux qui, par des leçons agréables, reprend les défauts des hommes ».

   **1682**, préface de l'édition complète par Vinot et La Grange : « Jamais homme n'a mieux su que lui [Molière] remplir le précepte qui veut que la comédie instruise en divertissant. »

Il s'est donné « pour but dans toutes ses pièces d'obliger les hommes à se corriger de leurs défauts ».

**Castigat ridendo mores,** « elle corrige les mœurs en riant » : devise de la comédie, imaginée par le poète Santeul (1630-1697).

En le faisant rire, Molière plut au public de son temps, La Fontaine l'a noté dans une épître à Maucroix, écrite après le succès des *Fâcheux* (1661) :

> Cet écrivain, par sa manière,
> Charme à présent toute la Cour.
> De la façon dont son nom court,
> Il doit être par-delà Rome.
> J'en suis ravi, car c'est mon homme.

Il instruisit le public de son temps par ses études de mœurs et de caractères, La Fontaine l'en loua dans la même épître :

> Nous avons changé de méthode;
> Jodelet [1] n'est plus à la mode,
> Et maintenant il ne faut pas
> Quitter la nature d'un pas.

**Le satirique** « disait que rien ne lui donnait du déplaisir comme d'être accusé de regarder quelqu'un dans les portraits qu'il fait; que son dessein est de peindre les mœurs sans toucher aux personnes et que tous les personnages qu'il représente sont des personnages en l'air, et des fantômes proprement qu'il habille à sa fantaisie pour réjouir les spectateurs [...] et que si quelque chose était capable de le dégoûter de faire des Comédies, c'était les ressemblances qu'on y voulait toujours trouver, et dont ses ennemis tâchaient malicieusement d'appuyer la pensée pour lui rendre de mauvais offices auprès de certaines personnes à qui il n'a jamais pensé » (*l'Impromptu de Versailles,* sc. 4).

---

# MOLIÈRE : SON ŒUVRE

## 1. L'esprit gaulois du Parisien nous a légué 4 farces [2] :

*La Jalousie du Barbouillé,* 12 sc. en prose; *le Médecin volant* (jouée par Molière en 1659), 16 sc. en prose; *Sganarelle ou le Cocu imaginaire* (1660), 24 sc. en vers; *le Médecin malgré lui* (1666), 3 actes en prose. La farce faisant « rire le parterre », Molière lui restera fidèle : on en

---

1. Acteur qui appartint à la troupe du Marais, entra à l'Hôtel de Bourgogne en 1634, puis dans la troupe de Molière en 1659. Il mourut en 1668. Avec son nez de blaireau et son poil gris, il maintint la tradition de la farce. — 2. On connaît le titre d'un certain nombre de « petits divertissements » par lesquels, en province puis à Paris, Molière achevait ses représentations. Mais on ne sait s'il en fut l'auteur. M. Antoine Adam (III, p. 251) pense que toutes les farces où paraissent Gros-René (*la Jalousie de Gros-René,* 1660; *Gros-René écolier,* 1662), Gorgibus (*Gorgibus dans le sac,* 1661), un médecin (*le Médecin volant*) ou un pédant (*le Docteur pédant,* 1660) sont de Molière. M. A.-J. Guibert a publié en 1960 un *Docteur amoureux* qu'il croit être de Molière et que celui-ci aurait présenté au Louvre le 24 octobre 1658.

trouve des traces dans les grandes comédies, depuis *les Précieuses* (1659) jusqu'au *Malade imaginaire* (1673).

**2. Le comédien du roi a conçu 15 comédies-ballets** et autres pièces mêlées de chansons et de danses pour répondre au goût du monarque, danseur remarquable : *les Fâcheux* (1661), comédie « faite, apprise, et représentée en quinze jours » (*Avertissement*), 3 actes en vers; *le Mariage forcé* (1664), comédie jouée d'abord en 3 actes, aujourd'hui faite de 10 sc. en prose sans ballets; *les Plaisirs de l'Ile enchantée* (1664), en trois « journées », et *la Princesse d'Élide*, 5 actes en prose mêlée de vers; *l'Amour médecin* (1665), 3 actes en prose, comédie faite, apprise et représentée en cinq jours; *Dom Garcie de Navarre ou le Prince jaloux*, comédie héroïque, 5 actes en vers, écrite en 1659, jouée en 1661; *Mélicerte* (1666), comédie pastorale héroïque, 2 actes en vers; *Pastorale comique* (1667), 6 sc. en vers; *le Sicilien ou l'Amour peintre* (1667), 20 sc. en prose; *Monsieur de Pourceaugnac* (1669), 3 actes en prose; *les Amants magnifiques ou Divertissement royal* (1670), 5 actes en prose; *le Bourgeois gentilhomme* (1670), 5 actes en prose; *Psyché*[1] (1671), tragédie-ballet, 5 actes en vers; *la Comtesse d'Escarbagnas* (1671), 9 sc. en prose; *le Malade imaginaire*[2] (1673), 3 actes en prose.
Certaines comédies de ce groupe rejoignent la farce (*la Comtesse d'Escarbagnas*), d'autres s'élèvent jusqu'à la comédie de caractère (*le Malade imaginaire*).

**3. Le polémiste a écrit 2 comédies critiques** (aujourd'hui, un auteur attaqué se défendrait en écrivant dans les journaux; outre qu'ils étaient rares au XVIIᵉ siècle et de parution peu fréquente, Molière, comédien avant tout, aimait s'adresser directement à son public) : *la Critique de l'École des femmes* (1663), 7 sc. en prose; *l'Impromptu de Versailles* (1663), 11 sc. en prose.

**4. L'acteur n'a pas oublié que l'art dramatique est action** (*drama*), **d'où 4 comédies d'intrigue** : *l'Étourdi ou les Contretemps* (jouée à Lyon en 1653-1655), 5 actes en vers : *le Dépit amoureux* (jouée à Béziers en 1656), 5 actes en vers; *Amphitryon* (1668), 3 actes en vers; *les Fourberies de Scapin* (1671), 3 actes en prose.

**5. Le « rare génie » nous a laissé 9 comédies de mœurs et de caractères** : *les Précieuses ridicules* (1659), 17 sc. en prose : le succès de cette farce qui s'élève jusqu'à la satire des mœurs peut être comparé à celui du *Cid* (1637) pour Corneille et d'*Andromaque* (1667) pour Racine; *l'École des maris* (1661), 3 actes en vers; *l'École des femmes* (1662), 5 actes en vers; *Dom Juan* (1665), 5 actes en prose; *le Misanthrope* (1666), 5 actes en vers; *George Dandin ou le Mari confondu* (1668), 3 actes en prose; *Tartuffe ou l'Imposteur* (1664 pour 3 actes, puis 1669), 5 actes en vers; *l'Avare* (1668), 5 actes en prose; *les Femmes savantes* (1672), 5 actes en vers.

---

1. Écrite avec la collaboration de Corneille et de Quinault. — 2. Lully ayant obtenu, le 13 mars 1672, un véritable monopole des représentations musicales, défense fut faite à toute troupe de comédiens d'utiliser plus de 6 chanteurs et de 12 instrumentistes. Ainsi Molière se trouva-t-il écarté de la faveur royale et, bien que destiné à la Cour, *le Malade imaginaire* ne fut pas joué devant le roi.

# LA COMÉDIE
# DES « FOURBERIES DE SCAPIN »

## 1. Présentation au public ; accueil et destinée de la pièce

La première représentation est du 24 mai 1671. Dans moins de deux ans, Molière aura vécu. Pour le moment, il a quarante-neuf ans et partage avec ses amis les Comédiens italiens, le Théâtre du Palais-Royal. La tragédie-ballet de *Psyché* a été présentée au Roi, aux Tuileries, le 17 janvier, et il attend que la scène soit préparée au Palais-Royal pour y jouer cette pièce à grand spectacle (elle y sera portée le 24 juillet 1671). Pour éviter la relâche, il faut une œuvre simple, sans machine, mais qui ait le diable au corps. Molière opère alors un retour aux sources, et rénove le personnage qui l'a enchanté depuis son enfance : le héros de la farce et de la *Commedia dell'arte*. *Les Fourberies de Scapin* sont donc à l'affiche dès le mois de mai 1671, en même temps que *le Sicilien*. Certains esprits chagrins, ou trop bien intentionnés, froncent les sourcils devant ce rire qu'ils trouvent trop facile. Boileau, le cher Boileau, lancera en 1674, dans son *Art poétique* (III, v. 399-400), l'apostrophe célèbre :

> Dans ce sac ridicule où Scapin s'enveloppe,
> Je ne reconnais plus l'auteur du *Misanthrope*.

Pour nous, il y a si longtemps que nous sommes habitués à l'idée que l'auteur du *Misanthrope* est d'abord l'auteur des Scapinades que la position du sévère Despréaux ne nous paraît plus mériter ample discussion. Regardons pourtant les choses de plus près.
Molière, qui a derrière lui presque tous ses chefs-d'œuvre, c'est vrai, mais porte aussi le poids des chagrins domestiques et des luttes de toutes sortes — « c'est une étrange entreprise que de faire rire les honnêtes gens » — sent le besoin d'une joyeuse revanche de théâtre pur, comme une faim d'action et d'oubli. « Le corps souffrant, l'âme malheureuse, écrit René Benjamin (*Molière*, 1936), il voudrait s'évader vers des pays de lumière. Les souvenirs du Midi viennent dorer sa mémoire. Il a des désirs de soleil, comme tous les tuberculeux. Il revoit la Provence, tant parcourue, puis par elle imagine l'Italie ; et le voici qui crée un Scapin de la même taille et d'autant de verve que le Sganarelle du *Médecin malgré lui* (1666). Désormais, ils se feront pendant. Scapin sera le grand fantoche méditerranéen, en face du grand fantoche de l'Ile-de-France. » C'est là, sans doute, la plus profonde justification de ses dernières farces. Et Sainte-Beuve pose mal le problème lorsqu'il demande : « *Les Fourberies* appartiennent-elles à cette adorable folie comique dont j'ai tâché de donner idée ou retombent-elles par moments dans la farce enfarinée et bouffonne, comme l'a pensé Boileau ? » En vérité, pourquoi séparer la « bouffonnerie » et la « folie comique » ? Ne sont-elles pas l'expression du même fonds « dionysiaque » du génie de Molière ?
Car il éprouve, sans doute, un profond plaisir à retrouver le Mascarille de sa jeunesse, le héros bondissant de *l'Étourdi* ; il endosse à nouveau la brillante défroque du *Zanni* italien, dans laquelle, malgré son âge, il se trouve admirablement à l'aise. On sait le sort

qu'il faut faire à l'idée conventionnelle d'un Molière au jeu « naturel » et sérieux. L'analyse, par Donneau de Visé, des moyens comiques de Molière incite à penser que son agilité corporelle, sa mimique, ses grimaces, sa virtuosité oratoire, sa manie de tousser, ses bafouillages étaient les principaux atouts du grand acteur, élève au surplus de Scaramouche (1608-1696). Cette joie du geste comique se retrouve dans la virtuosité de l'écrivain. « Il n'eut jamais tant de talent, écrit Antoine Adam, tant de verve, une telle richesse d'invention comique. » Jamais? Si, peut-être dans l'*Étourdi* (1653-1655). En tout cas, ajoute le critique, « il est gai, il l'est redevenu. L'amertume du rire qu'on avait observée dans *George Dandin*, dans l'*Avare* et dans *Monsieur de Pourceaugnac* a fait place à un rire vraiment, pleinement joyeux. »

A ses côtés la distribution présente, dans les rôles des pères, Hubert et Du Croisy, acteurs chevronnés; La Grange et le jeune et séduisant Baron jouent les fils. La Thorillière est Silvestre. « Mlle Molière » prête sa grâce touchante à Hyacinte, et Mlle Beauval (Zerbinette) laisse éclater ce rire contagieux qui a fait merveille, l'année précédente, dans *le Bourgeois gentilhomme*. Ainsi servie, la pièce eut un succès estimable, comme en témoigne la lettre en vers de Robinet du 30 mai 1671 :

> On ne parle que d'un Scapin
> Qui surpasse défunt l'Espiègle
> (Sur qui tout bon enfant se règle)
> Par ses ruses et petits tours,
> Qui ne sont pas de tous les jours;
> Qui vend une montre à son maître
> Qu'à sa maîtresse il doit remettre,
> Et lui jure que des filous
> L'ont prise en le rouant de coups;
> Qui des loups-garous lui suppose,
> Dans un dessein qu'il se propose
> De lui faire tout à son gré,
> Rompre le cou sur son degré [...]
> Pour l'empêcher de courre en ville
> Et l'arrêter à domicile [...]
> Qui boit certain bon vin qu'il a,
> Puis accuse de ce fait-là
> La pauvre et malheureuse ancelle [1]
> Que pour lui le maître querelle;
> Qui sait deux pères attraper
> Et par des contes bleus duper,
> Si [2] qu'il en escroque la bourse
> Qui de leurs fils est la ressource.
> Qui fait enfin *et cætera* [...]
> Cet étrange Scapin-là
> Est Molière en propre personne,
> Qui, dans une pièce qu'il donne
> Depuis dimanche seulement,
> Fait ce rôle admirablement;
> Tout ainsi que la Thorillière
> Un furieux porte-rapière,
> Et la grande actrice Beauval
> Un autre rôle jovial,
> Qui vous ferait pâmer de rire.

1. Du latin *ancilla* : servante. — 2. Si bien.

Réussite donc, mais éphémère. Les recettes, moyennes au cours des deux premières représentations, montèrent bien à la troisième malgré la suppression du *Sicilien* (ou à cause de cette suppression), mais la pièce ne tint guère plus d'un mois. Au début de juillet elle disparaissait de l'affiche au profit du *Bourgeois gentilhomme*. Les 17 et 19 de ce mois, Molière essaie de la reprendre, le jour-même où Monsieur donne une grande fête en l'honneur de son frère à Saint-Cloud. La maigreur de la recette force Molière à fermer le théâtre et à presser les premières répétitions de *Psyché*; les circonstances n'étaient guère favorables. Molière ne devait plus jamais endosser le costume de Scapin dans cette pièce dont la fortune fut assez belle puisque, outre les reprises constantes en français, on en trouve de multiples versions en langues étrangères : une en latin (1778); trois en italien; deux en anglais, néerlandais, danois, suédois, grec; une en génois, portugais, roumain, polonais, magyar. Scapin s'exporte bien.

## 2. Les sources : Molière « à la picorée » (Lintilhac)

Il y a toujours imprudence, voire impudence, à évoquer les sources quand on parle de Molière. D'abord, la conception de la propriété littéraire n'est pas la même au XVIIᵉ siècle qu'aujourd'hui; ensuite, quand on a recensé les innombrables emprunts faits par Molière (avec une franchise qui frôle le cynisme), on ne peut que constater la supériorité de son génie, ici comme ailleurs. Le fond de l'intrigue vient du *Phormion* de TÉRENCE. Le *Programme de Reaschule* (Elberfeld, 1859) déclare que *les Fourberies* sont « une imitation et même une traduction du *Phormion* de Térence ». Il faut n'avoir lu ni l'une ni l'autre des deux pièces pour oser une telle affirmation. Car l'esprit de la pièce de Térence diffère profondément de celui des *Fourberies de Scapin*, bien que l'analyse puisse faire apparaître de nettes ressemblances.

De quoi s'agit-il en effet dans *le Phormion*? Le vieux Démiphon part en Cilicie, tandis que son frère Chrémès va à Lemnos pour rejoindre une seconde femme et une fille. Ils ont chacun un fils qu'ils confient à l'esclave de Démiphon, Géta. Antiphon, fils de Démiphon, amoureux d'une étrangère, Phanium, réussit à l'épouser par un tour de passe-passe juridique : un comparse, le parasite Phormion, l'a fait citer en justice comme le plus proche parent de la jeune fille seule, ce qui, pour la justice athénienne, rend le mariage obligatoire. D'un autre côté, Phédria, fils de Chrémès, est amoureux d'une chanteuse gardée par le traditionnel leno. L'action commence au moment du retour des deux vieillards. Chrémès n'a pas trouvé sa fille à Lemnos et il s'en montre fort marri car il voulait la marier à son neveu, Antiphon; Démiphon est furieux de trouver Antiphon marié. Géta les apaise : le parasite Phormion se chargera de l'épouse d'Antiphon, moyennant une bonne somme d'argent. C'est alors qu'on découvre que Phanium est l'épouse que Chrémès destinait à son neveu. Mais le parasite ne veut et ne peut pas rendre l'argent : il l'a déjà donné à Phédria pour acheter sa chanteuse : on empoigne Phormion, qui passerait un inconfortable quart d'heure s'il n'appelait la femme du vieux Chrémès, à qui il apprend que son mari est bigame. L'infidèle est obligé de composer; tout est bien qui finit bien : Nausistrata (c'est la matrone), faisant office de *dea ex machina*, invite Phormion à dîner.

On ne saurait nier que les intrigues sont très voisines. Cependant, la pièce de Molière est différente dans le ton, plus animée, affranchie d'un contexte sentimental qui donne au *Phormion* un style de comédie bourgeoise, lequel ne manque d'ailleurs pas d'attrait: il existe, entre les personnages, un lien de parenté et même d'affection que Molière a supprimé. Les jeunes femmes n'apparaissent pas, chez Térence; nous y perdons quelques occasions de marivaudage que Molière n'a pas laissé passer, mais les amoureux de l'antiquité ne manquent ni de fraîcheur ni d'émotion. Ce n'est pas là d'ailleurs que Molière se sépare le plus de Térence, mais bien dans le fait qu'il a mis toutes les ficelles de l'intrigue dans la main prestigiditatrice de Scapin : chez Térence, la responsabilité des fourberies incombe à Géta et à Phormion; la concentration des effets en souffre.

Au vrai, les esclaves de la comédie antique n'avaient pas encore les dimensions nécessaires pour engendrer directement un Scapin. L'intermédiaire, c'est évidemment le *Zanni* de la Comédie Italienne. Déjà, Molière avait pris à BELTRAME le *Scapino* (« l'échappeur ») qui mène l'intrigue dans cette « comédie érudite » qu'est *l'Innavertito*, imprimée en 1639, et adaptée en vers par Molière, dans son *Étourdi*. Scapino est devenu Mascarille. « Mais Mascarille avec son affectation de vertu, sa fierté vite blessée, ses prétentions à l'honneur, se distingue de ses prédécesseurs. C'est déjà Scapin » (A. Adam). Mascarille (le nom vient de *masque*, les acteurs italiens jouant masqués) se retrouve dans *le Dépit amoureux* et *les Précieuses ridicules*. Il a chez Molière un frère cadet : Sganarelle (nom francisé de *Zanarelli*, diminutif de *zanni*). Brûle-tréteaux, meneurs de jeux, feux d'artifice de *lazzi* et d'intrigues, ces personnages de la *Commedia dell'arte* sont depuis longtemps dans la famille molié-resque. Le Sbrigani de *Monsieur de Pourceaugnac* et Hali du *Sicilien* en font aussi partie. Mais Scapin est le dernier de la lignée, le plus chéri, en tout cas le plus achevé.

Il ne faudrait pas croire que le personnage soit la seule dette de Molière envers les Italiens. Il leur a pris aussi, selon le mot de Léon Chancerel, « le goût de l'étude, de la respectabilité et des bonnes mœurs, ce ton de bonne compagnie qu'il s'efforça de maintenir dans sa troupe ». Il leur doit aussi un style de jeu : il admire Scaramouche (arrivé en France en 1639), avec qui l'acteur principal commence à dévorer le spectacle; il a pris chez lui le sens de la mimique, si néces-saire à des étrangers qui ne commencèrent qu'en 1668 à parler un peu français sur la scène. La dette est donc très importante, mais il l'a en partie remboursée. Il serait peut-être excessif de dire, avec René Benjamin, qu'« après Scapin il y a un rôle de plus dans le répertoire de l'Italie », mais s'il n'est pas nouveau, le héros porte l'empreinte, la griffe du maître.

Tous ces emprunts, d'ailleurs, Molière ne les nie pas : il puise dans le domaine commun. Il est plus difficile d'expliquer la réponse aux critiques qui avaient souligné un « emprunt trop visible au *Pédant joué* de CYRANO (voir pp. 69 et 71). « Je prends mon bien où je le trouve », aurait-il dit alors. Nous verrons bientôt quelle explication on a donnée de ce mot; mais, lorsque René Bray écrit : « Ils ne peuvent exprimer que la liberté que s'arroge le génie pour parvenir à ses fins », il n'est sans doute pas loin de la vérité. On peut traduire : « *Quia nominor leo*; parce que je m'appelle le Lion ».

Outre ces ressemblances avec *le Pédant joué* de Cyrano, on a relevé le fameux gag du sac dans le répertoire de TABARIN (1584-1626) où l'on voit, dans une première farce, deux personnages (Fristelin et Lucas) enfermés dans un sac, et, dans une seconde, le capitaine Rodomont puis le même Lucas emprunter cette cachette. Le même jeu de scène se trouve dans *les Facétieuses nuits de Straparole*. En réalité, la farce française ou italienne fait usage de ce sac à peu près comme le vaudeville emploie l'armoire, refuge opportun de l'amant surpris, entre un carton à chapeau et un parapluie. Hugo utilisera, d'une façon involontairement comique, l'armoire, dans *Hernani*, et, de façon plus tragique, le sac dans *le Roi s'amuse*. Si bien qu'ici comme ailleurs, c'est par un non-lieu qu'il faut conclure le procès de Molière : il a gardé de Térence le ton d'urbanité et les grands traits de l'intrigue, mais il lui a insufflé — grâce à des thèmes traditionnels, français ou italiens, sans tricher avec les emprunts — une vie nouvelle, fille de son génie. Selon la belle formule de R. Jouanny : « Celui que Molière ici copie, c'est Molière lui-même [...] C'est Mascarille imité qui s'élargit en Scapin demi-dieu. »

### 3. Le problème « Joguenet »

On trouvera, à la page 101, quelques extraits d'un texte qui pose une question passionnante. En juillet 1865, Paul Lacroix, *alias* le Bibliophile Jacob, trouvait à Toulouse un manuscrit intitulé *Joguenet ou les Vieillards dupés*, qui est, à peu de chose près, *les Fourberies de Scapin* dans un texte plus fourni. Les personnages n'avaient fait que changer de nom : *Alcantor* devenu ARGANTE; *Garganelle*, GÉRONTE; *Alcandre*, OCTAVE; *Valère*, LÉANDRE; *Silvestre*, ZERBINETTE; *Lucrèce*, HYACINTE; *Robin*, SILVESTRE; *Florice*, NORINE; *Fabian*, CARLE; et *Joguenet*, SCAPIN.

J'ai cru y reconnaître, à première vue, l'écriture de Molière; j'ai constaté sur-le-champ que j'avais sous les yeux le texte primitif des *Fourberies de Scapin*. L'aspect général du manuscrit, la couleur de l'encre, la qualité du papier, l'orthographe surtout ne laissaient pas de doute sur l'âge de cette copie, qui a été faite certainement de 1640 à 1655.

Pour le Bibliophile Jacob, par suite de suppressions nombreuses et judicieuses, et d'une modification importante du troisième acte, la comédie des *Fourberies de Scapin* « a été taillée avec autant d'adresse que de goût dans l'étoffe de la comédie de JOGUENET ». Le nom de Joguenet serait une déformation de celui de *Jodelet*, le célèbre acteur qui avait créé un type bouffon dans les comédies de Scarron et qui fit partie de la troupe de Molière (il y entra le 26 avril 1659 et y resta jusqu'à sa mort en 1668). C'était un excellent comédien, avec une diction particulière (il parlait du nez), d'où peut-être le nom de *Jogue-nez*. Paul Lacroix n'est pas d'ailleurs sans remarquer des particularités de vocabulaires embarrassantes. D'autre part, ce canevas

a peut-être été tiré des farces de GUILLOT-GORJU, lesquelles, après
sa mort en 1648, auraient été achetées par Molière.

L'éditeur de Molière, Paul Mesnard, repousse sèchement cette expli-
cation : Molière, à son avis, ne pouvait être en 1650 l'écrivain qu'il
devint plus tard ; il s'agit d'une contrefaçon tardive comme le prouve
— distraction de copiste — le nom de Scapin qui figure une fois dans
*Joguenet*, parmi les indications de mise en scène.

M. Henry Poulaille a cependant repris les remarques de Paul Lacroix,
au profit d'une thèse révolutionnaire selon laquelle Corneille serait
le véritable auteur des grandes comédies attribuées à ce « médiocre
farceur » de Molière (voir p. 14, n. 1). *Joguenet* aurait été acheté par
Poquelin à Guillot-Gorju, comme le prouve le nom de *Garguille*
figurant deux fois dans le manuscrit à la place de *Garganelle* (Guillot-
Gorju était le gendre du célèbre Gautier-Garguille). Pour Henry
Poulaille, Molière, en possession de cette pièce, aurait joué *Gorgibus
dans le sac* pour faire croire plus tard que Scapin était « l'élargisse-
ment du sujet », alors qu'il n'était qu'une copie de *Joguenet*.

Résumons-nous : pour Lacroix, *Joguenet* est le brouillon que fit
Molière jeune des *Fourberies*. Pour Mesnard, c'est une imitation mala-
droite, l'écriture n'étant d'ailleurs pas de Molière. Pour M. Poulaille,
la pièce, bien antérieure aux *Fourberies*, est un larcin de Poquelin à
ses confrères farceurs. Deux problèmes donc : le premier est de savoir
si la farce est de Molière ; nous sommes peu armés pour le résoudre :
d'abord nous n'avons presque aucun échantillon de l'écriture de
Molière, et même si le manuscrit était de Molière, il aurait pu copier
de sa main l'œuvre d'un autre. Second problème : *Joguenet* a-t-il
précédé *les Fourberies*? Premier argument de Mesnard : la pièce est
trop bien faite pour un débutant. Voire : d'abord, ce débutant c'est
Molière ; ensuite, *Joguenet* ne vaut pas *Scapin* sur le plan dramatique.
Et si nous admettons la thèse, quel étrange procédé d'imitation
que d'ajouter ça et là aux répliques des expressions qui les alour-
dissent ! Mesnard avance aussi que le nom de Scapin prouverait que
le copiste avait sous les yeux *les Fourberies*. Mais Scapin apparte-
nait au répertoire depuis longtemps en 1650 (en 1623 et 1624, selon
G. Attinger, il triompha sur la scène parisienne). Et puis, comment
expliquer de la même manière la présence du nom de Garguille ?
En tout état de cause, c'est du côté de la langue qu'il faut chercher
peut-être : la langue de *Joguenet* diffère parfois de celle des *Fourbe-
ries*. Lacroix était gêné par la présence de *asture* (p. 101, l. 21 et
p. 107, l. 303). Nous avons relevé encore *adieu*, très souvent mis
pour *bonjour*; *rencontre* au masculin (p. 107, l. 286); *bailler*, fréquent
pour *donner*; *conseil* au sens d'*intelligence*; ajoutons qu'il y a, dans
*les Fourberies*, des détails de costume qui ne sont pas dans *Joguenet*.
Mais tout cela demanderait un examen minutieux, et le problème
*Joguenet* reste posé. Une chose est sûre cependant : quelle que soit
la solution, elle ne saurait nous gâter le plaisir que nous éprou-
vons à entendre et à lire *les Fourberies de Scapin*.

# SCHÉMA DE LA COMÉDIE

ACTE I    SC. 1 Octave et Hyacinte, mariés contre l'avis d'Argante,
          2 demandent de l'aide à Scapin.
          3 Il se fait prier, puis accepte.
          4 Scapin tâte le terrain auprès d'Argante. Vive résistance. Échec.
          5 Scapin semble avoir un plan plus précis, qu'il ne dévoile pas.

ACTE II   SC. 1 Argante avertit Géronte des frasques de son fils.
          2 Vives réprimandes de Géronte à Léandre qui nie,
          3 puis reproche à Scapin de l'avoir dénoncé. Le valet confesse
            comiquement ses fautes.
          4 Coup de théâtre : il faut de l'argent pour acheter Zerbinette aux
            « Égyptiens ». Léandre aux genoux de Scapin.
          5 Argante veut faire casser le mariage en plaidant ; Scapin, ne
          6 pouvant le convaincre par la douceur, le terrorise grâce à la
            complicité de Silvestre. Argante paye.
          7 Au tour de Géronte : pour sauver son fils « prisonnier des Turcs »,
            il paye aussi... Joie des complices.

ACTE III  SC. 1 Hyacinte, Scapin, Zerbinette évoquent ensemble la situation
            encore critique.
          2 Scapin se venge de Géronte qu'il ensache et bat. Il est pris.
          3 Zerbinette accroît involontairement la colère de Géronte en lui
          4 dévoilant qu'il a été trompé.
          5 Argante, de son côté, menace Silvestre et jure avec Géronte
          6 de se venger.
        7-8 Les jeunes amoureuses sont reconnues filles des deux vieillards.
     9-10-11 Tout s'arrange... sauf pour Scapin.
         12 Mais, nouvelle funeste : Scapin agonise.
         13 On apporte le mourant sur la scène. Par un chantage sentimen-
            tal, il se fait pardonner et, dernière fourberie, il ressuscite.

## BIBLIOGRAPHIE

L. Moland, *Molière et la comédie italienne*, 1867.
R. Benjamin, *Molière*, 1936.
P. Brisson, *Molière, sa vie dans ses œuvres*, 1942.
J. Audiberti, *Molière, dramaturge*, 1954.
J. Emelina, *Les valets et les servantes dans le théâtre de Molière*, 1958.
M. Guthwirth, *Molière et l'invention comique*, 1966.
J. Cairncross, *Molière bourgeois et libertin*, 1963.
R. Garapon, *Le dernier Molière*, 1963.
J. Guicharnaud, *Molière*, 1963.
J. Jasinski, *Molière*, 1969.
A. Simon, *Molière par lui-même*, 1964.
G. Defaux, *Molière ou les métamorphoses du comique*, 1980.
D. Conesa, *Le dialogue moliéresque*, 1983.
E. Thierry, « Les Fourberies de Scapin » dans *Le Moliériste*, décembre 1885.
Chancerel, *Cahiers d'art dramatique*, janvier-mai 1950.
« Molière », *Revue d'histoire littéraire de la France*, sept.-déc. 1972.
« Tout sur Molière », *Europe*, 1976.

## I — La situation : L'AMOUR MENACÉ

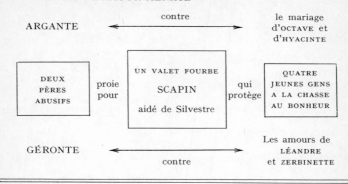

ARGANTE     ← contre →     le mariage d'OCTAVE et d'HYACINTE

| DEUX PÈRES ABUSIFS | proie pour | UN VALET FOURBE SCAPIN aidé de Silvestre | qui protège | QUATRE JEUNES GENS A LA CHASSE AU BONHEUR |

GÉRONTE     ← contre →     Les amours de LÉANDRE et ZERBINETTE

## II — SCAPIN CONQUIERT L'ARGENT, nerf de la guerre amoureuse

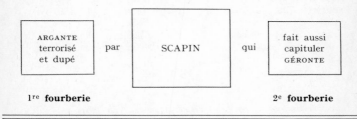

| ARGANTE terrorisé et dupé | par | SCAPIN | qui | fait aussi capituler GÉRONTE |

1re **fourberie**        2e **fourberie**

## III — SCAPIN DÉFEND d'abord son honneur puis sa vie

3e **fourberie**        4e **fourberie**

| GÉRONTE bâtonné veut se venger | de | SCAPIN | d'où | MORT FEINTE DU FOURBE |

dont le salut est favorisé par une

HEUREUSE RECONNAISSANCE

25

# DISTRIBUTION

| LES PERSONNAGES | LES ACTEURS |
|---|---|
| SCAPIN [1], valet de Léandre et fourbe. | *Molière :* 49 ans. |
| ARGANTE [2], père d'Octave et de Zerbinette. | *Hubert*(?) |
| GÉRONTE, père de Léandre et d'Hyacinte. | *Du Croisy* (?), entré dans la troupe en 1659. |
| OCTAVE, fils d'Argante et amant d'Hyacinte. | *Baron* [3]. |
| LÉANDRE, fils de Géronte et amant de Zerbinette. | *La Grange,* 32 ans, entré en 1659. |
| ZERBINETTE [4], crue Égyptienne et reconnue fille d'Argante et amante de Léandre. | M^lle *Beauval* [5]. |
| HYACINTE, fille de Géronte et amante d'Octave. | M^lle *Molière,* 25 ou 28 ans. |
| SILVESTRE, valet d'Octave. | *La Thorillière.* |
| NÉRINE, nourrice d'Hyacinte. | *De Brie?* [6]. |
| CARLE, fourbe. | |
| DEUX PORTEURS [7]. | |

---

1. Le premier Scapin rencontré en France est Francesco Gabrieli, appelé par Louis XIII en 1624, avec J.-B. Andreini et Nicolas Barbieri. Il chantait, jouait de plusieurs instruments de musique, était connu en tous pays et Molière n'a pu l'ignorer. Au XVIII^e s., Camerani, Bissoni, Ciavarelli, Véronèse reprirent son masque et son costume, c'est-à-dire non pas celui que représente Callot avec habits amples, masque, batte, manteau, grand chapeau à plume et sabre de bois, mais le costume traditionnel du *zanni* (« espèce de bouffon qui est particulièrement en vogue en Italie », selon Furetière, *Dict.,* 1690), blanc rayé de vert (c'est ainsi qu'était vêtu Beltrame, le fondateur du rôle). On n'a pas retrouvé, dans l'inventaire fait après sa mort, le costume que portait Molière. Il semble qu'il ait pris celui de Beltrame (il avait presque la superstition du vert) et qu'il ait eu une fraise au cou mais pas de masque. Par ailleurs, Dubreuil et Dangeville jouèrent sous le masque, selon le *Mercure* de 1735, qui ajoute : « C'est la seule pièce restée au théâtre où l'usage du masque se soit conservé. » — 2. Nom venu de *la Jérusalem délivrée* du Tasse (1581). — 3. Après la mort de Molière, le jeune Baron demeurera, jusqu'à la fin du siècle, une grande vedette de théâtre. — 4. Comme Nérine et Carle, ce nom vient tout droit de la Comédie italienne. — 5. Voir *Une interprète sur mesure,* p. 86. — 6. Ne nous étonnons pas de voir un homme jouer les vieilles femmes. Hubert tenait le rôle de Madame Jourdain dans *le Bourgeois gentilhomme.* — 7. Voir, p. 100, les diverses conceptions de la mise en scène. « *Les Fourberies* peuvent se jouer sur un tréteau nu. Si l'on fait un décor, veiller à ce qu'il ne fausse pas la nature de la comédie, où le jeu est l'essentiel [...]. Il n'est admissible que s'il sert vraiment le dynamisme, et permet de multiplier et varier les occasions de circulation si bien définies par le texte [...]. Éclairage intense [...]. Que cette chaude lumière aide les acteurs à jouer le lieu, la chaleur napolitaine, en conformité avec l'indolence de Silvestre, l'amour du farniente, comme avec l'essoufflement proche de la congestion d'Argante » (Chancerel, *Cahiers d'art dramatique,* janvier-mai 1950).

# LES FOURBERIES DE SCAPIN

COMÉDIE
REPRÉSENTÉE POUR LA PREMIÈRE FOIS A PARIS
SUR LE THÉATRE DU PALAIS-ROYAL
LE 24ᵉ MAI 1671
PAR LA
TROUPE DU ROI

## ACTE PREMIER

SCÈNE PREMIÈRE. — OCTAVE, SILVESTRE.

OCTAVE. — Ah! fâcheuses nouvelles pour un cœur amoureux! Dures    1
    extrémités [1] où je me vois réduit! Tu viens, Silvestre, d'apprendre
    au port que mon père revient [2]?

SILVESTRE. — Oui.

OCTAVE. — Qu'il arrive ce matin même?    5

SILVESTRE. — Ce matin même.

OCTAVE. — Et qu'il revient dans la résolution de me marier?

SILVESTRE. — Oui.

OCTAVE. — Avec une fille du Seigneur [3] Géronte?

SILVESTRE. — Du Seigneur Géronte.    10

OCTAVE. — Et que cette fille est mandée de Tarente ici pour cela?

SILVESTRE. — Oui.

OCTAVE. — Et tu tiens ces nouvelles de mon oncle?

SILVESTRE. — De votre oncle.

---

1. « Position la plus dangereuse » (Littré). — 2. La forme même de l'interrogation montre qu'Octave demande une confirmation qui mettra le spectateur au courant de la situation. — 3. Appellation traditionnelle (*signor*) dans la Comédie italienne et n'impliquant aucune valeur nobiliaire.

- **La situation** est semblable à celle du *Phormion* de Térence : un jeune homme qui semble avoir fait assez de « folies » pour craindre d'*impétueuses réprimandes* (voir la l. 31) apparaît fort agité par la nouvelle que son père, parti pour on ne sait quel mystérieux voyage, rentre avec la résolution de le marier. C'est, dit-on, dans l'esprit du père une affaire déjà réglée : la fiancée doit arriver incessamment, on prépare la noce. Du côté du maître comme du côté du valet, la situation semble très inquiétante et on ne paraît pas avoir la conscience tranquille. Qu'est-ce qui s'est passé au juste? Que va-t-il arriver?
  ① Distinguez le double mouvement de la scène en montrant comment il est gouverné par les sentiments successifs d'Octave.

OCTAVE. — A qui mon père les a mandées [1] par une lettre?                    15

SILVESTRE. — Par une lettre.

OCTAVE. — Et cet oncle, dis-tu, sait toutes nos affaires?

SILVESTRE. — Toutes nos affaires.

OCTAVE. — Ah! parle, si tu veux, et ne te fais point de la sorte arra-        20
cher les mots de la bouche.

SILVESTRE. — Qu'ai-je à parler davantage? Vous n'oubliez aucune
circonstance, et vous dites les choses tout justement [2] comme elles
sont.

OCTAVE. — Conseille-moi, du moins, et me dis ce que je dois faire
dans ces cruelles conjonctures [3].                                          25

SILVESTRE. — Ma foi! je m'y trouve autant embarrassé que vous, et
j'aurais bon besoin que l'on me conseillât moi-même.

OCTAVE. — Je suis assassiné [4] par ce maudit retour.

SILVESTRE. — Je ne le suis pas moins.

OCTAVE. — Lorsque mon père apprendra les choses, je vais voir fondre   30
sur moi un orage soudain d'impétueuses réprimandes.

SILVESTRE. — Les réprimandes ne sont rien; et plût au Ciel que j'en
fusse quitte à ce prix! Mais j'ai bien la mine [5] pour moi, de payer
plus cher vos folies, et je vois se former de loin un nuage de coups
de bâton qui crèvera sur mes épaules [6].                                    35

OCTAVE. — Ô Ciel! par où sortir de l'embarras où je me trouve?

SILVESTRE. — C'est à quoi vous deviez songer [7] avant de vous y jeter.

OCTAVE. — Ah! tu me fais mourir [8] par tes leçons hors de saison.

SILVESTRE. — Vous me faites bien plus mourir par vos actions étour-
dies.                                                                        40

OCTAVE. — Que dois-je faire? Quelle résolution prendre? A quel remède
recourir?

---

1. Le verbe *mander* a deux sens : la première fois (l. 11), il signifie : donner ordre de
venir; ici : faire savoir. — 2. Tout juste. — 3. « Rencontre de certains événements dans
le même point » (Littré), situation. — 4. *Assassiner :* causer une grande douleur. On trouve,
dans *Psyché* (v. 476) : « une rigueur assassinante ». — 5. Faire croire, faire supposer. « Vous
avez bien la mine d'aller un jour échauffer la cuisine de Lucifer » (Voltaire). — 6. « Plaisan-
terie. On rit et on aime Silvestre » (Stendhal, *Notes sur le théâtre*, Divan, t. XVII). —
7. Penser. — 8. Se dit par exagération lorsqu'une sensation ou un sentiment extrême
s'empare de vous avec force. Cf. *les Précieuses ridicules* (*U.L.B.*, 1. 419) : « Ah! que voilà
un air qui est passionné! Est-ce qu'on n'en meurt point? ».

- **L'imitation.** — Comme nous l'avons vu (p. 20), le schéma de la situation est calqué sur celui du *Phormion* de TÉRENCE, et la scène première reprend celle par laquelle commence la pièce latine. Mais deux différences essentielles doivent être signalées. D'abord, la scène est beaucoup plus courte que celle de Térence (152 vers — il est vrai que Térence nous met au courant d'une foule de détails que Molière nous apprendra à la scène suivante); ensuite, tandis que, dans le *Phormion*, nous étions instruits par Dave et Géta, deux esclaves dont l'un aura un rôle très minime, Molière introduit sur la scène dès l'abord le principal intéressé : Octave.

① Quels sont les motifs et les conséquences de cette transformation?

Il semble aussi que Molière se soit souvenu très précisément de *la Sœur* de ROTROU, dont voici les premiers vers :

Lélie. — *O fatale nouvelle, et qui me désespère!*
*Mon oncle te l'a dit? et le tient de mon père!*
Ergaste. — *Oui.*
Lélie. — *Que pour Éroxène, il destine ma foi!*
*Qu'il doit absolument m'imposer cette loi!*
*Qu'il promet Aurélie aux vœux de Polydore!*
Ergaste. — *Je vous l'ai déjà dit, et vous le dis encore.*
Lélie. — *Et qu'exigeant de nous ce funeste devoir,*
*Il nous veut obliger d'épouser dès ce soir!*
Ergaste. — *Dès ce soir.*
Lélie. — *Et tu crois qu'il te parlait sans feinte!*
Ergaste. — *Sans feinte.*
Lélie. — *Ha! si d'amour tu ressentais l'atteinte,*
*Tu plaindrais moins ces mots qui te coûtent si cher,*
*Et qu'avec tant de peine il te faut arracher,*
*Et cette avare écho, qui répond par ta bouche,*
*Serait plus indulgente à l'amour qui me touche!*
Ergaste. — *Comme on m'a tout appris, je vous l'ai rapporté,*
*Je n'ai rien oublié, je n'ai rien ajouté.*
*Que désirez-vous plus?*

Même attitude supplicative chez le maître, même philosophie désabusée chez le serviteur :

*Quel embarras extrême!*
*Travailler pour des fous est bien l'être soi-même!*
*Il leur faut au besoin faire tout espérer*
*Et perdre tout repos pour leur en procurer.*

- **Comique et mise en scène.** — Le constraste est très vif entre la fébrilité d'Octave et le calme de Sylvestre. Non pas que ce dernier soit à l'abri de la tempête, mais son dos a déjà essuyé tant d'orages! Dans la mise en scène de Copeau, « Octave entre violemment, dans une agitation extrême, levant les bras au ciel. Quand il est au milieu du *proscenium*, Silvestre paraît, même voie, en scène, très lentement, formant contraste avec son jeune maître qui est en pleine passion. Il mâche constamment des graines de tournesol qu'il tire de la poche de sa veste ». Son calme apparaît si exaspérant que, dans la mise en scène de M. Poitevin, il est bousculé par Octave et trébuche.

② Étudiez le comique verbal (dialogue en écho, images).

### Scène II. — SCAPIN, OCTAVE, SILVESTRE.

scapin. — Qu'est-ce, Seigneur Octave? qu'avez-vous? qu'y a-t-il? quel désordre est-ce là? Je vous vois tout troublé.

octave. — Ah! mon pauvre Scapin, je suis perdu, je suis désespéré, 45
je suis le plus infortuné de tous les hommes.

scapin. — Comment?

octave. — N'as-tu rien appris de ce qui me regarde?

scapin. — Non.

octave. — Mon père arrive avec le Seigneur Géronte, et ils me [1] veu- 50
lent marier.

scapin. — Eh bien! qu'y a-t-il là de si funeste?

octave. — Hélas! tu ne sais pas la cause de mon inquiétude?

scapin. — Non; mais il ne tiendra qu'à vous que je la sache bientôt;
et je suis homme consolatif [2], homme à m'intéresser aux affaires 55
des jeunes gens.

octave. — Ah! Scapin, si tu pouvais trouver quelque invention, forger
quelque machine [3], pour me tirer de la peine où je suis, je croirais
t'être redevable de plus que de la vie.

scapin. — A vous dire la vérité, il y a peu de choses qui me soient 60
impossibles, quand je m'en veux mêler. J'ai sans doute reçu du Ciel
un génie assez beau pour toutes les fabriques de ces gentillesses
d'esprit, de ces galanteries [4] ingénieuses à qui le vulgaire ignorant
donne le nom de fourberies; et je puis dire, sans vanité, qu'on n'a
guère vu d'homme qui fût plus habile ouvrier [5] de ressorts et d'in- 65
trigues, qui ait acquis plus de gloire que moi dans ce noble métier.
Mais, ma foi! le mérite est trop maltraité aujourd'hui, et j'ai
renoncé à toutes choses depuis certain chagrin [6] d'une affaire qui
m'arriva.

octave. — Comment? Quelle affaire, Scapin? 70

scapin. — Une aventure où je me brouillai avec la justice.

octave. — La justice!

scapin. — Oui, nous eûmes un petit démêlé ensemble.

silvestre. — Toi et la justice?

---

I. Place du pronom fréquente au xviie s. — 2. « Qui a la vertu de consoler » (Littré). Le
mot est presque toujours employé pour les choses. — 3. Ce mot (qui signifie : intrigue, ruse)
est déjà dans la bouche de Mascarille, le valet fripon de *l'Étourdi* : « J'ai des ressorts tout
prêts pour diverses *machines* ». — 4. Action suspecte, même blâmable, et qu'on désigne sous
ce nom par euphémisme : « Je sais [...] me démêler prudemment de toutes les *galanteries*
qui sentent tant soit peu l'échelle » (*l'Avare*, Bordas, 1. 707-708). — 5. Rappelle plaisam-
ment, selon Augier, « l'ouvrier d'iniquité » de l'Évangile. Le ressort est un moyen d'action
souvent caché. — 6. Sens plus large que de nos jours : « Déplaisir qui peut être causé par
l'affliction, l'ennui, la colère » (Littré).

SCAPIN. — Oui. Elle en usa fort mal avec moi, et je me dépitai [1] de telle [75]
  sorte contre l'ingratitude du siècle, que je résolus de ne plus rien
  faire. Baste [2] ! Ne laissez pas de [3] me conter votre aventure.

OCTAVE. — Tu sais, Scapin, qu'il y a deux mois que le Seigneur Géronte
  et mon père s'embarquèrent ensemble pour un voyage qui regarde
  certain commerce où leurs intérêts sont mêlés. [80]

SCAPIN. — Je sais cela.

OCTAVE. — Et que Léandre et moi nous fûmes laissés par nos pères,
  moi sous la conduite de Silvestre, et Léandre sous ta direction.

SCAPIN. — Oui. Je me suis fort bien acquitté de ma charge.

OCTAVE. — Quelque temps après, Léandre fit rencontre d'une jeune [85]
  Égyptienne [4] dont il devint amoureux.

SCAPIN. — Je sais cela encore.

OCTAVE. — Comme nous sommes grands amis, il me fit aussitôt confi-
  dence de son amour et me mena voir cette fille, que je trouvai
  belle à la vérité, mais non pas tant qu'il voulait que je la trouvasse. [90]
  Il ne m'entretenait que d'elle chaque jour, m'exagérait à tous
  moments sa beauté et sa grâce, me louait son esprit et me parlait
  avec transport [5] des charmes de son entretien, dont il me rappor-
  tait jusqu'aux moindres paroles, qu'il s'efforçait toujours de me
  faire trouver les plus spirituelles du monde. Il me querellait quel- [95]
  quefois de n'être pas assez sensible aux choses qu'il me venait de
  dire, et me blâmait sans cesse de l'indifférence où j'étais pour les
  feux de l'amour.[6]

---

1. *Dépit :* « Colère qui donne du dégoût » (*Dict.* de Furetière, 1690). — 2. Vient de l'italien *basta :* suffit ! Indique qu'on ne se fâche pas. — 3. Ne cessez pas de, ne vous abstenez pas de. « Ce n'est rien, ne laissons pas d'achever », dit Mascarille dans *les Précieuses,* 14 (*P. C. B.,* l. 680). Cette locution a souvent aussi le sens de : néanmoins. — 4. Le programme du *Mariage forcé* « appelle des Égyptiens les *Gipsies,* les *Tziganes,* les *Bohémiens* » (note de Mesnard). — 5. Mouvement violent de passion qui nous met hors de nous-mêmes (Littré). — 6. Ce mot précieux (= passion de l'amour) est passé dans le langage courant.

■■■■■■■■■■■■■■■■■■■■■■■■■■■■■■■■■■■■■■■■■■■■■■■■■■■■■■■■■■■■■■■■■■■■■

● **La psychologie**

  Ce thème, lieu commun de la comédie latine, vient du *Phormion,* ainsi
  que la peinture de la jeune fille « si pauvre mais si belle » et des réactions
  psychologiques des deux jeunes gens. Mais, chez Molière, le récit est fait
  par Octave lui-même, ce qui permet de prendre à Rotrou (*la Sœur,* I, 4)
  le mouvement par lequel Silvestre coupe la parole à son maître pour
  abréger le récit.
  ① « Faiblesse d'enfant d'Octave », dit Stendhal. Faiblesse surtout de
  l'amoureux. Étudiez sa complaisance à revivre son aventure, sa sensi-
  bilité, ses réactions devant l'indifférence de Léandre.
  ② Est-il vraisemblable qu'un père aussi méfiant qu'Argante ait confié
  un fils si vulnérable à de tels fripons ?

■■■■■■■■■■■■■■■■■■■■■■■■■■■■■■■■■■■■■■■■■■■■■■■■■■■■■■■■■■■■■■■■■■■■■

SCAPIN. — Je ne vois pas encore où ceci veut aller.

OCTAVE. — Un jour que je l'accompagnais pour aller chez les gens qui [100] gardent l'objet [1] de ses vœux, nous entendîmes, dans une petite maison d'une rue écartée, quelques plaintes mêlées de beaucoup de sanglots. Nous demandons ce que c'est. Une femme nous dit en soupirant que nous pouvions voir là quelque chose de pitoyable en des personnes étrangères, et qu'à moins d'être insensibles, nous [105] en serions touchés.

SCAPIN. — Où est-ce que cela nous mène?

OCTAVE. — La curiosité me fit presser Léandre de voir ce que c'était. Nous entrons dans une salle, où nous voyons une vieille femme mourante, assistée d'une servante qui faisait des regrets [2], et d'une [110] jeune fille toute fondante en larmes, la plus belle et la plus touchante qu'on puisse jamais voir.

SCAPIN. — Ah! Ah!

OCTAVE. — Une autre aurait paru effroyable en l'état où elle était; car elle n'avait pour habillement qu'une méchante [3] petite jupe, [115] avec des brassières [4] de nuit qui étaient de simple futaine [5], et sa coiffure était une cornette [6] jaune, retroussée au haut de sa tête, qui laissait tomber en désordre ses cheveux sur ses épaules; et cependant, faite comme cela, elle brillait de mille attraits, et ce n'était qu'agréments et que charmes que toute sa personne. [120]

SCAPIN. — Je sens venir les choses.

OCTAVE. — Si tu l'avais vue, Scapin, en l'état que je dis, tu l'aurais trouvée admirable.

SCAPIN. — Oh! je n'en doute point; et, sans l'avoir vue, je vois bien qu'elle était tout à fait charmante. [125]

OCTAVE. — Ses larmes n'étaient point de ces larmes désagréables qui défigurent un visage; elle avait, à pleurer, une grâce touchante, et sa douleur était la plus belle du monde.

SCAPIN. — Je vois tout cela.

OCTAVE. — Elle faisait fondre chacun en larmes en se jetant amou- [130] reusement sur le corps de cette mourante, qu'elle appelait sa chère mère; et il n'y avait personne qui n'eût l'âme percée de voir un si bon naturel.

---

1. Objet de la passion, femme aimée. « L'*objet* s'appelle Mademoiselle de la Coste, elle a plus de trente ans; elle n'a aucun bien, aucune beauté » (M^me de Sévigné, 384). — 2. Exprimait des regrets. On disait aussi *faire* des cris (*Amphitryon*, v. 366), *faire* plainte (v. 925), *faire* une vengeance (*Fourberies de Scapin*). — 3. De peu de valeur. « N'ayant qu'un *méchant* caleçon — Il avait méchante façon » (Scarron, *Virgile travesti*, VI). — 4. Petites camisoles. — 5. Tissu de lin et de coton. — 6. « Coiffes ou linges que les femmes mettent la nuit sur leur tête, et quand elles sont en déshabillé » (*Dict.* de Furetière, 1690).

SCAPIN. — En effet, cela est touchant; et je vois bien que ce bon natu-
rel-là vous la fit aimer.                                                    135

OCTAVE. — Ah! Scapin, un barbare l'aurait aimée.

SCAPIN. — Assurément. Le moyen de s'en empêcher?

OCTAVE. — Après quelques paroles dont je tâchai d'adoucir la dou-
leur de cette charmante affligée, nous sortîmes de là; et, deman-
dant à Léandre ce qui lui semblait de cette personne, il me répon- 140
dit froidement qu'il la trouvait assez jolie. Je fus piqué de la froi-
deur avec laquelle il m'en parlait, et je ne voulus point lui décou-
vrir l'effet que ses beautés avaient fait sur mon âme.

━━━━━━━━━━━━━━━━━━━━━━━━━━━━━━━━━━━━━━━━━━━━━━━━━━━━━━━━━━━━━━

● **La fourberie conquérante.** — Le voici. Nous ne l'avons pas attendu
si longtemps que Tartuffe ou le Phormion de Térence. Dès la réplique
de Silvestre, *Un nuage de coups de bâton* (1. 34), Copeau le laissait appa-
raître « au fond par l'ouverture du rideau ». Sa première réplique (1. 43),
par le son, le nombre, « suggère », selon Copeau, « l'allure traînante »
de SCAPIN, qui fait contraste avec Octave par son indolence, et même
avec Silvestre, si l'on imagine, comme Jean Meyer (novembre 1952),
un Silvestre aussi affolé que son maître. L'entrée réelle de Scapin est
un peu retardée par le récit d'Octave (1. 88-143), mais il prend peu à peu
sa stature : « Tout de suite il donne le sentiment de supériorité ». La
démarche traînante, les mains aux poches, il s'informe. A vrai dire,
comment peut-il ne rien savoir? Peut-être sort-il de prison? Avec une
admirable et naïve complaisance il lance son propre éloge (1. 170-173),
nonchalamment lyrique.

① « Il fait claquer sa fourberie comme un drapeau » (Pierre Brisson).
Il traite d'égal à égal avec la justice, et écoute d'une oreille distraite
les plaintes d'Octave (Copeau lui fait poursuivre sans conviction une
mouche, pendant ce temps).

Après *secourir* (1. 163), Stendhal fait remarquer fort justement : « Ici,
Scapin doit faire semblant d'attendre qu'on lui découvre la grande
difficulté ». Pour lui, en effet, il ne voit rien d'embarrassant. « En se
grattant l'aile du nez » (Copeau), il a déjà trouvé un « ressort ». Le
Phormion de Térence avait la même rapidité d'invention :

Je n'ai jamais vu un homme plus rusé, dit Géta, [...] j'ouvre chez lui pour lui dire
qu'il nous fallait de l'argent [...] et à peine étais-je à moitié de mon discours il avait
compris, il se réjouissait, me complimentait, il demandait le vieux, il rendait grâce
aux Dieux pour l'occasion qui s'offrait.

C'est le chat somnolent qui regarde aller et venir la souris. Mais l'instinct
de la chasse s'est réveillé sous les lourdes paupières. Pour Scapin, il se
frotte les mains, il s'étire, il n'a pas encore dit « oui », mais il n'a jamais
dit « non ».

② Il faudra l'arrivée d'Hyacinte pour qu'il se décide. Mais faut-il en
conclure, avec John Charpentier, qu'il peut « risquer les galères et la
corde pour le plaisir de rallumer la flamme de l'espoir dans les beaux
yeux d'une fille, ranimer la fleur du sourire sur sa jolie bouche »?

③ L'action n'est-elle pas déjà virtuellement lancée à la fin de la sc. 2?

④ Montrez comment se combinent et se croisent le thème de l'amour
(récits d'Octave et de Silvestre) et celui de la fourbe, et comment peu
à peu ce dernier rejette le thème de l'amour au second plan, comme la
personnalité de Scapin éclipse celle d'Octave et même de Silvestre
(quelle est la hiérarchie de ces trois personnages?).

■■■■■■■■■■■■■■■■■■■■■■■■■■■■■■■■■■■■■■■■■■■■■■■■■■■■■■■■■■■■■■

SILVESTRE, *à Octave*. — Si vous n'abrégez ce récit, nous en voilà pour jusqu'à demain. Laissez-le-moi finir en deux mots. (*A Scapin.*) [145] Son cœur prend feu dès ce moment. Il ne saurait plus vivre qu'il n'aille [1] consoler son aimable affligée. Ses fréquentes visites sont rejetées de [2] la servante, devenue la gouvernante par le trépas de la mère : voilà mon homme au désespoir. Il presse, supplie, conjure : point d'affaire [3]. On lui dit que la fille, quoique sans bien et sans [150] appui, est de famille honnête et qu'à moins que de l'épouser [4], on ne peut souffrir ses poursuites; voilà son amour augmenté par les difficultés. Il consulte [5] dans sa tête, agite, raisonne, balance [6], prend sa résolution; le voilà marié avec elle depuis trois jours.

SCAPIN. — J'entends [7]. [155]

SILVESTRE. — Maintenant, mets avec cela le retour imprévu du père, qu'on n'attendait que dans deux mois; la découverte que l'oncle a faite du secret de notre mariage, et l'autre mariage qu'on veut faire de lui avec la fille que le Seigneur Géronte a eue d'une seconde femme qu'on dit qu'il a épousée à Tarente. [160]

OCTAVE. — Et, par-dessus tout cela, mets encore l'indigence où se trouve cette aimable personne et l'impuissance où je me vois d'avoir de quoi la secourir.

SCAPIN. — Est-ce là tout ? Vous voilà bien embarrassés tous deux pour une bagatelle ! C'est bien là de quoi se tant alarmer ! N'as-tu point [165] de honte, toi, de demeurer court [8] à si peu de chose ? Que diable ! te voilà grand et gros comme père et mère, et tu ne saurais trouver dans ta tête, forger dans ton esprit quelque ruse galante, quelque honnête petit stratagème, pour ajuster [9] vos affaires ? Fi ! Peste soit du butor [10] ! Je voudrais bien que l'on m'eût donné autrefois [170] nos vieillards à duper : je les aurais joués tous deux par-dessous la jambe; et je n'étais pas plus grand que cela que je me signalais déjà par cent tours d'adresse jolis [11].

SILVESTRE. — J'avoue que le Ciel ne m'a pas donné tes talents, et que je n'ai pas l'esprit, comme toi, de me brouiller avec la justice. [175]

OCTAVE. — Voici mon aimable Hyacinte.

---

1. Sans aller. — 2. Par (tour fréquent au XVII$^e$ s.). — 3. Rien à faire. — 4. *A moins* qu'il ne l'épouse. On admettait, au XVII$^e$ s., de même que pour le participe, des constructions de ce genre, plus lâches que de nos jours. — 5. Délibère. — 6. Se montre incertain. Cf. « Faut-il opter? Je ne *balance* pas : je veux être peuple » (La Bruyère, *Caractères*, IX, 25). — 7. Je comprends. — 8. Être court : n'avoir pas une grande portée d'esprit. Cf. « Un homme fort *court* mais pétri d'honneur et de valeur » (Saint-Simon). — 9. Arranger. — 10. Oiseau de proie impossible à dresser pour la chasse; d'où : sot. — 11. Plaisants, spirituels. Cf. « Vous l'accusez toujours de n'être *joli* qu'avec les ducs et les pairs : je l'ai pourtant vu bien plaisant avec nous » (M$^{me}$ de Sévigné).

◀ Le *Zanni* ou Scapin

Gravure
de Jacques Callot
(1592-1635)

Le tréteau des *Fourberies de Scapin*
dessiné pour la scène du Vieux
Colombier en 1921 par A. E.
Marty. Costumes inspirés des des-
sins de Jacques Callot représentant
les acteurs de la Comédie Italienne.

▼

SCÈNE III. — HYACINTE, OCTAVE, SCAPIN, SILVESTRE.

HYACINTE. — Ah ! Octave, est-il [1] vrai ce que Silvestre vient de dire à Nérine ? que votre père est de retour et qu'il veut vous marier ?

OCTAVE. — Oui, belle Hyacinte, et ces nouvelles m'ont donné une atteinte [2] cruelle. Mais que vois-je ? vous pleurez ? Pourquoi ces [180] larmes ? Me soupçonnez-vous, dites-moi, de quelque infidélité, et n'êtes-vous pas assurée de l'amour que j'ai pour vous ?

HYACINTE. — Oui, Octave, je suis sûre que vous m'aimez ; mais je ne le suis pas que vous m'aimiez toujours.

OCTAVE. — Eh ! peut-on vous aimer qu'on ne vous aime [3] toute sa vie ? [185]

HYACINTE. — J'ai ouï dire [4], Octave, que votre sexe aime moins long-temps que le nôtre, et que les ardeurs [5] que les hommes font voir sont des feux qui s'éteignent aussi facilement qu'ils naissent.

OCTAVE. — Ah ! ma chère Hyacinte, mon cœur n'est donc pas fait comme celui des autres hommes, et je sens bien, pour moi, que je [190] vous aimerai jusqu'au tombeau.

HYACINTE. — Je veux croire que vous sentez ce que vous dites, et je ne doute point que vos paroles ne soient sincères ; mais je crains un pouvoir qui combattra dans votre cœur les tendres sentiments que vous pouvez avoir pour moi. Vous dépendez d'un père, qui veut [195] vous marier à une autre personne ; et je suis sûre que je mourrai si ce malheur m'arrive.

OCTAVE. — Non, belle Hyacinte, il n'y a point de père qui puisse me contraindre à vous manquer de foi, et je me résoudrai à quitter mon pays, et le jour [6] même, s'il est besoin, plutôt qu'à vous quitter. [200] J'ai déjà pris, sans l'avoir vue, une aversion effroyable pour celle que l'on me destine ; et, sans être cruel, je souhaiterais que la mer l'écartât d'ici pour jamais. Ne pleurez donc point, je vous prie, mon aimable Hyacinte, car vos larmes me tuent, et je ne les puis voir sans me sentir percer le cœur. [205]

---

1. *Il* neutre est employé au XVIIᵉ s. à la place de *ce*, dans ce genre d'interrogation. — 2. « Impression, en parlant des sentiments » (Littré). Cf. « Alcandre au silence des bois témoignait de vives atteintes » (Malherbe). — 3. Sans vous aimer. — 4. Commenter cette atténuation. Souvent, remarque Stendhal, Molière, pour aller plus vite, tourne les vérités en maximes. Ici où il faut beaucoup de nuances, il s'est bien gardé d'être si abrupt. — 5. L'amour, la passion, dans le style précieux. — 6. La vie.

HYACINTE. — Puisque vous le voulez, je veux bien essuyer mes pleurs, et j'attendrai d'un œil constant [1] ce qu'il plaira au Ciel de résoudre de moi.

OCTAVE. — Le Ciel nous sera favorable.

HYACINTE. — Il ne saurait m'être contraire, si vous m'êtes fidèle. [210]

OCTAVE. — Je le serai assurément.

HYACINTE. — Je serai donc heureuse.

SCAPIN, *à part*. — Elle n'est point tant [2] sotte, ma foi! et je la trouve assez passable.

OCTAVE, *montrant Scapin*. — Voici un homme qui pourrait bien, s'il le [215] voulait, nous être dans tous nos besoins d'un secours merveilleux.

SCAPIN. — J'ai fait de grands serments de ne me mêler plus du monde; mais, si vous m'en priez bien fort tous deux, peut-être...

OCTAVE. — Ah! s'il ne tient qu'à te prier bien fort pour obtenir ton aide, je te conjure de tout mon cœur de prendre la conduite de [220] notre barque.

SCAPIN, *à Hyacinte*. — Et vous, ne me dites-vous rien?

HYACINTE. — Je vous conjure, à son exemple, par tout ce qui vous est le plus cher au monde, de vouloir servir notre amour.

SCAPIN. — Il faut se laisser vaincre et avoir de l'humanité. Allez, je [225] veux m'employer [3] pour vous.

OCTAVE. — Crois que...

SCAPIN, *à Octave*. — Chut! *(A Hyacinte.)* Allez-vous-en, vous, et soyez en repos [4]. *(A Octave.)* Et vous, préparez-vous à soutenir avec fermeté l'abord [5] de votre père. [230]

OCTAVE. — Je t'avoue que cet abord me fait trembler par avance, et j'ai une timidité naturelle que je ne saurais vaincre.

SCAPIN. — Il faut pourtant paraître ferme au premier choc, de peur que, sur votre faiblesse, il ne prenne le pied [6] de vous mener comme un enfant. Là, tâchez de vous composer par étude [7]. Un peu de [235] hardiesse, et songez à répondre résolument sur tout ce qu'il pourra vous dire.

---

1. Du latin *constare* : se tenir avec; avec constance. Se dit de quelqu'un dont l'amour est fidèle et ne varie pas. — 2. *Tant* se plaçait au xviiᵉ s., devant un adjectif avec le sens de : tellement. Cf. « Voilà une malade qui n'est pas tant dégoûtante » (*Le Médecin malgré lui*, Bordas, 1. 624). — 3. User de mon crédit en votre faveur « Vous daignerez vous employer pour moi » (*Les Femmes savantes*, v. 186). — 4. En quiétude d'esprit. — 5. L'arrivée. En l'occurrence, on pourrait presque parler d'*abordage*. — 6. Prendre pied de : s'autoriser à. — 7. Se *composer* : prendre une apparence mesurée; *par étude* : en vous étudiant, en faisant très attention. Certains éditeurs (Auger) voudraient placer le point après *hardiesse*.

OCTAVE. — Je ferai du mieux que je pourrai.

SCAPIN. — Çà, essayons un peu pour vous accoutumer. Répétons un peu votre rôle, et voyons si vous ferez bien. Allons. La mine résolue, [240] la tête haute, les regards assurés.

OCTAVE. — Comme cela?

SCAPIN. — Encore un peu davantage.

OCTAVE. — Ainsi?

SCAPIN. — Bon! Imaginez-vous que je suis votre père qui arrive, et [245] répondez-moi fermement, comme si c'était à lui-même. « Comment! pendard, vaurien, infâme, fils indigne d'un père comme moi, oses-tu bien paraître devant mes yeux après tes bons déportements[1], après le lâche tour que tu m'as joué pendant mon absence? Est-ce là le fruit de mes soins, maraud? Est-ce là le fruit de mes [250] soins? le respect qui m'est dû? le respect que tu me conserves? » Allons donc! « Tu as l'insolence, fripon, de t'engager sans le consentement de ton père, de contracter un mariage clandestin? Réponds-moi, coquin, réponds-moi! Voyons un peu tes belles raisons! » Oh! que diable! vous demeurez interdit? [255]

OCTAVE. — C'est que je m'imagine que c'est mon père que j'entends.

SCAPIN. — Eh! oui! C'est par[2] cette raison qu'il ne faut pas être comme un innocent[3].

OCTAVE. — Je m'en vais prendre plus de résolution, et je répondrai fermement. [260]

SCAPIN. — Assurément?

OCTAVE. — Assurément.

SILVESTRE. — Voilà votre père qui vient.

OCTAVE, *s'enfuyant.* — Ô Ciel! je suis perdu.

SCAPIN. — Holà! Octave, demeurez, Octave! Le voilà enfui. Quelle [265] pauvre espèce d'homme[4]! Ne laissons pas[5] d'attendre le vieillard.

SILVESTRE. — Que lui dirai-je?

SCAPIN. — Laisse-moi dire, moi, et ne fais que me suivre.

---

1. Conduite bonne ou mauvaise (*bons* est ici, bien sûr ironique). Employé seul, a le sens péjoratif (*Le Misanthrope*, v. 903). — 2. Pour. — 3. Tout le contraire d'un Scapin. — 4. *Pauvre*, « suivi d'un nom de personne, se dit de personnes qui n'ont pas toutes les qualités requises, qui ne sont pas tout à fait ce qu'il faudrait qu'elles fussent. C'est une *pauvre espèce d'homme*, c'est un homme sans mérite » (Littré). — 5. Ici le sens est adversatif : ne renonçons pas, malgré cela, à attendre.

■■■■■■■■■■■■■■■■■■■■■■■■■■■■■■■■■■■■■■■■■■■■■■■■■■■■■■■■■■

● **L'action.** — Hyacinthe apparaît (sc. 3), le pathétique se trouve accru; les deux jeunes gens vont joindre leurs efforts pour décider Scapin. Ce n'est pas très difficile. Comme le tempérament du valet s'accommode mal des tergiversations et des temps morts, il faut immédiatement passer à l'action, et s'apprêter au premier assaut : l'arrivée d'un père, enflé de quel courroux!
① Donnez un titre aux deux mouvements successifs de la scène.

● **La préciosité de Molière.** — Il n'apparaît aucune jeune fille dans le *Phormion* de Térence. Molière s'est écarté ici du canevas ancien. Il n'est pas difficile de savoir pourquoi.

② En effet, M. Baumal écrit : « On a avancé, à mon avis un peu trop légèrement, que le gaulois qu'était Molière répugnait instinctivement aux sujets précieux, aux idées précieuses, au style précieux. Quoi que pensât à part lui, le « gaulois » ou le « philosophe épicurien », l'auteur comique et surtout le directeur de théâtre ont cédé souvent à la nécessité de retenir cette fraction de public, qui à la Cour, voire à la ville, en tenait toujours pour l'héroïsme cornélien et pour les galanteries romanesques. Ces capitulations sont même si fréquentes que, pour ma part, je ne pense pas qu'une lutte bien grave se soit livrée dans l'esprit de Molière entre ses goûts « naturels » et ses intérêts d'impresario ». Larroumet parle d'une « contagion du style précieux, devenu le langage naturel de la galanterie ; on l'employait donc plus ou moins toutes les fois qu'on avait à faire parler d'amour ». Commentez ces jugements en vous appuyant sur une étude assez minutieuse du style dans cette scène.

③ Vous chercherez, dans les autres pièces de Molière, des marques de cette préciosité.

● **Les amants.** — « Peinture vraie d'une jeune fille amoureuse », note ici Stendhal, orfèvre en la matière.

④ Mais on a assez dit que les jeunes filles de Molière manquaient de caractère. Copeau présente Hyacinthe « très petite fille, un peu pleurnicharde ». Que pensez-vous de ces deux jugements?

⑤ Octave confirme l'opinion que nous pouvions en avoir : il est sensible et sait tourner le madrigal (avec sincérité); mais que faut-il penser de son courage? Pourquoi Molière a-t-il fait sortir Hyacinte avant la fin de la scène?

● **Scapin**

⑥ Marquez les phases de son évolution dans la scène : il observe sans rien dire; comme tous les hommes d'action, il sait agir, parler, mais aussi écouter. Souriant et apparemment passif, il est déjà rongé par son démon intérieur, celui de l'intrigue. Cette petite jeune fille l'attendrit-elle, comme le dit John Charpentier (voir p. 33 ②)? Il éprouve plutôt cette sympathie condescendante de l'homme qui en a tant vu qu'il a banni les superlatifs de son vocabulaire et ne s'exprime que par litotes : *Point tant sotte, ma foi [...] assez passable* (1. 213-214).

⑦ Montrez comment la réplique *J'ai fait de grands serments [...] peut-être* (1. 217-218) mêle comiquement à un acte de renoncement solennel au monde, digne d'un ermite dégoûté de l'immoralité générale, un clin d'œil encourageant aux jeunes gens (« Priez-moi donc un peu, je vous prie », c'est la règle du jeu!). L'amour du prochain (!) reprend le dessus, et de nouveau, Scapin comme devant ! « Il essaie ses pieds sur la planche, comme un danseur », dit Copeau.

⑧ Danseur mais aussi metteur en scène. Dans le *Phormion* (I, 4), c'est le jeune homme qui a le premier l'idée de se camper en fier-à-bras. Ici c'est Scapin qui met en scène, et la prosopopée du père est de sa géniale invention. Dites en quoi il y a là progrès certain.

## Scène IV. — ARGANTE;

### SCAPIN ET SILVESTRE *dans le fond du théâtre.*

ARGANTE, *se croyant seul.* — A-t-on jamais ouï parler d'une action pareille à celle-là? [270]

SCAPIN, *à Silvestre.* — Il a déjà appris l'affaire [1], et elle lui tient si fort en tête que tout seul il en parle haut.

ARGANTE, *se croyant seul.* — Voilà une témérité [2] bien grande !

SCAPIN, *à Silvestre.* — Écoutons-le un peu.

ARGANTE, *se croyant seul.* — Je voudrais savoir ce qu'ils me pourront [275] dire sur ce beau mariage.

SCAPIN, *à part.* — Nous y avons songé.

ARGANTE, *se croyant seul.* — Tâcheront-ils de me nier la chose?

SCAPIN, *à part.* — Non, nous n'y pensons pas.

ARGANTE, *se croyant seul.* — Ou s'ils [3] entreprendront de l'excuser? [280]

SCAPIN, *à part.* — Celui-là [4] se pourra faire.

ARGANTE, *se croyant seul.* — Prétendront-ils m'amuser par des contes [5] en l'air?

SCAPIN, *à part.* — Peut-être.

ARGANTE, *se croyant seul.* — Tous leurs discours seront inutiles. [285]

SCAPIN, *à part.* — Nous allons voir.

ARGANTE, *se croyant seul.* — Ils ne m'en donneront point à garder[6].

SCAPIN, *à part.* — Ne jurons de rien.

ARGANTE, *se croyant seul.* — Je saurai mettre mon pendard de fils en lieu de sûreté. [290]

SCAPIN, *à part.* — Nous y pourvoirons[7].

ARGANTE, *se croyant seul.* — Et, pour le coquin de Silvestre, je le rouerai de coups.

SILVESTRE, *à Scapin.* — J'étais [8] bien étonné, s'il m'oubliait.

ARGANTE, *apercevant Silvestre.* — Ah! ah! vous voilà donc, sage gou- [295] verneur de famille, beau directeur [9] de jeunes gens!

SCAPIN. — Monsieur, je suis ravi de vous voir de retour.

---

1. L'*oncle* dont il a été question au début (l. 13) n'a d'autre rôle que d'informer Argante, à son arrivée, de ce qui s'est passé. — 2. Audace. — 3. Tournure fréquente au XVIIᵉ s. : ou bien peut-être entreprendront-ils? — 4. Cette chose, cette action (= ce tour-là). — 5. Mensonges, choses sans importance. Cf. « Mais il prend mes avis pour des contes en l'air » (l'*École des maris*). — 6. Ils ne me tromperont pas. — 7. *Pourvoir à* : « avoir soin de, donner ordre à » (Littré). — 8. Latinisme : voir p. 41, n. 6. — 9. D'habitude, le directeur de conscience est un ecclésiastique qui dirige les actions d'une personne. Ici, il faut plutôt se référer aux usages de l'antiquité : l'esclave pédagogue avait mission de précepteur.

ARGANTE. — Bonjour, Scapin. *(A Silvestre.)* Vous avez suivi mes ordres vraiment d'une belle manière, et mon fils s'est comporté fort sagement pendant mon absence !                    300

SCAPIN. — Vous vous portez bien, à ce que je vois ?

ARGANTE. — Assez bien. *(A Silvestre.)* Tu ne dis mot, coquin, tu ne dis mot !

SCAPIN. — Votre voyage a-t-il été bon ?

ARGANTE. — Mon Dieu ! fort bon. Laisse-moi un peu quereller en    305
repos [1] !

SCAPIN. — Vous voulez quereller [2] ?

ARGANTE. — Oui, je veux quereller.

SCAPIN. — Et qui, Monsieur ?

ARGANTE, *montrant Silvestre.* — Ce maraud-là.                      310

SCAPIN. — Pourquoi ?

ARGANTE. — Tu n'as pas ouï parler de ce qui s'est passé dans mon absence ?

SCAPIN. — J'ai bien ouï parler de quelque petite chose.

ARGANTE. — Comment ! quelque petite chose ! Une action de cette    315
nature ?

SCAPIN. — Vous avez quelque raison...

ARGANTE. — Une hardiesse pareille à celle-là ?

SCAPIN. — Cela est vrai.

ARGANTE. — Un fils qui se marie sans le consentement de son père ?  320

SCAPIN. — Oui, il y a quelque chose à dire à cela. Mais je serais d'avis que vous ne fissiez point de bruit.

ARGANTE. — Je ne suis pas de cet avis, moi, et je veux faire du bruit tout mon soûl [3]. Quoi ! tu ne trouves pas que j'aie tous les sujets du monde d'être en colère ?                               325

SCAPIN. — Si fait, j'y [4] ai d'abord été, moi, lorsque j'ai su la chose, et je me suis intéressé pour vous jusqu'à quereller votre fils. Demandez-lui un peu quelles belles réprimandes je lui ai faites, et comme je l'ai chapitré [5] sur le peu de respect qu'il gardait à un père dont il devait [6] baiser les pas. On ne peut pas lui mieux parler,    330
quand ce serait [7] vous-même. Mais quoi ! je me suis rendu à la raison et j'ai considéré que, dans le fond, il n'a pas tant de tort qu'on pourrait croire.

---

1. Commenter l'alliance piquante des mots. —2. « Se dit absolument, soit dans le sens de faire querelle, soit dans le sens de gronder » (Littré). — 3. Autant que je veux. — 4. En colère. Cette tournure n'est plus admise. — 5. Sens propre : réprimander un membre du *chapitre* (assemblée de religieux). Même situation dans *l'Étourdi*, v. 315 et suiv. — 6. Il aurait dû. Tournure latine (indicatif ayant le sens du conditionnel passé avec les verbes d'obligation et de possibilité). — 7. Même si c'était.

ARGANTE. — Que me viens-tu conter? Il n'a pas tant de tort de s'aller marier de but en blanc [1] avec une inconnue?                    335

SCAPIN. — Que voulez-vous? Il y a été poussé par sa destinée.

ARGANTE. — Ah! ah! voici une raison la plus belle du monde! On n'a plus qu'à commettre tous les crimes imaginables, tromper, voler, assassiner, et dire pour excuse qu'on y a été poussé par sa destinée.

SCAPIN. — Mon Dieu! vous prenez mes paroles trop en philosophe.  340 Je veux dire qu'il s'est trouvé fatalement engagé dans cette affaire.

ARGANTE. — Et pourquoi s'y engageait-il?

SCAPIN. — Voulez-vous qu'il soit aussi sage que vous? Les jeunes gens sont jeunes, et n'ont pas toute la prudence qu'il leur faudrait pour ne rien faire que de raisonnable : témoin notre Léandre, qui, mal-  345 gré toutes mes leçons, malgré toutes mes remontrances, est allé faire, de son côté, pis encore que votre fils. Je voudrais bien savoir si vous-même n'avez pas été jeune, et n'avez pas dans votre temps fait des fredaines [2] comme les autres. J'ai ouï dire, moi, que vous avez été autrefois un bon compagnon parmi les femmes, que vous  350 faisiez de votre drôle [3] avec les plus galantes de ce temps-là, et que vous n'en approchiez point que vous ne poussassiez à bout [4].

ARGANTE. — Cela est vrai, j'en demeure d'accord; mais je m'en suis toujours tenu à la galanterie, et je n'ai point été jusqu'à faire ce qu'il a fait.                    355

SCAPIN. — Que vouliez-vous qu'il fît [5]? Il voit une jeune personne qui lui veut du bien (car il tient de vous d'être aimé de toutes les femmes). Il la trouve charmante. Il lui rend des visites, lui conte des douceurs, soupire galamment, fait le passionné. Elle se rend à sa poursuite [6]. Il pousse sa fortune [7]. Le voilà surpris avec elle par  360 ses parents qui, la force [8] à la main, le contraignent de [9] l'épouser.

SILVESTRE, *à part*. — L'habile fourbe que voilà!

SCAPIN. — Eussiez-vous voulu qu'il se fût laissé tuer? Il vaut mieux encore être marié qu'être mort.

---

1. Au premier coup (le *blanc* étant la cible, le *but* l'endroit où est placé le canon). Par la suite : sans hésitation, sans prudence ni précaution. — 2. « Écart de conduite par folie de jeunesse » (Littré). Cf. « Gardez-vous d'imiter ces coquettes vilaines — Dont par toute la ville on chante les *fredaines* » (l'*École des femmes*, v. 719-720). — 3. A rapprocher de notre expression « faire des siennes ». — 4. *Pousser à bout* quelqu'un : arriver à ses fins avec lui; et non pas, comme de nos jours, l'exaspérer. — 5. Parodie de Corneille (*Horace*, v. 1021); voir plus loin, p. 44, n. 7. — 6. Elle accepte ses avances. — 7. Il continue et rend décisive *sa fortune* : « bonne fortune en galanterie », selon Littré. — 8. *La force* des armes, l'épée. — 9. Un certain nombre de verbes construisent l'infinitif complément avec *à* ou *de* indifféremment : c'est l'oreille qui décide (Grévisse). Nous dirions plutôt *à*.

ARGANTE. — On ne m'a pas dit que l'affaire se soit ainsi passée. 365

SCAPIN, *montrant Silvestre.* — Demandez-lui plutôt. Il ne vous dira pas
le contraire.

ARGANTE, *à Silvestre.* — C'est par force qu'il a été marié?

SILVESTRE. — Oui, Monsieur.

SCAPIN. — Voudrais-je vous mentir? 370

ARGANTE. — Il devait [1] donc aller tout aussitôt protester de violence [2]
chez un notaire.

SCAPIN. — C'est ce qu'il n'a pas voulu faire.

ARGANTE. — Cela m'aurait donné plus de facilité à rompre ce mariage.

SCAPIN. — Rompre ce mariage? 375

ARGANTE. — Oui.

SCAPIN. — Vous ne le romprez point.

ARGANTE. — Je ne le romprai point?

SCAPIN. — Non.

ARGANTE. — Quoi! je n'aurai pas pour moi les droits [3] de père, et la 380
raison de la violence qu'on a faite à mon fils?

SCAPIN. — C'est une chose dont il ne demeurera pas d'accord.

ARGANTE. — Il n'en demeurera pas d'accord?

SCAPIN. — Non.

ARGANTE. — Mon fils? 385

SCAPIN. — Votre fils. Voulez-vous qu'il confesse qu'il ait été capable
de crainte, et que ce soit par force qu'on lui ait fait faire les choses?
Il n'a garde [4] d'aller avouer cela. Ce serait se faire tort, et se mon-
trer indigne d'un père comme vous.

ARGANTE. — Je me moque de cela. 390

SCAPIN. — Il faut, pour son honneur et pour le vôtre, qu'il dise dans
le monde que c'est de bon gré qu'il l'a épousée.

ARGANTE. — Et je veux, moi, pour mon honneur et pour le sien, qu'il
dise le contraire.

SCAPIN. — Non, je suis sûr qu'il ne le fera pas. 395

ARGANTE. — Je l'y forcerai bien.

SCAPIN. — Il ne le fera pas, vous dis-je.

---

1. Voir p. 41, n. 6. — 2. Déclarer solennellement qu'on lui avait fait *violence*. — 3. Je ne
pourrai faire valoir en ma faveur l'argument tiré du fait qu'on a forcé mon fils à se marier?
— 4. *N'avoir garde* : « n'avoir pas la volonté, le pouvoir, être bien éloigné de » (Littré).

ARGANTE. — Finissons ce discours qui m'échauffe la bile[1]. *(A Silvestre.)*
Va-t'en, pendard, va-t'en me chercher mon fripon, tandis que
j'irai rejoindre le Seigneur Géronte pour lui conter ma disgrâce.    400

SCAPIN. — Monsieur, si je vous puis être utile en quelque chose, vous
n'avez qu'à me commander.

ARGANTE. — Je vous remercie. *(A part.)* Ah! pourquoi faut-il qu'il
soit fils unique! Et que[2] n'ai-je à cette heure la fille que le Ciel
m'a ôtée, pour la faire mon héritière[3]!    405


## Scène V. — SCAPIN, SILVESTRE.


SILVESTRE. — J'avoue que tu es un grand homme, et voilà l'affaire en
bon train; mais l'argent, d'autre part, nous presse[4] pour notre
subsistance, et nous avons de tous côtés des gens qui aboient
après nous[5].

SCAPIN. — Laisse-moi faire, la machine est trouvée. Je cherche seu-    410
lement dans ma tête un homme qui nous soit affidé[6], pour jouer
un personnage dont j'ai besoin. Attends. Tiens-toi un peu. En-
fonce ton bonnet en méchant garçon. Campe-toi sur un pied. Mets
la main au côté. Fais les yeux furibonds. Marche un peu en roi de
théâtre[7]. Voilà qui est bien. Suis-moi. J'ai les secrets pour déguiser    415
ton visage et ta voix.

SILVESTRE. — Je te conjure au moins de ne m'aller point brouiller
avec la justice.

SCAPIN. — Va, va, nous partagerons les périls en frères; et trois ans de
galère de plus ou de moins ne sont pas pour arrêter un noble cœur.    420

---

1. Le rythme de cette phrase appelle une remarque, laquelle? — 2. Pourquoi. — 3. Ainsi
se prépare la scène de reconnaissance qui finit la pièce. — 4. *Presser :* « ne souffrir aucun
délai, en parlant des choses » (Littré). — 5. Invectivent, crient contre nous. Le mot n'est
pas un cliché et fait image. Est-il naturel dans la bouche de Silvestre? — 6. Sur qui l'on
puisse compter. Cf. « S'il plaisait à sa Majesté d'envoyer nombre de gens *affidés* dans les
provinces pour en faire une visite exacte jusqu'aux points les plus reculés et les moins
fréquentés » (Vauban, *Dîme royale*). — 7. On pense à la façon dont Molière avait attaqué
les Grands Comédiens de l'Hôtel de Bourgogne, dans *l'Impromptu de Versailles*, en faisant
la caricature de Montfleury en roi (Bordas, 1. 159-162) : « Il faut un roi qui soit gros et gras
comme quatre, un roi, morbleu! qui soit entripaillé comme il faut, un roi d'une vaste cir-
conférence, et qui puisse remplir un trône de la belle manière. » Par ailleurs, la stature de
La Thorillière (qui jouait Silvestre) lui réservait au Palais-Royal les rois de tragédie. Voir
aussi p. 42, n. 5.

- **Le texte.** — L'édition de 1682, que nous suivons, écarte, après *vous dis-je* (l. 397), le passage que voici, qui a été repris par Molière dans *le Malade imaginaire* (I, 5), à quelques mots près :

ARGANTE. — Il le fera, ou je le déshériterai. SCAPIN. — Vous? A. — Moi. S. — Bon! A. — Comment, bon? S. — Vous ne le déshériterez point. A. — Je ne le déshériterai point? S. — Non. A. — Non? S. — Non. A. — Ouais! voici qui est plaisant. Je ne déshériterai point mon fils? S. — Non, vous dis-je. A. — Qui m'en empêchera? S. — Vous-même. A. — Moi? S. — Oui, vous n'aurez pas ce cœur-là. A. — Je l'aurai. S. — Vous vous moquez! A. — Je ne me moque point. S. — La tendresse paternelle fera son office. A. — Elle ne fera rien. S. — Oui, oui. A. — Je vous dis que cela sera. S. — Bagatelles! A. — Il ne faut point dire : Bagatelles! S. — Mon Dieu! je vous connais, vous êtes bon naturellement. A. — Je ne suis point bon, et je suis méchant quand je veux.

- **La tactique de Scapin** est essentiellement défensive. En effet, la nouvelle que vient de recevoir en plein visage le bonhomme Argante le jette tout blême de fureur sur les tréteaux. Hors de lui (il parle tout seul), violent et blessé dans son amour-propre, il menace d'abord Silvestre dans une apostrophe inspirée du *Phormion* (voir p. 39, ⑧). Dans la mise en scène de M. Poitevin, un plaisant jeu de cache-cache, autour des sacs et des caisses qui encombrent le port, oppose le maître et le serviteur cependant que Scapin essaie de faire bouclier de son corps... et de ses salamalecs. Argante crie. Scapin lui parle tout doucement; « c'est lui l'homme raisonnable, le bon père de famille » (Copeau). Il fait miroiter le scandale (l. 386-389), prend le parti du vieillard, évoque son rôle de mentor... pour finir par excuser le fils prodigue : la *destinée* (l. 336), la violence (l. 380-387), les feux de la jeunesse (l. 343), l'hérédité (l. 350)... Il enveloppe, il ment, il flagorne. « Excellente scène de flatterie et la plus difficile puisque le flatté est passionné et qu'on l'interrompt dans la recherche du bonheur de sa passion. Manière d'employer des rognures de caractères. Mais après cette scène, traitez si vous voulez le sujet du flatteur » (Stendhal).

Certes, ni l'argument de l'honneur familial (l. 391), ni le chantage aux bons sentiments (l. 347-349) ne suffisent pour « désamorcer » le courroux du terrible vieillard. Mais il y a du chemin de fait et la « sarabande » que Copeau fait danser aux deux complices n'est point trop présomptueuse. Et puis quelque autre tour se prépare puisque le meneur de jeu, Scapin, incite Silvestre à on ne sait quel rôle nouveau. Qu'importe si le gibet est au bout! Scapin sort à grands pas triomphants, pendant que Silvestre « trotte par derrière en hochant la tête » (Copeau).

① En essayant de justifier Octave, Scapin est obligé de charger Léandre (l. 345-347); quel est le ressort nouveau qui se greffe par là sur l'action?

- **Le comique**

② Faites le bilan des procédés comiques employés par Molière en vous attachant :

— Aux répliques de Scapin en contre-point des apartés d'Argante (procédé cher aux comiques latins).

— Au contraste entre la souplesse insinuante de Scapin et le raide entêtement du vieillard.

— Aux « amortis » d'expression de Scapin, à ses « bluffs » (*voudrais-je vous mentir?*, l. 370), ses mots emphatiques (*noble cœur*, l. 420), ses arguments ingénieux, voire artificieux.

— A la vivacité des répliques, surtout dans le passage supprimé en 1682.

— A la gaieté de la dernière scène, particulièrement de la dernière réplique de Scapin.

# ACTE II

## Scène première. — GÉRONTE, ARGANTE.

GÉRONTE. — Oui, sans doute, par le temps qu'il fait, nous aurons ici nos gens aujourd'hui ; et un matelot qui vient de Tarente m'a assuré qu'il avait vu mon homme qui était près de s'embarquer. Mais l'arrivée de ma fille trouvera les choses mal disposées à ce que nous nous proposions, et ce que vous venez de m'apprendre de votre [425] fils rompt étrangement les mesures [1] que nous avions prises ensemble.

ARGANTE. — Ne vous mettez pas en peine ; je vous réponds de renverser tout cet obstacle, et j'y vais travailler de ce pas.

GÉRONTE. — Ma foi ! Seigneur Argante, voulez-vous que je vous dise ? [430] l'éducation des enfants est une chose à quoi il faut s'attacher fortement.

ARGANTE. — Sans doute. A quel propos cela ?

GÉRONTE. — A propos de ce que les mauvais déportements [2] des jeunes gens viennent le plus souvent de la mauvaise éducation que [435] leurs pères leur donnent.

ARGANTE. — Cela arrive parfois. Mais que voulez-vous dire par là ?

GÉRONTE. — Ce que je veux dire par là ?

ARGANTE. — Oui.

GÉRONTE. — Que si vous aviez, en brave père, bien morigéné [3] votre [440] fils, il ne vous aurait pas joué le tour qu'il vous a fait.

ARGANTE. — Fort bien. De sorte donc que vous avez bien mieux morigéné le vôtre ?

GÉRONTE. — Sans doute, et je serais bien fâché qu'il m'eût rien [4] fait approchant de cela. [445]

ARGANTE. — Et si ce fils que vous avez, en brave père, si bien morigéné, avait fait pis encore que le mien ? eh !

---

1. Contrarie les décisions. — 2. Voir p. 38, n. 1. — 3. *Morigéner* signifie ici : former les *mœurs*. C'est au XVIIIe s. que le mot prendra le sens actuel : réprimander. — 4. Sens étymologique : quelque chose (du lat. *rem*, chose).

GÉRONTE. — Comment?

ARGANTE. — Comment?

GÉRONTE. — Qu'est-ce que cela veut dire? 450

ARGANTE. — Cela veut dire, Seigneur Géronte, qu'il ne faut pas être si prompt à condamner la conduite des autres, et que ceux qui veulent gloser [1] doivent bien regarder chez eux s'il n'y a rien qui cloche [2].

GÉRONTE. — Je n'entends point cette énigme. 455

ARGANTE. — On vous l'expliquera.

GÉRONTE. — Est-ce que vous auriez ouï dire quelque chose de mon fils?

ARGANTE. — Cela se peut faire [3].

GÉRONTE. — Et quoi encore? 460

ARGANTE. — Votre Scapin, dans mon dépit, ne m'a dit la chose qu'en gros, et vous pourrez, de lui ou de quelque autre, être instruit du détail. Pour moi, je vais vite consulter un avocat, et aviser des biais [4] que j'ai à prendre. Jusqu'au revoir.

---

1. Critiquer. Cf. « Car chacun taille, rogne et *glose* sur mes vers » (Régnier, *Satire* XII). — 2. Boite (cf. *cloche*-pied), aille mal. — 3. C'est possible. — 4. Moyens détournés qu'on emploie pour réussir (Littré).

■■■■■■■■■■■■■■■■■■■■■■■■■■■■■■■■■■■■■■■■■■■■■■■■■■■■■■■■■■■■■■■■

- **L'imitation.** — Dans *l'Heautontimoroumenos* de Térence, puis dans ses *Adelphes*, nous voyons également traité le thème de l'éducation des enfants. Il s'agit de savoir si la vieille méthode romaine, exigeante et austère, peut encore s'appliquer aux nouvelles générations. C'est un problème d'actualité qui fait, de ces deux pièces latines, presque des pièces à thèse. Rien de semblable ici : il s'agit plutôt de ce que Stendhal appelle « un thème musical ». « Dans les pièces à un seul caractère, tout le plaisir sort d'une seule source (Arnolphe, *l'École des femmes*). L'auteur a cet avantage qu'il n'a besoin que d'une seule exposition, mais aussi il faut plus d'attention chez le spectateur. Dans les comédies, au contraire, du genre des *Fourberies de Scapin*, le plaisir vient de mille petits thèmes (musique) successifs que traite l'auteur » *(Notes sur le théâtre)*. Chez Térence, en tout cas, les longues discussions amicales n'ont pas le ton grinçant que nous trouvons ici : deux girouettes qui tourneraient en sens contraire, en changeant successivement de direction; au début, Géronte aimable, Argante bourru; à la fin, l'inverse.

- **Un nouveau fantoche : Géronte.** — Louis Jouvet, tenant le rôle de Géronte au Vieux Colombier en 1920, s'était autorisé de la ligne 421 pour s'assurer d'une ombrelle dont il ponctuait son jeu (fermée : un épieu; ouverte : un bouclier), s'en servant parfois pour dessiner par terre. Le vieillard, sec comme les baleines de son parasol (*un vieil os*, écrit Copeau), paraît indéniablement plus sot qu'Argante et plus ridicule. Le « conseilleur conseillé », autre version de « l'arroseur arrosé ».

■■■■■■■■■■■■■■■■■■■■■■■■■■■■■■■■■■■■■■■■■■■■■■■■■■■■■■■■■■■■■■■■

### SCÈNE II. — LÉANDRE, GÉRONTE.

GÉRONTE, *seul*. — Que pourrait-ce être que cette affaire-ci? Pis encore    465
que le sien[1]? Pour moi, je ne vois pas ce que l'on peut faire de pis;
et je trouve que se marier sans le consentement de son père est une
action qui passe[2] tout ce qu'on peut s'imaginer. Ah! vous voilà.

LÉANDRE, *en courant à lui pour l'embrasser*. — Ah! mon père, que j'ai
de joie de vous voir de retour!    470

GÉRONTE, *refusant de l'embrasser*. — Doucement. Parlons un peu d'af-
faire.

LÉANDRE. — Souffrez[3] que je vous embrasse, et que...

GÉRONTE, *le repoussant encore*. — Doucement, vous dis-je.

LÉANDRE. — Quoi! Vous me refusez, mon père, de vous exprimer mon    475
transport par mes embrassements?

GÉRONTE. — Oui. Nous avons quelque chose à démêler[4] ensemble.

LÉANDRE. — Et quoi?

GÉRONTE. — Tenez-vous, que je vous voie en face.

LÉANDRE. — Comment?    480

GÉRONTE. — Regardez-moi entre deux yeux.

LÉANDRE. — Hé bien?

GÉRONTE. — Qu'est-ce donc qui s'est passé ici?

LÉANDRE. — Ce qui s'est passé?

GÉRONTE. — Oui. Qu'avez-vous fait dans[5] mon absence?    485

LÉANDRE. — Que voulez-vous, mon père, que j'aie fait?

GÉRONTE. — Ce n'est pas moi qui veux que vous ayez fait, mais qui
demande ce que c'est que vous avez fait.

LÉANDRE. — Moi, je n'ai fait aucune chose dont vous ayez lieu de vous
plaindre.    490

GÉRONTE. — Aucune chose?

LÉANDRE. — Non.

GÉRONTE. — Vous êtes bien résolu[6].

LÉANDRE. — C'est que je suis sûr de mon innocence.

GÉRONTE. — Scapin pourtant a dit de vos nouvelles.    495

---

1. Son fils (celui d'Argante : voir les l. 446-47). — 2. Surpasse. Cf. « Nous avons vu de vous
des églogues d'un style — Qui *passe* en doux attraits Théocrite et Virgile » (*les Femmes
savantes*, III, 3, v. 973-74). — 3. Acceptez. — 4. Éclaircir. Cf. « Dans cet embarras où se
trouve mon esprit je ne vous puis pas bien *démêler* ses sentiments » (Voiture, Lettre 152). —
5. On trouve chez Molière tantôt *dans*, tantôt *pendant*. — 6. Sens primitif : « ferme dans ses
desseins » (Littré); puis le mot a pris le sens presque péjoratif de : déterminé, hardi. Il
est employé comme substantif et familièrement (faire le *résolu*).

LÉANDRE. — Scapin !

GÉRONTE. — Ah ! ah ! ce mot vous fait rougir.

LÉANDRE. — Il vous a dit quelque chose de moi ?

GÉRONTE. — Ce lieu n'est pas tout à fait propre à vuider [1] cette affaire, et nous allons l'examiner ailleurs. Qu'on se rende au logis. J'y vais 500 revenir tout à l'heure. Ah ! traître, s'il faut que tu me déshonores, je te renonce [2] pour mon fils, et tu peux bien pour jamais te résoudre à fuir de ma présence.

### SCÈNE III. — OCTAVE, SCAPIN, LÉANDRE.

LÉANDRE, *seul*. — Me trahir de cette manière ! Un coquin qui doit, par cent raisons, être le premier à cacher les choses que je lui 505 confie, est le premier à les aller découvrir à mon père ! Ah ! je jure le Ciel que cette trahison ne demeurera pas impunie.

OCTAVE. — Mon cher Scapin, que ne dois-je point à tes soins ! Que tu es un homme admirable ! et que le Ciel m'est favorable de t'envoyer à mon secours ! 510

LÉANDRE. — Ah ! ah ! vous voilà. Je suis ravi de vous trouver, Monsieur le coquin.

---

1. Orthographe moderne : vider (au sens de : régler). Cf. La Fontaine : « Petits princes, videz vos ébats entre vous : — De recourir aux rois vous seriez de grands fous » (IV, 4, v. 58-59). — 2. Je te désavoue. Cf. « Jésus lui répartit : Je vous dis en vérité que cette nuit, avant que le coq chante, vous me *renoncerez* trois fois » (Saci, *Évangile de Saint-Matthieu*, XXVI, 34).

■■■■■■■■■■■■■■■■■■■■■■■■■■■■■■■■■■■■■■■■■■■■■■■■■■■■■■■■■■■■■■■■

● **Les échos psychologiques.** — Comme les propos d'Argante jettent Géronte d'abord dans la perplexité, puis dans l'inquiétude et dans la colère, ainsi le mot de son père qui met en cause Scapin plonge Léandre dans une fureur noire. C'est un des procédés favoris de Molière que de laisser en scène un personnage troublé, agité ou révolté par l'attitude ou les paroles de l'interlocuteur qu'il vient de quitter. Ici, le procédé répété touche à la farce.

● **Père et fils.** — Géronte fait passer son fils devant son tribunal. Du bout de son ombrelle (selon Copeau), il tient à distance le jeune homme (dont on peut se demander si les embrassades ne sont pas teintées d'hypocrisie). Double mouvement comique, d'ailleurs, car dès que Géronte est entré dans le vif du sujet, il n'est plus besoin du parasol pour faire reculer le jeune homme. Son élan s'est brisé net et ses silences, ses réticences, son embarras d'élocution, quoi qu'il fasse pour s'en cacher, sont doublés et grossis par une attitude physique qui ressemble à un début de retraite.

① Comparez cette scène avec d'autres scènes de Molière où s'affrontent un père et un fils. Le comique est-il ici tellement vif et profond ?

② Quels sont les sentiments de Léandre quand il s'écrie, « d'une voix fausse, un peu étranglée » (Copeau) : *Scapin !* (l. 496) ?

■■■■■■■■■■■■■■■■■■■■■■■■■■■■■■■■■■■■■■■■■■■■■■■■■■■■■■■■■■■■■■■■

SCAPIN. — Monsieur, votre serviteur. C'est trop d'honneur que vous me faites.

LÉANDRE, *en mettant l'épée à la main*. — Vous faites le méchant[1] plaisant? Ah! je vous apprendrai... 515

SCAPIN, *se mettant à genoux*. — Monsieur!

OCTAVE, *se mettant entre eux pour empêcher Léandre de le frapper*. — Ah! Léandre!

LÉANDRE. — Non, Octave, ne me retenez point, je vous prie. 520

SCAPIN, *à Léandre*. — Eh! Monsieur!

OCTAVE, *le retenant*. — De grâce!

LÉANDRE, *voulant frapper Scapin*. — Laissez-moi contenter mon ressentiment[2].

OCTAVE. — Au nom de l'amitié, Léandre, ne le maltraitez point! 525

SCAPIN. — Monsieur, que vous ai-je fait?

LÉANDRE, *voulant le frapper*. — Ce que tu m'as fait, traître?

OCTAVE, *le retenant*. — Eh! doucement!

LÉANDRE. — Non, Octave, je veux qu'il me confesse lui-même tout à l'heure la perfidie qu'il m'a faite. Oui, coquin, je sais le trait que tu 530 m'as joué, on vient de me l'apprendre, et tu ne croyais pas peut-être que l'on me dût révéler ce secret; mais je veux en avoir la confession de ta propre bouche, ou je vais te passer cette épée au travers du corps.

SCAPIN. — Ah! Monsieur, auriez-vous bien ce cœur-là? 535

LÉANDRE. — Parle donc.

SCAPIN. — Je vous ai fait quelque chose, Monsieur?

LÉANDRE. — Oui, coquin, et ta conscience ne te dit que trop ce que c'est.

SCAPIN. — Je vous assure que je l'ignore. 540

LÉANDRE, *s'avançant pour le frapper*. — Tu l'ignores!

OCTAVE, *le retenant*. — Léandre!

SCAPIN. — Eh bien! Monsieur, puisque vous le voulez, je vous confesse que j'ai bu avec mes amis ce petit quartaut[3] de vin d'Espagne dont on vous fit présent il y a quelques jours; et que c'est moi qui fis une 545 fente au tonneau, et répandis de l'eau autour pour faire croire que le vin s'était échappé.

LÉANDRE. — C'est toi, pendard, qui m'as bu mon vin d'Espagne, et qui as été cause que j'ai tant querellé la servante, croyant que c'était elle qui m'avait fait le tour? 550

---

1. « Qui ne vaut rien dans son genre » (*Dict. de l'Acad.*, 1694). — 2. Souvenir d'une injure, accompagné du souci de la vengeance. — 3. Un *cartaut* (telle était l'orthographe au XVIIᵉ s.) contenait 1/4 de muid. Le muid était une mesure variable, allant de 94 litres en Champagne jusqu'à 268 à Paris.

Éléonore Hirt
(HYACINTE)
Jean Desailly
(OCTAVE)
Jean-Louis Barrault
(SCAPIN)
(Acte I, scène 3)

Théâtre Marigny
1949

Richard Berry
(OCTAVE)
J.-N. Sissia
(LÉANDRE)
Alain Pralon
(SCAPIN)
(Acte II, scène 4)

Comédie-Française
1973

G. Lipnitzki-Roger-Viollet

SCAPIN. — Oui, Monsieur, je vous en demande pardon.

LÉANDRE. — Je suis bien aise d'apprendre cela; mais ce n'est pas
l'affaire dont il est question maintenant.

SCAPIN. — Ce n'est pas cela, Monsieur?

LÉANDRE. — Non. C'est une autre affaire qui me touche bien plus, et 555
je veux que tu me la dises.

SCAPIN. — Monsieur, je ne me souviens pas d'avoir fait autre chose.

LÉANDRE, *voulant le frapper.* — Tu ne veux pas parler?

SCAPIN. — Eh!

OCTAVE, *le retenant.* — Tout doux! 560

SCAPIN. — Oui, Monsieur, il est vrai qu'il y a trois semaines que vous
m'envoyâtes porter, le soir, une petite montre à la jeune Égyptienne
que vous aimez. Je revins au logis, mes habits tout couverts de boue
et le visage plein de sang, et vous dis que j'avais trouvé des voleurs
qui m'avaient bien battu et m'avaient dérobé la montre. C'était 565
moi, Monsieur, qui l'avais retenue[1].

LÉANDRE. — C'est toi qui as retenu ma montre?

SCAPIN. — Oui, Monsieur, afin de voir quelle heure il est.

LÉANDRE. — Ah! ah! j'apprends ici de jolies choses, et j'ai un servi-
teur fort fidèle, vraiment. Mais ce n'est pas encore cela que je 570
demande.

SCAPIN. — Ce n'est pas cela?

LÉANDRE. — Non, infâme; c'est autre chose encore que je veux que tu
me confesses.

SCAPIN, *à part.* — Peste! 575

LÉANDRE. — Parle vite, j'ai hâte.

SCAPIN. — Monsieur, voilà tout ce que j'ai fait.

LÉANDRE, *voulant frapper Scapin.* — Voilà tout?

OCTAVE, *se mettant au-devant.* — Eh!

SCAPIN. — Eh bien! oui, Monsieur. Vous vous souvenez de ce loup- 580
garou[2], il y a six mois, qui vous donna tant de coups de bâton, la
nuit, et vous pensa faire rompre le cou[3] dans une cave où vous
tombâtes en fuyant.

LÉANDRE. — Hé bien?

SCAPIN. — C'était moi, Monsieur, qui faisais le loup-garou. 585

LÉANDRE. — C'était toi, traître, qui faisais le loup-garou?

SCAPIN. — Oui, Monsieur, seulement pour vous faire peur et vous
ôter l'envie de me faire courir toutes les nuits, comme vous aviez
coutume.

---

1. Gardée. — 2. Selon la commune superstition, le *loup-garou* est un homme qui erre la
nuit, transformé en loup. — 3. Faillit *vous faire rompre le cou.*

LÉANDRE. — Je saurai me souvenir en temps et lieu de tout ce que je [590] viens d'apprendre. Mais je veux venir au fait, et que tu me confesses ce que tu as dit à mon père.

SCAPIN. — A votre père?

LÉANDRE. — Oui, fripon, à mon père.

SCAPIN. — Je ne l'ai pas seulement vu depuis son retour. [595]

LÉANDRE. — Tu ne l'as pas vu?

SCAPIN. — Non, Monsieur.

LÉANDRE. — Assurément?

SCAPIN. — Assurément. C'est une chose que je vais vous faire dire par lui-même. [600]

LÉANDRE. — C'est de sa bouche que je le tiens, pourtant.

SCAPIN. — Avec votre permission, il n'a pas dit la vérité.

■■■■■■■■■■■■■■■■■■■■■■■■■■■■■■■■■■■■■■■■■■■■■■■■■■■■■■■■■■■■■■■

- **Les sources.** — On trouve le même mouvement dans *l'Innavertito* de BELTRAME (Fulvio rencontre Scappino et, croyant qu'il l'a trahi, le menace), antérieur aux *Fourberies;* et dans *Pantalon père de famille* canevas italien sans date, donc peut-être imité de Molière.
- **Léandre.** — Il est apparemment plus énergique qu'Octave.
  ① Quel est pourtant le détail qui le marque de lâcheté?
- **Scapin.** — A la vérité, Scapin est pris à son propre piège : il a été trop bavard avec Argante, mais il ne ment pas lorsqu'il dit (1. 595) qu'il n'a pas vu Géronte.
  ② Faites l'inventaire de ses armes : la vérité d'abord (bien difficile à faire croire quand on est un menteur patenté... et qu'on s'en vante), les mensonges (bien sûr), la fierté, l'appel à la pitié, le « lest » qu'il lâche peu à peu (les vols successifs).
  ③ Quelle est ici l'attitude profonde de Scapin? Pour COPEAU, pas de pleurs : « C'est la première scapinade (de *scappare :* fuir, échapper); c'est la première fuite; Scapin n'est pas ici un lâche, pleureur et geignard. Il fait sentir, ici aussi, sa supériorité : là aussi, il joue.» Cette supériorité, PIERRE BRISSON, en 1949, reproche à Jouvet de l'avoir trop marquée, commettant ainsi un contre-sens : « La confession par méprise doit se faire à croupetons, l'œil ironique et l'épaule tremblante sous la menace de l'épée : un Scapin-Sganarelle plein de couardise et de malice. Au lieu de cela, on vous le montre désinvolte, dominant Léandre du haut de son escalier (ah ! ces escaliers !) et récitant ses aveux avec condescendance. La familiarité, le feu, la bonne humeur à gros traits de la tabarinade disparaissent. » Ajoutons au dossier le jugement de P.-A. TOUCHARD : « Scapin assume, jusqu'aux bastonnades inclusivement, sa condition de valet, et c'est en valet qu'il domine. »
- **Le comique**
  — La surprise : celle de Scapin ignorant son crime;
  celle des spectateurs auxquels se dévoilent larcins sur larcins, comme des lapins sortant d'un chapeau de prestidigitateur.
  — La cocasserie des méfaits et la mise à jour vengeresse de la lâcheté du bourreau Léandre.
  — Les gestes : on se poursuit, on se cache, on se traîne, on brûle les planches.

■■■■■■■■■■■■■■■■■■■■■■■■■■■■■■■■■■■■■■■■■■■■■■■■■■■■■■■■■■■■■■■

## Scène IV. — CARLE, SCAPIN, LÉANDRE, OCTAVE.

CARLE. — Monsieur, je vous apporte une nouvelle qui est fâcheuse pour votre amour.

LÉANDRE. — Comment? 605

CARLE. — Vos Égyptiens sont sur le point de vous enlever Zerbinette, et elle-même, les larmes aux yeux, m'a chargé de venir promptement vous dire que si, dans deux heures, vous ne songez à leur porter l'argent qu'ils vous ont demandé pour elle, vous l'allez perdre pour jamais. 610

LÉANDRE. — Dans deux heures?

CARLE. — Dans deux heures.

LÉANDRE. — Ah! mon pauvre Scapin, j'implore ton secours.

SCAPIN, *passant devant lui avec un air fier*. — « Ah! mon pauvre Scapin. » Je suis « mon pauvre Scapin » à cette heure qu'on a besoin de 615 moi.

LÉANDRE. — Va, je te pardonne tout ce que tu viens de me dire, et pis encore, si tu me l'as fait.

SCAPIN. — Non, non, ne me pardonnez rien. Passez-moi votre épée au travers du corps. Je serai ravi que vous me tuiez. 620

LÉANDRE. — Non. Je te conjure plutôt de me donner la vie, en servant mon amour.

SCAPIN. — Point, point. Vous ferez mieux de me tuer.

LÉANDRE. — Tu m'es trop précieux; et je te prie de vouloir employer pour moi ce génie admirable qui vient à bout de toute chose. 625

SCAPIN. — Non. Tuez-moi, vous dis-je.

LÉANDRE. — Ah! de grâce, ne songe plus à tout cela, et pense à me donner le secours que je te demande.

OCTAVE. — Scapin, il faut faire quelque chose pour lui.

SCAPIN. — Le moyen, après une avanie [1] de la sorte? 630

LÉANDRE. — Je te conjure d'oublier mon emportement et de me prêter ton adresse.

OCTAVE. — Je joins mes prières aux siennes.

SCAPIN. — J'ai cette insulte-là sur le cœur.

OCTAVE. — Il faut quitter ton ressentiment. 635

LÉANDRE. — Voudrais-tu m'abandonner, Scapin, dans la cruelle extrémité où se voit mon amour?

SCAPIN. — Me venir faire à l'improviste un affront comme celui-là!

---

1. Vexations qu'exerçaient les Turcs contre ceux qui n'étaient pas leurs coreligionnaires, pour leur extorquer de l'argent. Traitement humiliant, affront public.

LÉANDRE. — J'ai tort, je le confesse.

SCAPIN. — Me traiter de coquin, de fripon, de pendard, d'infâme !     640

LÉANDRE. — J'en ai tous les regrets du monde.

SCAPIN. — Me vouloir passer son épée au travers du corps !

LÉANDRE. — Je t'en demande pardon de tout mon cœur ; et, s'il ne tient qu'à me jeter à tes genoux, tu m'y vois, Scapin, pour te conjurer encore une fois de ne me point abandonner.     645

OCTAVE. — Ah ! ma foi, Scapin, il se faut rendre à cela.

SCAPIN. — Levez-vous. Une autre fois, ne soyez point si prompt.

LÉANDRE. — Me promets-tu de travailler pour moi ?

SCAPIN. — On y songera.

LÉANDRE. — Mais tu sais que le temps presse !     650

SCAPIN. — Ne vous mettez pas en peine. Combien est-ce qu'il vous faut ?

LÉANDRE. — Cinq cents écus.

SCAPIN. — Et à vous ?

OCTAVE. — Deux cents pistoles [1].     655

SCAPIN. — Je veux tirer cet argent de vos pères. *(A Octave.)* Pour ce qui est du vôtre, la machine est déjà toute trouvée. *(A Léandre.)* Et quant au vôtre, bien qu'avare au dernier degré [2], il y faudra moins de façon encore ; car vous savez que, pour l'esprit, il n'en a pas, grâce à Dieu ! grande provision, et je le livre [3] pour une espèce     660 d'homme à qui l'on fera toujours croire tout ce que l'on voudra. Cela ne vous offense point ; il ne tombe entre lui et vous aucun soupçon de ressemblance ; et vous savez assez l'opinion de tout le monde, qui veut qu'il ne soit votre père que pour la forme.

LÉANDRE. — Tout beau, Scapin !     665

SCAPIN. — Bon, bon, on fait bien scrupule de cela ! vous moquez-vous ? Mais j'aperçois venir le père d'Octave. Commençons par lui, puisqu'il se présente. Allez-vous-en tous deux. *(A Octave.)* Et avertissez votre Silvestre de venir vite jouer son rôle.

---

1. D'abord arme à feu employée dans la cavalerie, au XVIe s. et au XVIIe s. ; puis, par plaisanterie, pièce de monnaie valant dix livres tournois (la monnaie « tournois » se frappait à Tours, elle valait 4/5 de la monnaie « parisis », de Paris). Le pistolet et la pistole qui étaient synonymes comme armes le devinrent aussi comme monnaies (le demi-écu d'or, diminutif de l'écu, devint un « pistolet »). « La *pistole* est maintenant de la valeur d'onze livres et du poids du louis » (*Dict.* de Furetière, 1690). 200 pistoles font 2 200 livres (sur la valeur de la livre à cette époque, voir p. 4). — 2. Tournure incorrecte de nos jours ; il faudrait : *bien qu'il soit avare.* — 3. Figuré et familier. « Je vous livre cet homme-là marié avant qu'il soit peu », c'est-à-dire : « Je vous assure qu'il sera marié avant qu'il soit peu » (Littré).

● **L'action.** — A propos du début de la scène précédente, Stendhal écrivait : « On est curieux de savoir comment Scapin s'en tirera. Comme on le connaît, on s'attend à quelque finesse excellente. » Brisson écrit : « Il retourne la situation. »

① Mais Scapin est-il l'auteur de sa libération?

● **La « générosité » de Scapin.** — Il est certain que Scapin vient d'avoir très peur, qu'il a été bousculé et qu'on lui a extorqué, par la force, des confidences qu'il aurait préféré garder pour lui. Son amour-propre (nous savons qu'il en a!) a cruellement souffert de la mésaventure.

② Pourquoi n'a-t-il aucun réel ressentiment contre Léandre? « Cet ingrat est son Léandre, écrit Thierry, et il a le droit d'être ingrat, comme il a le droit d'être fou puisqu'il est amoureux, et Scapin qui tremble de tout son corps ne lui en veut pas davantage. Mais tout à coup, le vent tourne; ce n'est plus sur Scapin, c'est sur qui voulait le tuer, c'est sur Léandre et Zerbinette, c'est sur Octave et Hyacinte qu'est l'orage; en un moment le reste est oublié. De se noie, Scapin se jette à l'eau et ramène nos jeunes gens à terre. Il est un sauveur, c'est sa gloire et son industrie. » Peut-on adhérer totalement à cette conception du valet chien fidèle, voire Saint-Bernard? Ce qui était bon pour Dorine ou Toinette l'est-il pour Scapin?

● **Le dépit.** — Carle a jeté sa nouvelle comme on jette une bombe dont on veut se débarrasser, et il est reparti à toutes jambes. Scapin reste à genoux. Un énorme silence : l'action pivote, bascule. Léandre s'est arrêté, regarde Octave (ose-t-il regarder Scapin?); il glisse timidement (l. 613) : *Ah! mon pauvre Scapin...* Celui-ci « se lève lentement, époussette ses deux genoux, se rajuste, passe devant Léandre sans le regarder » (Copeau) et lance sa première réplique à Octave. C'est alors la grande scène de comédie : quelle admirable maîtrise de soi! un autre aurait explosé, bondi, boudé... Il joue tout en finesse sa scène de dépit : il offre sa poitrine au coup d'épée, se croise les bras, se campe sur ses jambes, se drape dans les plis froissés de sa dignité. Copeau le fait même larmoyer (*Me venir...*, l. 638), sangloter (*Me traiter...*, l. 640) ni plus ni moins qu'un honnête homme offensé, puis cligner de l'œil vers le public pendant que Léandre s'agenouille à la même place où il s'était agenouillé. Mais ni Scapin, ni Molière ne commettent l'erreur d'insister : c'est très vite que se débrouille le reste de la scène où Scapin confirme ses bonnes dispositions tout en hasardant, sur la généalogie de Léandre, d'offensantes impertinences qui sont la marque de sa désinvolture de vainqueur inespéré : que risque-t-il? on a tellement besoin de lui!

● **Scapin, homme d'épée.** — « Il faut voir comment se comporte un accessoire introduit dans le texte. Les mauvais accessoires ne font rien, ne servent pas », écrit Copeau. L'épée de Léandre, qui a joué un si grand rôle dans la scène précédente, M. Poitevin ne la remet pas dans son fourreau tout de suite, et il en joue dans sa mise en scène comme d'un symbole : Scapin empêche Léandre de rengainer, se saisit de son épée et la retourne... contre lui-même (parodie de *Phèdre*), il la brandit dans son indignation (*me traiter de coquin...*, l. 640), la prend à témoin... et, grand seigneur, la rend à Léandre sur les mots de *Levez-vous* (l. 647).

③ Quel est, selon vous, l'intérêt de ce jeu de scène? Quelle signification revêt-il, s'agissant des rapports de maître à valet?

Scène V. — ARGANTE, SCAPIN.

SCAPIN, *à part*. — Le voilà qui rumine.                                   670

ARGANTE, *se croyant seul*. — Avoir si peu de conduite et de considéra-
tion [1]! S'aller jeter dans un engagement comme celui-là! Ah! ah!
jeunesse impertinente [2].

SCAPIN. — Monsieur, votre serviteur.

ARGANTE. — Bonjour, Scapin.                                              675

SCAPIN. — Vous rêvez à l'affaire de votre fils?

ARGANTE. — Je t'avoue que cela me donne un furieux [3] chagrin.

SCAPIN. — Monsieur, la vie est mêlée de traverses [4]. Il est bon de s'y
tenir sans cesse préparé; et j'ai ouï dire, il y a longtemps, une
parole d'un ancien [5] que j'ai toujours retenue.                       680

ARGANTE. — Quoi?

SCAPIN. — Que, pour peu qu'un père de famille ait été absent de chez
lui, il doit promener son esprit sur tous les fâcheux accidents que
son retour peut rencontrer : se figurer sa maison brûlée, son argent
dérobé, sa femme morte, son fils estropié, sa fille subornée, et ce   685
qu'il trouve qui ne lui est point arrivé, l'imputer à bonne fortune.
Pour moi, j'ai pratiqué toujours cette leçon dans ma petite philo-
sophie; et je ne suis jamais revenu au logis que je ne me sois tenu
prêt à la colère de mes maîtres, aux réprimandes, aux injures, aux
coups de pied au cul, aux bastonnades, aux étrivières [6]; et ce qui a  690
manqué à m'arriver, j'en ai rendu grâce à mon bon destin.

ARGANTE. — Voilà qui est bien. Mais ce mariage impertinent, qui
trouble celui que nous voulons faire, est une chose que je ne puis
souffrir, et je viens de consulter des avocats pour le faire casser.

SCAPIN. — Ma foi! Monsieur, si vous m'en croyez, vous tâcherez par   695
quelque autre voie d'accommoder l'affaire. Vous savez ce que
c'est que les procès en ce pays-ci, et vous allez vous enfoncer dans
d'étranges épines.

ARGANTE. — Tu as raison, je le vois bien. Mais quelle autre voie?

SCAPIN. — Je pense que j'en ai trouvé une. La compassion que m'a    700
donnée tantôt votre chagrin m'a obligé à chercher dans ma tête
quelque moyen pour vous tirer d'inquiétude; car je ne saurais
voir d'honnêtes pères chagrinés par leurs enfants que cela ne
m'émeuve; et, de tout temps, je me suis senti pour votre per-
sonne une inclination particulière.                                     705

---

1. Réflexion. — 2. *Impertinence :* « action ou parole sotte ou déraisonnable » (*Dict.* de
Furetière, 1694). — 3. Au figuré : excessif. — 4. Obstacles, revers. — 5. Voir *Scapin, le philo-*
*sophe*, p. 61. — 6. Courroie à laquelle est suspendu l'étrier; fort commode pour battre un
cheval... ou un Scapin.

Jean-Louis Barrault (SCAPIN), Charles Mahieu (ARGANTE)

(Acte II, scène 5)

Théâtre Marigny, 1949

ARGANTE. — Je te suis obligé.

SCAPIN. — J'ai donc été trouver le frère de cette fille qui a été épousée. C'est un de ces braves [1] de profession, de ces gens qui sont tous [2] coups d'épée, qui ne parlent que d'échiner [3], et ne font non plus de conscience de tuer un homme que d'avaler un verre de vin. Je l'ai 710 mis sur ce mariage, lui ai fait voir quelle facilité offrait la raison [4] de la violence pour le faire casser, vos prérogatives du nom de père, et l'appui que vous donneraient auprès de la justice et votre droit, et votre argent, et vos amis. Enfin, je l'ai tant tourné de tous les côtés qu'il a prêté l'oreille aux propositions que je lui ai faites 715 d'ajuster l'affaire pour quelque somme; et il donnera son consentement à rompre le mariage, pourvu que vous lui donniez de l'argent.

ARGANTE. — Et qu'a-t-il demandé?

SCAPIN. — Oh! d'abord, des choses par-dessus les maisons.

ARGANTE. — Et quoi? 720

SCAPIN. — Des choses extravagantes.

ARGANTE. — Mais encore?

SCAPIN. — Il ne parlait pas moins que de cinq ou six cents pistoles [5].

ARGANTE. — Cinq ou six cents fièvres quartaines [6] qui le puissent serrer! Se moque-t-il des gens? 725

SCAPIN. — C'est ce que je lui ai dit. J'ai rejeté bien loin de pareilles propositions, et je lui ai bien fait entendre que vous n'étiez point une dupe, pour vous demander des cinq ou six cents pistoles. Enfin, après plusieurs discours, voici où s'est réduit le résultat de notre conférence. « Nous voilà au temps, m'a-t-il dit, que je dois partir 730 pour l'armée. Je suis après à [7] m'équiper, et le besoin que j'ai de quelque argent me fait consentir malgré moi à ce qu'on me propose. Il me faut un cheval de service et je n'en saurais avoir un qui soit tant soit peu raisonnable, à moins de soixante pistoles. »

ARGANTE. — Hé bien! pour soixante pistoles je les donne. 735

SCAPIN. — « Il faudra le harnais et les pistolets; et cela ira bien à vingt pistoles encore. »

ARGANTE. — Vingt pistoles et soixante, ce serait quatre-vingts.

SCAPIN. — Justement.

ARGANTE. — C'est beaucoup; mais soit, je consens à cela. 740

---

1. « Bretteur, assassin » (*Dict.* de Furetière, 1690). — 2. Au sens adverbial, l'accord était alors ordinaire. — 3. Assommer. — 4. L'argument (tiré de la *violence* faite à Octave). — 5. Voir p. 55, n. 1. — 6. Dont les accès suivent un cycle de quatre jours. — 7. Occupé à.

SCAPIN. — « Il me faut aussi un cheval pour monter mon valet, qui coûtera bien trente pistoles. »

ARGANTE. — Comment, diantre[1] ! Qu'il se promène, il n'aura rien du tout !

SCAPIN. — Monsieur !                                                                                              745

ARGANTE. — Non, c'est un impertinent.

SCAPIN. — Voulez-vous que son valet aille à pied ?

ARGANTE. — Qu'il aille comme il lui plaira, et le maître aussi !

SCAPIN. — Mon Dieu ! Monsieur, ne vous arrêtez point à peu de chose. N'allez point plaider, je vous prie, et donnez tout pour vous sauver  750
des mains de la justice.

ARGANTE. — Hé bien ! soit, je me résous à donner encore ces trente pistoles.

SCAPIN. — « Il me faut encore, a-t-il dit, un mulet pour porter... »

ARGANTE. — Oh ! qu'il aille au diable avec son mulet ! C'en est trop,  755
et nous irons devant les juges.

SCAPIN. — De grâce, Monsieur...

ARGANTE. — Non, je n'en ferai rien.

SCAPIN. — Monsieur, un petit mulet.

ARGANTE. — Je ne lui donnerais seulement pas un âne.                                       760

SCAPIN. — Considérez...

ARGANTE. — Non ! j'aime mieux plaider.

SCAPIN. — Eh ! Monsieur, de quoi parlez-vous là, et à quoi vous résol-vez-vous ? Jetez les yeux sur les détours de la justice[2]. Voyez com-bien d'appels et de degrés de juridiction, combien de procédures  765
embarrassantes, combien d'animaux ravissants[3] par les griffes desquels il vous faudra passer : sergents[4], procureurs, avocats, greffiers, substituts[5], rapporteurs, juges et leurs clercs[6]. Il n'y a pas un de tous ces gens-là qui, pour la moindre chose, ne soit capable de donner un soufflet au meilleur droit du monde. Un sergent bail-  770
lera[7] de faux exploits[8], sur quoi vous serez condamné sans que vous le sachiez. Votre procureur s'entendra avec votre partie[9],

---

1. Par euphémisme pour : diable ! « Que le Diantre vous emporte ! » dit M^me de Sévigné. — 2. *Les Plaideurs* de Racine (1668) avaient présenté, de façon saisissante, trois ans aupa-ravant, les labyrinthes de la chicane. — 3. Participe du verbe *ravir* : emporter, enlever. Exactement le contraire du sens actuel. — 4. Officier de justice dont le rôle est de porter les exploits. — 5. « Celui qui tient la place ou qui exerce la fonction d'un autre en cas d'absence ou d'empêchement » (Littré). — 6. Employé chez un huissier, un notaire, un avoué, un pro-cureur : voir p. 62, n. 12. — 7. Donnera, remettra. — 8. Voir p. 62, n. 2. — 9. Votre adversaire.

et vous vendra à beaux deniers comptants. Votre avocat, gagné de même, ne se trouvera point lorsqu'on plaidera votre cause, ou dira des raisons qui ne feront que battre la campagne [1] et n'iront point au fait. Le greffier délivrera par contumace [2] des sentences et arrêts contre vous. Le clerc du rapporteur soustraira des pièces, ou le rapporteur même ne dira pas ce qu'il a vu. Et quand, par les plus grandes précautions du monde, vous aurez paré [3] tout cela, vous serez ébahi que vos juges auront été sollicités contre vous, ou par des dévots, ou par des femmes qu'ils aimeront. Eh! Monsieur, si vous le pouvez, sauvez-vous de cet enfer-là! C'est être damné dès ce monde que d'avoir à plaider; et la seule pensée d'un procès serait capable de me faire fuir jusqu'aux Indes.

775

780

---

1. Au figuré, divaguer, s'éloigner de son sujet, chercher des faux-fuyants. — 2. En droit correctionnel, on dit « défaut »; c'est la non-comparution d'un prévenu devant la justice. — 3. Écarté, par dérivation du sens d'« arranger » (Littré).

■■■■■■■■■■■■■■■■■■■■■■■■■■■■■■■■■■■■■■■■■■■■■■■■■■■■■■■■■■■■■■■■■

- **Argante**

  ① Étudiez le père; l'avare; le chicanier. Comparez ses mots à ceux (*Je veux aller juger*) du juge Dandin dans *les Plaideurs* (v. 70 et 594). Il est le principal obstacle auquel se heurte Scapin. Serait-il, d'après vous, entré dans le sac où se glissera Géronte?

- **Scapin**

  ② Le « **philosophe** ». — *L'ancien* dont il s'agit à la l. 680, c'est Térence qui met dans la bouche du vieux Démiphon la même sagesse. En quoi est-il plus piquant de voir ici cette sagesse dans la bouche du valet? Ce même stoïcisme bon enfant sera plus ou moins celui de Figaro qui se « presse de rire de tout de peur d'être obligé d'en pleurer ». Comparez sur ce point les deux personnages.

  **Le « psychologue** ». — Comme le Goupil du *Roman de Renart*, il sait ce qu'il faut dire à chacun. Le bastion à prendre, c'est l'avarice d'Argante, doublée paradoxalement de l'esprit procédurier. S'il arrive à faire jouer la fibre paternelle contre l'avarice et l'avarice contre l'obsession des procès, il a gagné.

  ③ Faites le bilan de ses arguments; il prêche la résignation; il met en avant son affection pour les *honnêtes pères* (l. 703) en général, et pour Argante en particulier; il se targue d'avoir pris les devants en désarmant le terrible spadassin qui sert de frère à la jeune femme et, lorsqu'il a énoncé les exigences de ce dernier, devant l'entêtement d'Argante, il joue le grand jeu, il l'enveloppe, l'obsède, jette sur lui *procureurs, avocats, greffiers, substituts* (l. 767), *présentation, conseils, productions et journées du procureur* (l. 800-801), l'empêche de respirer, l'étourdit, l'accable et se trouve finalement vaincu au moment même où il pensait avoir enlevé la position à la pointe de l'éloquence.

  « **Le dilettante** »

  ④ Quand Scapin lance (l. 747) : *Voulez-vous que son valet aille à pied?* ou (l. 759) *Monsieur, un petit mulet*, ou quand il imite la voix claironnante du matamore, ne va-t-il pas un peu loin, et ne pensez-vous pas qu'il se laisse emporter par la passion du jeu?

■■■■■■■■■■■■■■■■■■■■■■■■■■■■■■■■■■■■■■■■■■■■■■■■■■■■■■■■■■■■■■■■■

ARGANTE. — A combien est-ce qu'il fait monter le mulet? 785

SCAPIN. — Monsieur, pour le mulet, pour son cheval et celui de son homme, pour le harnais et les pistolets, et pour payer quelque petite chose qu'il doit à son hôtesse, il demande en tout deux cents pistoles.

ARGANTE. — Deux cents pistoles [1]? 790

SCAPIN. — Oui.

ARGANTE, *se promenant en colère le long du théâtre.* — Allons, allons, nous plaiderons.

SCAPIN. — Faites réflexion...

ARGANTE. — Je plaiderai... 795

SCAPIN. — Ne vous allez point jeter...

ARGANTE. — Je veux plaider.

SCAPIN. — Mais, pour plaider, il vous faudra de l'argent. Il vous en faudra pour l'exploit [2]. Il vous en faudra pour le contrôle [3]. Il vous en faudra pour la procuration [4], pour la présentation [5], conseils [6], 800 productions [7] et journées du procureur. Il vous en faudra pour les consultations et plaidoiries des avocats, pour le droit de retirer le sac [8] et pour les grosses [9] d'écritures. Il vous en faudra pour le rapport des substituts, pour les épices [10] de conclusion, pour l'enregistrement du greffier, façon d'appointement [11], sentences et 805 arrêts, contrôles, signatures et expéditions de leurs clercs [12], sans parler de tous les présents qu'il vous faudra faire. Donnez cet argent-là à cet homme-ci, vous voilà hors d'affaire.

---

1. Une jolie somme : Voir p. 55, n. 1. — 2. Terme de pratique. « Acte que l'huissier dresse et signifie pour assigner, notifier, saisir » (Littré). Le mot latin dont il dérive (*expletum*) signifie : accomplissement, exécution; d'où : action militaire et (ici) exécution d'un jugement. — 3. Enregistrement de l'instance. — 4. C'est par l'acte de *procuration* que l'homme d'affaires appelé *procureur* prend à son compte les intérêts du plaideur. — 5. Dans une seconde étape, le procureur présente l'affaire au greffe et déclare qu'il défend une des parties. — 6. Consultations du procureur. — 7. Pièces *produites* pour le procès. — 8. On mettait réellement dans de petits sacs les pièces des procès, comme l'indique le *Dict.* de Richelet (1680). Nous dirions aujourd'hui : dossiers. Cf. l'étymologie que donne le juge Bridoye de Rabelais au mot *procès* : « Il doit avoir *prou sacs* » (beaucoup de sacs). Le même Rabelais, faisant l'éloge paradoxal du Pantagruélion (nom qu'il donne au chanvre), demande comment, sans cette herbe, « seraient portés les plaidoyers des avocats à l'auditoire ». — 9. L'expédition d'un acte ou d'un jugement, d'un arrêt, qui, délivrée en forme exécutoire par un notaire, un greffier, est écrite ordinairement en plus gros caractères que la minute. — 10. Contrairement à ce qu'on pourrait croire, les cadeaux faits aux juges pour se gagner leur attention ne consistaient pas à l'origine en poivre, cannelle, clous de girofle... mais en dragées et confitures. Peu à peu d'ailleurs, elles furent converties en argent et elles devinrent des dons exigibles, une taxe obligatoire. — 11. Par l'*appointement*, le juge oblige les plaideurs, pour éclaircir la cause, à écrire, à produire les pièces et les témoins. Bref, on reprend tout à la base, sans plaidoiries orales. — 12. Le *clerc* travaille dans l'étude d'un procureur ou d'un huissier. Le mot, venant du latin *clericus*, s'opposa d'abord à *laïc*, puis signifia : lettré; « Clerc jusques aux dents en matière de bréviaire », dit Rabelais, en parlant de Frère Jean des Entommeures. C'est au xve s. que le mot a pris le sens de : employé aux écritures.

ARGANTE. — Comment! deux cents pistoles!

SCAPIN. — Oui, vous y gagnerez. J'ai fait un petit calcul en moi-même 810
de tous les frais de la justice, et j'ai trouvé qu'en donnant deux
cents pistoles à votre homme vous en aurez de reste pour le moins
cinquante, sans compter les soins, les pas et les chagrins que vous
vous épargnerez. Quand il n'y aurait à essuyer que les sottises
que disent devant tout le monde de méchants plaisants d'avocats, 815
j'aimerais mieux encore donner trois cents pistoles que de plaider.

ARGANTE. — Je me moque de cela, et je défie les avocats de rien dire
de moi.

SCAPIN. — Vous ferez ce qu'il vous plaira, mais, si j'étais que de
vous, je fuirais les procès. 820

ARGANTE. — Je ne donnerai point deux cents pistoles.

SCAPIN. — Voici l'homme dont il s'agit.

━━━━━━━━━━━━━━━━━━━━━━━━━━━━━━━━━━━━━━━━━━━━━━━━━━━━━━━━━━━━━━

- **Les sources.** — Dans la pièce de Térence, Phormion, le parasite, accepte
  d'épouser la jeune fille qui aime le fils du vieillard mais, comme il voulait
  d'abord épouser une jeune fille riche, il faut qu'on le dédommage de
  ce « manque à gagner ». C'est Géta qui présente au vieux Démiphon les
  exigences de Phormion :

  GÉTA. — Il y a, dit Phormion, une propriété hypothéquée pour dix mines. DÉMI-
  PHON. — Bon, bon, qu'il épouse, je les donnerai. G. — De même une petite maison,
  pour dix mines encore. D. — Ouïe! c'est trop! CHRÉMÈS. — Pas de cris; demande-
  moi ces dix-là. G. — Il faut acheter pour ma femme une petite servante et j'ai
  besoin de mobilier; il faut les frais de la noce... Pour ces affaires mettons, disons
  dix mines. D. — Intente-moi plutôt sur le champ six cents procès! Je ne donne
  rien! Pour que ce dégoûtant se moque encore de moi!

- **Molière moraliste**

  ① « Les deux couplets de Scapin, l'un sur le personnel judiciaire, l'autre
  sur les frais d'un procès vibrent d'un si beau lyrisme, ont tant de mouve-
  ment, de chaleur et d'élan que l'auteur, semble-t-il, a oublié une seconde
  celui qu'il fait parler et les circonstances où il l'a placé. Un instant, son
  sentiment personnel a conduit sa plume », écrit Jacques Arnavon (*Morale
  de Molière*, p. 124). De même, Pierre Brisson écrit, à propos de ce
  « morceau de bravoure » : « éloquence facile, imitée des *Plaideurs*, qui ne
  donne pas la vraie couleur du personnage ». Vous semble-t-il que Molière
  ait « oublié celui qu'il fait parler »? Étant donné les précédents démêlés
  de Scapin avec la justice, ces tirades vous donnent-elles l'impression
  d'être « plaquées sur le rôle » ?

  ② « Il n'y a rien d'omis dans ce tableau des actes de procédure », selon
  Paringault, un homme de loi, commentateur des *Fourberies*. Vous
  comparerez les défauts de la justice, tels qu'ils se présentent ici, et ceux
  que Racine a dénoncés dans *les Plaideurs*.

━━━━━━━━━━━━━━━━━━━━━━━━━━━━━━━━━━━━━━━━━━━━━━━━━━━━━━━━━━━━━━

### Scène VI. — SILVESTRE, ARGANTE, SCAPIN.

SILVESTRE, *déguisé en spadassin*. — Scapin, fais-moi connaître un peu cet Argante, qui est père d'Octave.

SCAPIN. — Pourquoi, Monsieur?     825

SILVESTRE. — Je viens d'apprendre qu'il veut me mettre en procès, et faire rompre par justice le mariage de ma sœur.

SCAPIN. — Je ne sais pas s'il a cette pensée; mais il ne veut point consentir aux deux cents pistoles que vous voulez, et il dit que c'est trop.     830

SILVESTRE. — Par la mort! par la tête! par le ventre [1]! si je le trouve, je le veux échiner, dussé-je être roué tout vif. *(Argante, pour n'être point vu, se tient en tremblant, couvert de Scapin.)*

SCAPIN. — Monsieur, ce père d'Octave a du cœur, et peut-être ne vous craindra-t-il point.     835

SILVESTRE. — Lui? lui? Par le sang! par la tête! s'il était là, je lui donnerais tout à l'heure de l'épée dans le ventre. *(Apercevant Argante.)* Qui est cet homme-là?

SCAPIN. — Ce n'est pas lui, Monsieur, ce n'est pas lui.

SILVESTRE. — N'est-ce point quelqu'un de ses amis?     840

SCAPIN. — Non, Monsieur, au contraire, c'est son ennemi capital [2].

SILVESTRE. — Son ennemi capital?

SCAPIN. — Oui.

SILVESTRE. — Ah! parbleu! j'en suis ravi. *(à Argante.)* Vous êtes ennemi, Monsieur, de ce faquin [3] d'Argante, eh?     845

SCAPIN. — Oui, oui, je vous en réponds.

SILVESTRE, *secouant la main d'Argante*. — Touchez là [4]. Touchez. Je vous donne ma parole, et vous jure sur mon honneur, par l'épée que je porte, par tous les serments que je saurais faire, qu'avant la fin du jour je vous déferai de ce maraud fieffé [5], de ce faquin  850 d'Argante. Reposez-vous sur moi [6].

SCAPIN. — Monsieur, les violences en ce pays-ci ne sont guère souffertes [7].

SILVESTRE. — Je me moque de tout, et je n'ai rien à perdre.

SCAPIN. — Il se tiendra sur ses gardes assurément; et il a des parents,  855 des amis et des domestiques dont il se fera un secours contre votre ressentiment.

---

1. Ce sont les jurons ordinaires des Matamores : *par la mort* (de Dieu), *par la tête* (de Dieu), *par le ventre* (de Dieu); d'où : *morbleu, têtebleu, ventrebleu.* — 2. Mortel. Cf. « Dieu les laisse aux diables, ses capitaux ennemis » (Bossuet). — 3. Portefaix, à l'origine (italien *facchino*), mais ce sens s'est perdu; très péjoratif, le mot signifie : homme vil, homme de rien. — 4. Mettre la main dans celle de quelqu'un est un signe d'amitié ou d'accord. — 5. *Maraud* : garçon qui ne mérite pas plus de considération qu'un voleur (un maraudeur); le mot *fieffé* se joint à l'injure, comme s'il s'agissait d'un *fief* du maraudage. — 6. Comptez sur moi. — 7. Plusieurs fois, dans son œuvre, Molière insiste sur la *Pax Ludovicana.*

SILVESTRE. — C'est ce que je demande, morbleu[1]! c'est ce que je demande. *(Il met l'épée à la main, et pousse de tous les côtés, comme s'il y avait plusieurs personnes devant lui.)* Ah! tête! ah! ventre! [860] que ne le trouvé-je à cette heure avec tout son secours! Que ne paraît-il à mes yeux au milieu de trente personnes! Que ne les vois-je fondre sur moi les armes à la main! *(Se mettant en garde.)* Comment, marauds, vous avez la hardiesse de vous attaquer à moi! Allons, morbleu! tue! point de quartier. *(Poussant de tous* [865] *les côtés, comme s'il avait plusieurs personnes à combattre.)* Donnons. Ferme. Poussons[2]. Bon pied, bon œil. Ah! coquins, ah! canaille, vous en voulez par là : je vous en ferai tâter votre soûl. Soutenez, marauds, soutenez. Allons. A cette botte. A cette autre. A celle-ci. A celle-là. *(Se tournant du côté d'Argante et de Scapin.)* [870] Comment! vous reculez? Pied ferme, morbleu! pied ferme!

SCAPIN. — Eh! eh! eh! Monsieur, nous n'en sommes pas.

---

1. Euphémisme de prononciation pour *Mort Dieu :* par la mort de Dieu : voir p. 64, n. 1.
— 2. Exhortations du langage de l'escrime et de la bataille.

■■■■■■■■■■■■■■■■■■■■■■■■■■■■■■■■■■■■■■■■■■■■■■■■■■■■■■■■■■■■■■■■■■■■■■

● **Un thème rebattu : le matamore.** — Le soldat fanfaron est, avec le parasite, le *leno* et le vieillard grognon et naïf, un des types essentiels de la comédie latine. Le *Miles gloriosus* ou « soldat glorieux » de Plaute répond au nom de PYRGOPOLINICE (vainqueur des tours et des villes). On le trouve plus tard en France *(le Franc Archer de Bagnolet)* et dans le théâtre italien. Le RODOMONT de Turnèbe *(Les Contents)*, le FIERABRAS de Larivey *(Les Jaloux)* en sont l'illustration. Le personnage devient aussi espagnol (et sous quels noms terribles : SANGRE Y FUEGO, ESCOBOMBARDON!). A partir de 1618, sur les tréteaux de Tabarin, il s'appelle MATAMORE (le tueur de Maures). Corneille l'immortalise dans *l'Illusion comique* par les prestiges de son style : il en fait comme une énorme caricature de ses héros tragiques, l'année même où il écrit *le Cid*.
① A travers le langage du « Capitan », vous retrouverez les éléments essentiels qui, selon la tradition, composent le personnage.
② Pierre Brisson reproche à Jouvet d'avoir présenté un Silvestre « qui trébuche dans ses éperons de Matamore ». Que pensez-vous de cette interprétation?

● **Le comique.** — Outre ce comique de farce (doublé par la terreur d'Argante qui se cache derrière Scapin), la scène offre d'autres occasions de rire : le *lazzi* de Scapin à la l. 875, et surtout ce mouvement dans lequel il se campe en honnête homme dont l'amour-propre sourcilleux ne saurait supporter le plus léger soupçon *(Parbleu, Monsieur, je suis un fourbe ou je suis un honnête homme; c'est l'un des deux*, l. 891). Ses réticences à prendre l'argent sont inspirées de Plaute *(Bacchides*, 1011), mais cette formule savoureuse est de Molière, elle va très loin dans le comique comme d'ailleurs la perfidie parallèle de Tartuffe, lorsqu'il lance à Orgon : « Savez-vous après tout de quoi je suis capable? » *(Tartuffe*, v. 1092-1100).

■■■■■■■■■■■■■■■■■■■■■■■■■■■■■■■■■■■■■■■■■■■■■■■■■■■■■■■■■■■■■■■■■■■■■■

SILVESTRE. — Voilà qui vous apprendra à vous oser jouer à moi[1]. *(Il s'éloigne.)*

SCAPIN. — Hé bien! vous voyez combien de personnes tuées pour [875] deux cents pistoles. Oh sus! je vous souhaite une bonne fortune[2].

ARGANTE, *tout tremblant.* — Scapin!

SCAPIN. — Plaît-il?

ARGANTE. — Je me résous à donner les deux cents pistoles.

SCAPIN. — J'en suis ravi pour l'amour de vous. [880]

ARGANTE. — Allons le trouver, je les ai sur moi.

SCAPIN. — Vous n'avez qu'à me les donner. Il ne faut pas, pour votre honneur, que vous paraissiez là, après avoir passé ici pour autre que ce que vous êtes; et, de plus, je craindrais qu'en vous faisant connaître[3], il n'allât s'aviser de vous en demander davan- [885] tage.

ARGANTE. — Oui; mais j'aurais été bien aise de voir comme je donne mon argent.

SCAPIN. — Est-ce que vous vous défiez de moi?

ARGANTE. — Non pas, mais... [890]

SCAPIN. — Parbleu! Monsieur, je suis un fourbe ou je suis un hon- nête homme; c'est l'un des deux. Est-ce que je voudrais vous tromper, et que dans tout ceci j'ai d'autre intérêt que le vôtre et celui de mon maître, à qui vous voule vous allier? Si je vous suis suspect, je ne me mêle plus de rien, et vous n'avez qu'à [895] chercher, dès cette heure, qui accommodera vos affaires.

ARGANTE. — Tiens, donc.

SCAPIN. — Non, Monsieur, ne me confiez point votre argent. Je serai bien aise que vous vous serviez de quelque autre.

ARGANTE. — Mon Dieu, tiens. [900]

SCAPIN. — Non, vous dis-je, ne vous fiez point à moi. Que sait-on si je ne veux point vous attraper votre argent?

ARGANTE. — Tiens, te dis-je, ne me fais point contester davantage. Mais songe à bien prendre tes sûretés avec lui[4].

SCAPIN. — Laissez-moi faire, il n'a pas affaire à un sot. [905]

ARGANTE. — Je vais t'attendre chez moi.

SCAPIN. — Je ne manquerai pas d'y aller. *(Seul.)* Et un[5]. Je n'ai qu'à chercher l'autre. Ah! ma foi, le voici. Il semble que le Ciel, l'un après l'autre, les amène dans mes filets[6].

---

1. Même expression dans *les Précieuses ridicules* (Bordas, 1. 226) : « Ces canailles-là s'osent jouer à moi », dit Mascarille. — 2. Sens latin : destin, chance. — 3. Cette construction libre du participe ne serait plus correcte de nos jours. — 4. *Sûreté :* mesure de précaution. Cf. « Contre cet incident j'ai pris mes sûretés » (*l'École des femmes*, I, 1, v. 78). — 5. Et d'*un.* Cf. « Et trois » (*L'Étourdi*, v. 441). — 6. Molière en prend à son aise avec la vraisemblance.

## Scène VII. — GÉRONTE, SCAPIN.

SCAPIN, *feignant de ne pas voir Géronte.* — Ô Ciel ! ô disgrâce[1] impré- 910
vue ! ô misérable père ! Pauvre Géronte, que feras-tu ?

GÉRONTE, *à part.* — Que dit-il là de moi, avec ce visage affligé ?

SCAPIN. — N'y a-t-il personne qui puisse me dire où est le Seigneur
Géronte ?

GÉRONTE. — Qu'y a-t-il, Scapin ? 915

SCAPIN, *courant sur le théâtre, sans vouloir entendre ni voir Géronte.* —
Où pourrais-je le rencontrer pour lui dire cette infortune ?

GÉRONTE, *courant après Scapin.* — Qu'est-ce que c'est donc ?

SCAPIN. — En vain je cours de tous côtés pour le pouvoir trouver.

GÉRONTE. — Me voici. 920

SCAPIN. — Il faut qu'il soit caché[2] en quelque endroit qu'on ne puisse
point deviner.

GÉRONTE, *arrêtant Scapin.* — Holà ! es-tu aveugle, que tu ne me vois
pas ?

SCAPIN. — Ah ! Monsieur, il n'y a pas moyen de vous rencontrer. 925

GÉRONTE. — Il y a une heure que je suis devant toi. Qu'est-ce que
c'est donc qu'il y a ?

SCAPIN. — Monsieur...

GÉRONTE. — Quoi ?

SCAPIN. — Monsieur, votre fils... 930

GÉRONTE. — Hé bien ! mon fils...

SCAPIN. — Est tombé dans une disgrâce la plus étrange du monde.

GÉRONTE. — Et quelle[3] ?

SCAPIN. — Je l'ai trouvé tantôt, tout triste de je ne sais quoi que
vous lui avez dit, où vous m'avez mêlé assez mal à propos ; et, 935
cherchant à divertir[4] cette tristesse, nous nous sommes allés
promener sur le port. Là, entre autres plusieurs choses, nous avons
arrêté nos yeux sur une galère turque assez bien équipée. Un
jeune Turc de bonne mine nous a invités d'y entrer et nous a
présenté la main. Nous y avons passé ; il nous a fait mille civi- 940
lités[5], nous a donné la collation[6], où nous avons mangé des fruits
les plus excellents qui se puissent voir, et bu du vin que nous avons
trouvé le meilleur du monde.

---

1. Malheur. — 2. Il est sans doute caché. — 3. *Quel* est parfois pronom au XVIIe s., et
même de nos jours, mais rarement. — 4. Sens étymologique : détourner. — 5. « Bonnes
manières à la gare d'autrui » (Littré). — 6. Petits repas que les catholiques font au lieu de
souper, les jours de jeûne ; puis goûter, puis repas donné par politesse ou galanterie.

GÉRONTE. — Qu'y a-t-il de si affligeant en tout cela?

SCAPIN. — Attendez, Monsieur, nous y voici. Pendant que nous [945] mangions, il a fait mettre la galère en mer, et, se voyant éloigné du port, il m'a fait mettre dans un esquif, et m'envoie vous dire que, si vous ne lui envoyez par moi tout à l'heure cinq cents écus, il va vous emmener votre fils en Alger [1].

GÉRONTE. — Comment, diantre! cinq cents écus [2]? [950]

SCAPIN. — Oui, Monsieur; et, de plus, il ne m'a donné pour cela que deux heures.

GÉRONTE. — Ah! le pendard de Turc! m'assassiner de la [3] façon!

SCAPIN. — C'est à vous, Monsieur, d'aviser promptement aux moyens de sauver des fers un fils que vous aimez avec tant de tendresse. [955]

GÉRONTE. — Que diable allait-il faire dans cette galère?

SCAPIN. — Il ne songeait pas à ce qui est arrivé.

GÉRONTE. — Va-t'en, Scapin, va-t'en vite dire à ce Turc que je vais envoyer la justice après lui.

SCAPIN. — La justice en pleine mer! Vous moquez-vous des gens? [960]

GÉRONTE. — Que diable allait-il faire dans cette galère?

SCAPIN. — Une méchante destinée conduit quelquefois les personnes.

GÉRONTE. — Il faut, Scapin, il faut que tu fasses ici l'action d'un serviteur fidèle.

SCAPIN. — Quoi, Monsieur? [965]

GÉRONTE. — Que tu ailles dire à ce Turc qu'il me renvoie mon fils, et que tu te mettes à sa place jusqu'à ce que j'aie amassé la somme qu'il demande.

SCAPIN. — Eh! Monsieur, songez-vous à ce que vous dites? et vous figurez-vous que ce Turc ait si peu de sens que d'aller recevoir un [970] misérable comme moi à la place de votre fils?

GÉRONTE. — Que diable allait-il faire dans cette galère?

SCAPIN. — Il ne devinait pas ce malheur. Songez, Monsieur, qu'il ne m'a donné que deux heures.

GÉRONTE. — Tu dis qu'il demande... [975]

SCAPIN. — Cinq cents écus.

GÉRONTE. — Cinq cents écus! N'a-t-il point de conscience?

SCAPIN. — Vraiment oui, de la conscience à un Turc!

---

1. Au Moyen Age, on employait *en* devant les noms de ville; l'usage se maintient, au XVIIᵉ s., devant une voyelle. De nos jours, il paraît fautif de dire : « En Avignon », « en Arles », « en Alger » pour parler de la ville. ( « En Avignon » se dit pour la région seulement). — 2. L'écu d'or valait 10 livres, mais l'écu d'argent et l'écu de compte dont il est question ici en valaient trois. 500 écus font donc 1 500 livres (sur la valeur de la livre, voir p. 4). — 3. Quand nous disons aujourd'hui « de la sorte » (= de cette sorte), nous employons aussi l'article comme démonstratif. Peut-être, dans ces tournures, l'origine latine (*le* vient du démonstratif *ille*) est-elle encore visible.

**CYRANO DE BERGERAC : « Le Pédant joué »** Voici le passage (1654) imité ici par Molière (voir *les Sources*, p. 21) :

CORBINELI. — ...Hélas! tout est perdu, votre fils est mort.

GRANGER. — Mon fils est mort! es-tu hors de sens?

CORBINELI. — Non, je parle sérieusement. Votre fils, à la vérité, n'est pas mort, mais il est entre les mains des Turcs.

GRANGER. — Entre les mains des Turcs? Soutiens-moi, je suis mort.

CORBINELI. — A peine étions-nous entrés en bateau pour passer de la porte de Nesles au Quai de l'École...

GRANGER. — Et qu'allais-tu faire à l'École, baudet?

CORBINELI. — Mon maître, s'étant souvenu du commandement que vous lui avez fait d'acheter quelque bagatelle qui fût rare à Venise, et de peu de valeur à Paris, pour en régaler son oncle, s'étant imaginé qu'une dizaine de cotrets [1] n'étant pas chers et s'en trouvant point dans toute l'Europe de mignons comme en cette ville, il devait en porter là. C'est pourquoi nous passions vers l'École pour en acheter; mais, à peine avons-nous éloigné la côte, que nous avons été pris par une galère turque.

GRANGER. — Hé! de par le cornet retors [2] de Triton Dieu marin, qui jamais ouït parler que la mer fût à Saint-Cloud? Qu'il y eût là des galères, des pirates des écueils?

CORBINELI. — C'est en cela que la chose est plus merveilleuse. Et quoi qu'on ne les ait point vus en France que cela, que ne sait-on s'ils ne sont point venus de Constantinople jusqu'ici entre deux eaux?

PAQUIER. — En effet, Monsieur, les Topinambours [3] qui demeurent quatre ou cinq cents lieues au-delà du Monde vinrent bien autrefois à Paris, et l'autre jour encore les Polonais enlevèrent bien la Princesse Marie en plein jour à l'Hôtel de Nevers, sans que personne osât branler [4].

CORBINELI. — Mais ils ne se sont pas contentés de ceci; ils ont voulu poignarder votre fils...

PAQUIER. — Quoi, sans confession?

CORBINELI. — S'il ne se rachetait par de l'argent.

GRANGER. — Ah! les misérables; c'était pour incuter [5] la peur dans cette jeune poitrine.

PAQUIER. — En effet, les Turcs n'ont garde de toucher l'argent des chrétiens, à cause qu'il a une croix.

CORBINELI. — Mon maître ne m'a jamais pu dire autre chose, sinon « va-t-en trouver mon père et lui dis... » Ses larmes aussitôt, suffoquant sa parole, m'ont bien mieux expliqué qu'il n'eût su faire, les tendresses qu'il a pour vous.

GRANGER. — *Que diable aller faire aussi dans la galère d'un Turc?* D'un Turc? Perge [6].

CORBINELI. — Ces écumeurs impitoyables ne me voulaient pas accorder la liberté de vous venir trouver, si je ne me fusse jeté aux genoux du plus apparent [7] d'entre eux. Hé! Monsieur le Turc, lui ai-je dit, permettez-moi d'aller avertir son père, qui vous enverra tout à l'heure sa rançon.

GRANGER. — Tu ne devais pas parler de rançon; ils se seront moqués de toi.

*(Suite p. 71)*

---

1. Fagots de menu bois — 2. La conque marine. — 3. Indiens du Brésil. — 4. Bouger — 5. Faire entrer dans la peau. — 6. Poursuis. — 7. Important.

GÉRONTE. — Sait-il bien ce que c'est que cinq cents écus?

SCAPIN. — Oui, Monsieur, il sait que c'est mille cinq cents livres. 980

GÉRONTE. — Croit-il, le traître, que mille cinq cents livres se trouvent dans le pas d'un cheval?

SCAPIN. — Ce sont des gens qui n'entendent point de raison.

GÉRONTE. — Mais que diable allait-il faire à cette galère?

SCAPIN. — Il est vrai; mais quoi! on ne prévoyait pas les choses. De 985 grâce, Monsieur, dépêchez.

GÉRONTE. — Tiens, voilà la clef de mon armoire.

SCAPIN. — Bon.

GÉRONTE. — Tu l'ouvriras.

SCAPIN. — Fort bien. 990

GÉRONTE. — Tu trouveras une grosse clef du côté gauche, qui est celle de mon grenier.

SCAPIN. — Oui.

GÉRONTE. — Tu iras prendre toutes les hardes [1] qui sont dans cette grande manne [2], et tu les vendras aux fripiers pour aller racheter 995 mon fils.

SCAPIN, *en lui rendant la clef*. — Eh! Monsieur, rêvez-vous? Je n'aurais pas cent francs de tout ce que vous dites; et, de plus, vous savez le peu de temps qu'on m'a donné.

GÉRONTE. — Mais que diable allait-il faire à [3] cette galère? 1000

SCAPIN. — Oh! que de paroles perdues! Laissez là cette galère, et songez que le temps presse, et que vous courez risque de perdre votre fils. Hélas! mon pauvre maître, peut-être que je ne te verrai de ma vie, et qu'à l'heure que je parle, on t'emmène esclave en Alger. Mais le Ciel me sera témoin que j'ai fait pour toi tout 1005 ce que j'ai pu, et que si tu manques à être racheté [4], il n'en faut accuser que le peu d'amitié [5] d'un père.

GÉRONTE. — Attends, Scapin, je m'en vais querir cette somme.

SCAPIN. — Dépêchez-vous donc vite, Monsieur, je tremble que l'heure ne sonne. 1010

GÉRONTE. — N'est-ce pas quatre cents écus que tu dis?

SCAPIN. — Non, cinq cents écus.

GÉRONTE. — Cinq cents écus?

SCAPIN. — Oui.

GÉRONTE. — Que diable allait-il faire à [6] cette galère? 1015

---

1. Vêtements, sans aucun sens péjoratif. Il semble qu'il s'agisse de ce que peut porter une seule personne sous forme de paquet. — 2. « Panier d'osier plus long que large où l'on met le linge, la vaisselle » (Littré). — 3. Variante (1734) : « dans *cette galère* ». — 4. Si on ne peut te racheter. — 5. Sens large. Cf. « Je voue à votre fils une *amitié* de père » (Racine, *Andromaque*, V, 3, v. 1509). — 6. Variante (1734) : « dans ».

(*Suite de la p. 69*) CORBINELI. — Au contraire, à ces mots il a un peu rasséréné sa face. Va, m'a-t-il dit ; mais si tu n'es ici de retour dans un moment, j'irai prendre ton maître dans son collège et vous étranglerai tous trois aux antennes [1] de notre navire. J'avais si peur d'entendre encore quelque chose de plus fâcheux... ou que le diable ne me vînt emporter étant en la compagnie de ces excommuniés, que je me suis promptement jeté dans un esquif, pour vous avertir des funestes particularités de cette rencontre.

GRANGER. — *Que diable allait-il faire dans la galère d'un Turc ?*

PAQUIER. — Qui n'a peut-être pas été à confesse depuis dix ans.

GRANGER. — Mais penses-tu qu'il soit bien résolu d'aller à Venise ?

CORBINELI. — Il ne respire autre chose.

GRANGER. — Le mal n'est donc pas sans remède. Paquier, donne-moi le réceptacle des instruments de l'immortalité, *scriptorium scilicet* [2].

CORBINELI. — Qu'en désirez-vous faire ?

GRANGER. — Écrire une lettre à ces Turcs.

CORBINELI. — Touchant quoi ?

GRANGER. — Qu'ils me renvoient mon fils parce que j'en ai affaire ; qu'au reste ils doivent excuser la jeunesse qui est sujette à beaucoup de fautes ; et que, s'il lui arrive une autre fois de se laisser prendre, je leur promets, foi de docteur ! de ne leur plus en obtondre [3] la faculté auditive.

CORBINELI. — Ils se moqueront, par ma foi, de vous !

GRANGER. — Va-t-en donc leur dire de ma part que je suis prêt de leur répondre, par devant notaire, que le premier qui me tombe sous la main, je le leur renvoyerai pour rien. Ha ! que diable ; *que diable aller faire en cette galère ?* Ou dis-leur qu'autrement je m'en vais plaindre à la justice. Sitôt qu'ils l'auront remis en liberté, ne vous amusez ni l'un ni l'autre car j'ai affaire de vous.

CORBINELI. — Tout cela s'appelle dormir les yeux ouverts.

GRANGER. — Mon Dieu ! faut-il être ruiné à l'âge où je suis ? Va-t-en avec Paquier, prends le reste du teston [4] que je lui donnais pour la dépense il n'y a que huit jours. (*Aller sans dessein dans une galère !*) Prends tout le reliquat de cette pièce. (Ha ! malheureuse géniture tu me coûtes plus d'or que tu n'es pesant.) Paye ta rançon et, ce qui te restera, employe-le en œuvres pies. (*Dans la galère d'un Turc !*) Bien, va-t-en. (Mais, misérable, dis-moi, *que diable allais-tu faire dans cette galère ?*) Va prendre dans mes armoires ce pourpoint découpé [5] que quitta feu mon père l'année du grand hiver.

CORBINELI. — A quoi bon ces fariboles ? Vous n'y êtes pas : il faut tout au moins cent pistoles pour sa rançon.

GRANGER. — Cent pistoles ! Ha ! mon fils, ne tient-il qu'à ma vie pour conserver la tienne ? Mais cent pistoles ! Corbineli, va-t-en lui dire qu'il se laisse pendre sans dire mot : cependant, qu'il ne s'afflige point car je les en ferai bien repentir.

CORBINELI. — Mlle Genevote n'était pas trop sotte qui refusait tantôt de vous épouser, sur ce qu'on l'assurait que vous étiez d'humeur, quand elle serait esclave en Turquie, de l'y laisser.

GRANGER. — Je les ferai mentir. *S'en aller dans la galère d'un Turc !* Hé ! *quoi faire, de par les diables, dans cette galère ? O Galère ! Galère, tu mets bien ma bourse aux galères* [6].

1. Perches utilisées pour la pêche. — 2. Je veux dire, mon écritoire. — 3. Rompre — 4. Monnaie d'argent (de 6 à 15 sols). — 5. Taillardé à l'ancienne mode. — 6. En italiques le refrain que Molière a rendu célèbre.

SCAPIN. — Vous avez raison. Mais hâtez-vous.

GÉRONTE. — N'y avait-il point d'autre promenade?

SCAPIN. — Cela est vrai. Mais faites promptement.

GÉRONTE. — Ah! maudite galère!

SCAPIN, *à part.* — Cette galère lui tient au cœur. 1020

GÉRONTE. — Tiens, Scapin, je ne me souvenais pas que je viens juste-
ment de recevoir cette somme en or, et je ne croyais pas qu'elle
dût m'être sitôt ravie. *(Il lui présente sa bourse, qu'il ne laisse
pourtant pas aller; et, dans ses transports* [1], *il fait aller son bras de
côté et d'autre, et Scapin le sien pour avoir la bourse.)* Tiens. Va- 1025
t'en racheter mon fils.

SCAPIN, *tendant la main.* — Oui, Monsieur.

GÉRONTE, *retenant la bourse qu'il fait semblant de vouloir donner à
Scapin* [2]. — Mais dis à ce Turc que c'est un scélérat.

SCAPIN, *tendant encore la main.* — Oui. 1030

GÉRONTE, *recommençant.* — Un infâme.

SCAPIN, *tendant toujours la main.* — Oui.

GÉRONTE, *de même.* — Un homme sans foi, un voleur.

SCAPIN. — Laissez-moi faire.

GÉRONTE, *de même.* — Qu'il me tire cinq cents écus contre toute sorte 1035
de droit.

SCAPIN. — Oui.

GÉRONTE, *de même.* — Que je ne les lui donne ni à la mort ni à la vie [3].

SCAPIN. — Fort bien.

GÉRONTE, *de même.* — Et que, si jamais je l'attrape, je saurai me 1040
venger de lui.

SCAPIN. — Oui.

GÉRONTE, *remet la bourse dans sa poche et s'en va.* — Va, va vite
requérir [4] mon fils.

SCAPIN, *allant après lui.* — Holà! Monsieur. 1045

GÉRONTE. — Quoi?

SCAPIN. — Où est donc cet argent?

GÉRONTE. — Ne te l'ai-je pas donné?

SCAPIN. — Non vraiment, vous l'avez remis dans votre poche.

---

1. Mouvements de l'âme, agitation intérieure, qui se traduit ici sur le plan physique. —
2. La plupart de ces indications scéniques datent de 1734. — 3. Ni vivant, ni mort. — 4. Se
dit pour *quérir* (= demander), mais avec l'idée qu'on demande parce qu'on a le droit de
demander.

■■■■■■■■■■■■■■■■■■■■■■■■■■■■■■■■■■■■■■■■■■■■■■■■■■■

● **L'imitation.** — On trouve une scène semblable dans un canevas de
FLAMINIO SCALA *(Il Capitano)* et dans *le Pédant joué* de CYRANO DE
BERGERAC (voir *les Sources*, p. 20 et p. 69-71). Que Cyrano l'ait prise à
Scala, et Molière à Cyrano, peu importe. On comparera les deux textes.
① Quels sont les points communs (situation, thèmes secondaires)?
② Quelles sont les différences? Étudiez en particulier :
— La langue (plus pittoresque, charnue et pleine de verve, chez Cyrano).
— La situation (n'est-il pas plus invraisemblable de voir une galère
de pirates sur la Seine qu'à Naples?).
— Les allusions à l'actualité, supprimées chez Molière.
— L'orchestration, chez Molière, du thème sentimental (dites pourquoi
est habile, chez Scapin, l'évocation de la douleur du jeune homme,
cause indirecte de son malheur. Qui est responsable?)
— Les plaisanteries de Cyrano, un peu grosses parfois, mais efficaces,
et que Molière n'a pas voulu garder. Pourquoi?
— L'utilisation du vieux procédé cher aux comiques latins, dont
Molière a tant usé, et que Pierre Brisson appelle une « cavatine ».
Critiquant la mise en scène de L. Jouvet, Pierre Brisson écrit : « Il
faut que Scapin se cogne contre Géronte en feignant de ne pas
l'apercevoir. S'il esquisse des entrechats sur le pont aérien, s'il se
livre à des circuits d'hirondelle dans les lointains, [...] le vieux
comique de fabliau — déjà très fatigué — disparaît complètement. »
— Le ballet de la fin de la scène, dansé autour de la bourse que Scapin
poursuit, que Géronte tend puis escamote au fond de sa poche.

● **Le comique : les gestes.** — Scène très animée, commençant et finissant
sur un mouvement allègre. Confiant dans la stupidité de Géronte
(à quel endroit Scapin a-t-il déjà marqué lui-même cette sottise?), il
joue beaucoup plus qu'avec Argante. Aussi Copeau le fait-il pleurer,
affalé sur Géronte, lorsqu'il évoque les malheurs de Léandre...
③ **Le caractère.** — Le *Qu'allait-il faire dans cette galère?* est resté un
modèle des « mots de nature » dont Molière a le secret. Ce n'est jamais
la seule répétition qui est plaisante, elle ne fait que doubler le comique
contenu dans l'idée et dans son expression. Cette question inutile et
inutilement répétée, qui « tourne dans le vide », et ne fait que marquer
la détresse d'un avare qui voit son argent lui échapper, est beaucoup
mieux exploitée chez Molière que chez Cyrano de Bergerac. En quoi?
④ Pour Copeau, le dernier *Que diable allait-il...* est prononcé sur le ton
du *De Profundis*. Ne peut-on imaginer un ton différent?
⑤ En vous appuyant sur cette scène, en particulier sur les vertueuses
indignations de Géronte contre les Turcs, sur la proposition qu'il fait
à Scapin, sur ses réticences successives (les hardes, la confusion des
chiffres, la bourse), commentez ce mot de Mesnard : « Le comique de
caractère n'est pas réservé à la grande comédie : la farce en fait aussi
usage. »
⑥ **La chute de l'acte.** — Au moment où tout le monde sort, Scapin
écarte Octave et Léandre et s'écrie : « Derrière, derrière, honneur à la
Fourberie! » Cette tradition, qui semble postérieure à Molière, vous
paraît-elle conforme à l'esprit et au ton de la pièce?
⑦ « Scapin fait peur à Léandre, dit Auger, pour le préparer à une joie
plus vive, le disposer aussi à lui accorder une certaine permission qu'il
va lui demander. » Cette explication suffit-elle?

■■■■■■■■■■■■■■■■■■■■■■■■■■■■■■■■■■■■■■■■■■■■■■■■■■■

GÉRONTE. — Ah ! c'est la douleur qui me trouble l'esprit.                    1050

SCAPIN. — Je le vois bien.

GÉRONTE. — Que diable allait-il faire dans cette galère ? Ah ! maudite
galère ! Traître de Turc à tous les diables !

SCAPIN, *seul*. — Il ne peut digérer les cinq cents écus que je lui arrache ;
mais il n'est pas quitte envers moi, et je veux qu'il me paye en      1055
une autre monnaie l'imposture qu'il m'a faite auprès de son fils.


SCÈNE VIII. — OCTAVE, LÉANDRE, SCAPIN.


OCTAVE. — Hé bien ! Scapin, as-tu réussi pour moi dans ton entre-
prise ?

LÉANDRE. — As-tu fait quelque chose pour tirer mon amour de la
peine où il est ?                                                   1060

SCAPIN, *à Octave*. — Voilà deux cents pistoles que j'ai tirées de votre
père.

OCTAVE. — Ah ! que tu me donnes de joie !

SCAPIN, *à Léandre*. — Pour vous je n'ai pu rien faire [1].

LÉANDRE, *veut s'en aller*. — Il faut donc que j'aille mourir ; et je n'ai  1065
que faire de vivre, si Zerbinette m'est ôtée.

SCAPIN. — Holà ! holà ! tout doucement. Comme diantre vous
allez vite !

LÉANDRE, *se retourne*. — Que veux-tu que je devienne ?

SCAPIN. — Allez, j'ai votre affaire ici.                            1070

LÉANDRE, *revient*. — Ah ! tu me redonnes la vie.

SCAPIN. — Mais à condition que vous me permettrez, à moi, une
petite vengeance contre votre père, pour le tour qu'il m'a fait.

LÉANDRE. — Tout ce que tu voudras.

SCAPIN. — Vous me le promettez devant témoin ?                      1075

LÉANDRE. — Oui.

SCAPIN. — Tenez, voilà cinq cents écus.

LÉANDRE. — Allons-en [2] promptement acheter [3] celle que j'adore.

---

1. Pourquoi Scapin, ici encore, se fait-il prier ? — 2. *En* pronom personnel (= ces cinq
cents écus), complément de moyen de *acheter*. — 3. On fait remarquer, à ce sujet, que ce qui
pourrait passer pour une maladroite reprise du texte de Térence est rendu vraisemblable
par l'existence d'esclaves dans le sud de l'Italie encore au XVIIᵉ s.

# ACTE III

SILVESTRE. — Oui, vos amants ont arrêté entre eux que vous fussiez ensemble; et nous nous acquittons de l'ordre qu'ils nous ont [1080] donné.

HYACINTE, *à Zerbinette*. — Un tel ordre n'a rien qui ne me soit fort agréable. Je reçois avec joie une compagne de la sorte; et il ne tiendra pas à moi que l'amitié qui est entre les personnes que nous aimons ne se répande entre nous deux. [1085]

ZERBINETTE. — J'accepte la proposition, et ne suis point personne à reculer lorsqu'on m'attaque[1] d'amitié.

SCAPIN. — .Et lorsque c'est d'amour qu'on vous attaque?

ZERBINETTE. — Pour l'amour, c'est une autre chose; on y court un peu plus de risque, et je n'y suis pas si hardie. [1090]

SCAPIN. — Vous l'êtes, que je crois[2], contre[3] mon maître maintenant; et ce qu'il vient de faire pour vous doit vous donner du cœur pour répondre comme il faut à sa passion.

ZERBINETTE. — Je ne m'y fie encore que de la bonne sorte, et ce n'est pas assez pour m'assurer[4] entièrement, que ce qu'il vient [1095] de faire. J'ai l'humeur enjouée, et sans cesse je ris; mais, tout en riant, je suis sérieuse sur de certains chapitres; et ton maître s'abusera s'il croit qu'il lui suffise de m'avoir achetée pour me voir toute à lui. Il doit lui en coûter autre chose que de l'argent; et, pour répondre à son amour de la manière qu'il souhaite, il me [1100] faut un don de sa foi qui soit assaisonné[5] de certaines cérémonies qu'on trouve nécessaires.

SCAPIN. — C'est là aussi comme il l'entend. Il ne prétend à vous qu'en tout bien et en tout honneur; et je n'aurais pas été homme à me mêler de cette affaire, s'il avait eu une autre pensée. [1105]

ZERBINETTE. — C'est ce que je veux croire, puisque vous me le dites; mais du côté du père, j'y prévois des empêchements.

SCAPIN. — Nous trouverons moyen d'accommoder les choses.

---

1. Lorsqu'on essaie de gagner mon *amitié*. — 2. « Le relatif *que* est parfois employé avec une valeur neutre, surtout dans les expressions figées » (Grévisse); ainsi : « *que* je sache ». — 3. Vous *êtes hardie contre mon maître*. La métaphore contient toujours une idée d'attaque. — 4. Me rassurer. — 5. Le mot est, dans ce sens (assorti), fréquent au XVIIe s., même dans le style noble.

HYACINTE, *à Zerbinette*. — La ressemblance de nos destins doit contribuer encore à faire naître notre amitié; et nous nous voyons [1110] toutes deux dans les mêmes alarmes, toutes deux exposées à la même infortune.

ZERBINETTE. — Vous avez cet avantage, au moins, que vous savez de qui vous êtes née; et que l'appui de vos parents, que vous pouvez connaître, est capable d'ajuster [1] tout, peut assurer votre [1115] bonheur et faire donner un consentement au mariage qu'on trouve fait. Mais, pour moi, je ne rencontre aucun secours dans ce que je puis être, et l'on me voit dans un état qui n'adoucira pas les volontés d'un père qui ne regarde que le bien [2].

HYACINTE. — Mais aussi avez-vous cet avantage que l'on ne tente [1120] point, par un autre parti, celui que vous aimez.

ZERBINETTE. — Le changement du cœur d'un amant n'est pas ce qu'on peut le plus craindre. On se peut naturellement croire assez de mérite pour garder sa conquête; et ce que je vois de plus redoutable dans ces sortes d'affaires, c'est la puissance paternelle, [1125] auprès de qui [3] tout le mérite ne sert de rien.

HYACINTE. — Hélas! pourquoi faut-il que de justes inclinations se trouvent traversées? La douce chose que d'aimer, lorsque l'on ne voit point d'obstacle à ces aimables chaînes dont deux cœurs se lient ensemble! [1130]

SCAPIN. — Vous vous moquez. La tranquillité en amour est un calme désagréable. Un bonheur tout uni nous devient ennuyeux; il faut du haut et du bas dans la vie, et les difficultés qui se mêlent aux choses réveillent les ardeurs, augmentent les plaisirs.

ZERBINETTE. — Mon Dieu, Scapin, fais-nous un peu ce récit, qu'on [1135] m'a dit qui est si plaisant, du stratagème dont tu t'es avisé pour tirer de l'argent de ton vieillard avare. Tu sais qu'on ne perd point sa peine lorsqu'on me fait un conte, et que je le paie assez bien par la joie qu'on m'y voit prendre.

SCAPIN. — Voilà Silvestre qui s'en acquittera aussi bien que moi. [1140] J'ai dans la tête certaine petite vengeance dont je vais goûter le plaisir.

SILVESTRE. — Pourquoi, de gaieté de cœur, veux-tu chercher à t'attirer de méchantes affaires?

SCAPIN. — Je me plais à tenter des entreprises hasardeuses. [1145]

SILVESTRE. — Je te l'ai déjà dit, tu quitterais le dessein que tu as, si tu m'en voulais croire.

SCAPIN. — Oui, mais c'est moi que j'en croirai.

---

1. Arranger. — 2. La fortune. — 3. *Qui* neutre, complément avec préposition, courant dans l'ancienne langue, était encore usité au XVIIe s. malgré l'interdiction de Vaugelas.

SILVESTRE. — A quoi diable te vas-tu amuser?

SCAPIN. — De quoi diable te mets-tu en peine? [1150]

SILVESTRE. — C'est que je vois que sans nécessité, tu vas courir risque de t'attirer une venue [1] de coups de bâton.

SCAPIN. — Hé bien! c'est aux dépens de mon dos, et non pas du tien.

SILVESTRE. — Il est vrai que tu es maître de tes épaules, et tu en disposeras comme il te plaira. [1155]

SCAPIN. — Ces sortes de périls ne m'ont jamais arrêté, et je hais ces cœurs pusillanimes [2] qui, pour trop prévoir les suites des choses, n'osent rien entreprendre.

ZERBINETTE, *à Scapin*. — Nous aurons besoin de tes soins [3].

SCAPIN. — Allez, je vous irai bientôt rejoindre. Il ne sera pas dit [1160] qu'impunément on m'ait mis en état de me trahir moi-même et de découvrir les secrets qu'il était bon qu'on ne sût pas.

---

1. Quelque chose qui survient inopinément. « Il a eu d'une venue, on lui en a donné une venue » se dit d'un homme qu'on a maltraité ou à qui il est arrivé une mésaventure (Littré). — 2. Peureux. — 3. Services.

---

- **L'amour.** — On a dit d'Hyacinte et de Zerbinette qu'elles étaient à peu près semblables.
  ① Étudiez chez la première le côté élégiaque, chez la seconde le réalisme. Laquelle préférez-vous? Pourquoi?
  ② *Ce que je vois de plus redoutable dans ces sortes d'affaires, c'est la puissance paternelle, auprès de qui tout le mérite ne sert de rien.* Ne pourrait-on illustrer cette formule (l. 1124-26) par quelques autres exemples pris dans le théâtre de Molière?

- **Scapin.** — La personnalité des deux jeunes personnes qui développent « leur chant amœbé [alterné] des amours contrariées » est éclipsée ici encore par celle de Scapin : il ne perd pas une occasion de servir son maître en le faisant valoir près de Zerbinette et se porte plaisamment garant de la pureté de ses intentions! (Il n'aurait pas *été homme à se mêler de cette affaire* (l. 1104) si l'ombre d'un soupçon avait pesé sur l'honnêteté des desseins de son maître!)
  ③ Sa philosophie de l'amour (l. 1131-34) vous paraît-elle en liaison avec le reste de son caractère?
  ④ « Deux actes n'étaient pas un assez beau cadre pour la figure de Scapin, écrit Ed. Thierry. Il lui fallait plus d'air et d'espace. Molière voulait se donner un troisième acte à lui-même. » Sans doute... mais encore fallait-il que cette rallonge fût vraisemblable. Qu'est-ce qui a préparé ce nouveau rebondissement de l'action?
  Il semble que deux mobiles guident Scapin :
  ⑤ D'abord, « Scapin en veut à Géronte d'avoir failli abîmer son chef-d'œuvre. C'est avec le ressentiment de l'artiste qu'il frotte les épaules du vieillard qui n'a pas joué le jeu » (R. Jouanny). Pourquoi donc Scapin veut-il se venger de Géronte, et non de Léandre qui a failli l'embrocher?
  ⑥ Second mobile : « l'amour de l'art ». Vous montrerez comment Molière a su ici jouer de l'opposition entre Sancho-Silvestre et Quichotte-Scapin.

## Scène II. — GÉRONTE, SCAPIN.

GÉRONTE. — Hé bien! Scapin, comment va l'affaire de mon fils?

SCAPIN. — Votre fils, Monsieur, est en lieu de sûreté; mais vous courez maintenant, vous, le péril le plus grand du monde, et je [1165] voudrais pour beaucoup que vous fussiez dans votre logis.

GÉRONTE. — Comment donc?

SCAPIN. — A l'heure que je vous parle, on vous cherche de toutes parts pour vous tuer.

GÉRONTE. — Moi? [1170]

SCAPIN. — Oui.

GÉRONTE. — Et qui?

SCAPIN. — Le frère de cette personne qu'Octave a épousée. Il croit que le dessein que vous avez de mettre votre fille à la place que tient sa sœur est ce qui pousse le plus fort à faire rompre leur [1175] mariage; et, dans cette pensée, il a résolu hautement de décharger son désespoir sur vous, et vous ôter la vie pour venger son honneur. Tous ses amis, gens d'épée comme lui, vous cherchent de tous les côtés et demandent de vos nouvelles. J'ai vu même deçà et delà des soldats de sa compagnie qui interrogent ceux qu'ils [1180] trouvent, et occupent par pelotons toutes les avenues [1] de votre maison. De sorte que vous ne sauriez aller chez vous, vous ne sauriez faire un pas ni à droite ni à gauche, que vous ne tombiez dans leurs mains.

GÉRONTE. — Que ferai-je, mon pauvre Scapin? [1185]

SCAPIN. — Je ne sais pas, Monsieur, et voici une étrange affaire. Je tremble pour vous depuis les pieds jusqu'à la tête, et... Attendez. *(Il se retourne, et fait semblant d'aller voir au bout du théâtre s'il n'y a personne.)*

GÉRONTE, *en tremblant.* — Eh? [1190]

SCAPIN, *en revenant.* — Non, non, non, ce n'est rien.

GÉRONTE. — Ne saurais-tu trouver quelque moyen pour me tirer de peine?

SCAPIN. — J'en imagine bien un; mais je courrais risque, moi, de me faire assommer. [1195]

GÉRONTE. — Eh! Scapin, montre-toi serviteur zélé. Ne m'abandonne pas, je te prie.

SCAPIN. — Je le veux bien. J'ai une tendresse pour vous qui ne saurait souffrir que je vous laisse sans secours.

---

1. Chemin par lequel on arrive en un lieu. Cf. « Ils ont occupé toutes les avenues du port » (Fénelon, *Télémaque*).

GÉRONTE. — Tu en seras récompensé, je t'assure; et je te promets [1200] cet habit-ci, quand je l'aurai un peu usé.

SCAPIN. — Attendez. Voici une affaire que je me suis trouvée fort à propos pour vous sauver. Il faut que vous vous mettiez dans ce sac et que...

GÉRONTE, *croyant voir quelqu'un.* — Ah ! [1205]

SCAPIN. — Non, non, non, non, ce n'est personne. Il faut, dis-je, que vous vous mettiez là-dedans, et que vous vous gardiez de remuer [1] en aucune façon. Je vous chargerai sur mon dos, comme un paquet de quelque chose, et je vous porterai ainsi, au travers de vos ennemis, jusque dans votre maison, où, quand nous y serons [1210] une fois, nous pourrons nous barricader et envoyer querir main-forte [2] contre la violence.

GÉRONTE. — L'invention est bonne.

SCAPIN. — La meilleure du monde. Vous allez voir. *(A part.)* Tu me payeras l'imposture. [1215]

GÉRONTE. — Eh?

SCAPIN. — Je dis que vos ennemis seront bien attrapés. Mettez-vous bien jusqu'au fond, et surtout prenez garde de ne vous point montrer et de ne branler[3] pas, quelque chose qui puisse arriver.

---

1. Que vous fassiez attention de ne pas *remuer*. — 2. Employé sans article; ne se construit guère qu'avec : donner, demander, querir, prêter. — 3. Bouger, voir p. 69, n. 4.

■■■■■■■■■■■■■■■■■■■■■■■■■■■■■■■■■■■■■■■■■■■■■■■■■■■■■■■■

● **« Dans ce sac ridicule... »** Il n'est pas un commentateur de Molière, depuis Ed. Thierry jusqu'à Pierre Brisson en passant par Mesnard ou Sainte-Beuve, qui n'ait essayé de résoudre à sa manière le problème que posent les vers célèbres de Boileau :

> Dans ce sac ridicule où Scapin s'enveloppe,
> Je ne reconnais plus l'auteur du *Misanthrope.*

En effet, ce n'est pas Scapin, mais Géronte qui est dans le sac. D'autre part, on ne peut accepter la correction proposée par Brossette et reprise par Sainte-Beuve : « *l*'enveloppe ». Car Molière ne jouait pas Géronte mais Scapin. Alors? Certains pensent aux vêtements des *zanni* d'origine, très amples et ressemblant à un sac. Mais justement, il ne semble pas que le costume de notre Scapin soit ainsi fait (voir p. 26, n. 1). Faut-il penser à un flou de l'expression, *Scapin* désignant la pièce entière « enveloppée » et comme marquée d'infamie par ce sac, par la scène entière du sac? C'est possible. On a aussi imaginé, moins raisonnablement, que Scapin entre dans le sac avant d'y mettre Géronte, pour lui montrer ce qu'il faut faire. La plupart des metteurs en scène, de nos jours, présentent Scapin à son arrivée, drapé dans un sac dont il est logique de penser qu'il s'est emparé en prévision de ce coup; si le décor représente de façon assez réaliste un port, l'accessoire est placé là, à portée de la main, de façon vraisemblable (trop, peut-on dire : le jeu comique peut se passer d'un tel réalisme, et le spectateur ne va pas chercher si loin). On trouvera un exposé des différentes interprétations dans *l'Art poétique*, Bordas, p. 95-96.

■■■■■■■■■■■■■■■■■■■■■■■■■■■■■■■■■■■■■■■■■■■■■■■■■■■■■■■■

79

GÉRONTE. — Laisse-moi faire. Je saurai me tenir... [1220]

SCAPIN. — Cachez-vous, voici un spadassin[1] qui vous cherche. *(En
contrefaisant sa voix.)* « Quoi ! jé n'aurai pas l'abantage dé tuer
cé Géronte, et quelqu'un par charité né m'enseignera pas où il
est » ? *(A Géronte, avec sa voix ordinaire.)* Ne branlez pas. *(Repre-
nant son ton contrefait.)* « Cadédis[2] ! jé lé trouberai, se cachât-il au* [1225]
centre dé la terre. » *(A Géronte, avec son ton naturel.)* Ne vous
montrez pas. *(Tout le langage gascon est supposé de celui qu'il
contrefait, et le reste de lui.)* « Oh ! l'homme au sac. » — Monsieur.
— Jé té vaille un louis, et m'enseigne où êtr Géronte. — Vous
cherchez le Seigneur Géronte ? — Oui, mordi ! jé lé cherche. — Et [1230]
pour quelle affaire, Monsieur ? — Pour quelle affaire ? — Oui.
— Jé beux, cadédis ! lé faire mourir sous les coups de vâton. — Oh !
Monsieur, les coups de bâton ne se donnent point à des gens
comme lui, et ce n'est pas un homme à être traité de la sorte.
— Qui, cé fat[3] dé Géronte, cé maraud, cé velître ? — Le Seigneur [1235]
Géronte, Monsieur, n'est ni fat, ni maraud, ni bélître[4], et vous
devriez, s'il vous plaît, parler d'autre façon. — Comment ! tu mé
traites, à moi[5], avec cette hauteur ? — Je défends, comme je dois,
un homme d'honneur qu'on offense. — Est-ce que tu es des amis
dé cé Géronte ? — Oui, Monsieur, j'en suis. — Ah ! cadédis ! tu es [1240]
dé ses amis, à la vonne hure ! *(Il donne plusieurs coups de bâton
sur le sac.)* Tiens ! boilà cé qué jé té vaille pour lui. *(Criant comme
s'il recevait les coups de bâton.)* — Ah ! ah ! ah ! Monsieur. Ah ! ah !
Monsieur, tout beau ! Ah ! doucement, ah ! ah ! ah ! — Va,
porte-lui cela dé ma part. Adiusias ». Ah ! diable soit le Gascon ! [1245]
Ah ! *(en se plaignant et remuant le dos, comme s'il avait reçu les
coups de bâton).*

GÉRONTE, *mettant la tête hors du sac.* — Ah ! Scapin, je n'en puis plus.

SCAPIN. — Ah ! Monsieur, je suis tout moulu, et les épaules me font
un mal épouvantable. [1250]

GÉRONTE. — Comment ! c'est sur les miennes qu'il a frappé.

SCAPIN. — Nenni[6], Monsieur, c'était sur mon dos qu'il frappait.

GÉRONTE. — Que veux-tu dire ? J'ai bien senti les coups, et les sens
bien encore.

SCAPIN. — Non, vous dis-je, ce n'est que le bout du bâton qui a été [1255]
jusque sur vos épaules.

GÉRONTE. — Tu devais donc te retirer[7] un peu plus loin pour m'épar-
gner...

---

1. Bretteur, ferrailleur (italien *spadassino*; de *spada* : épée). — 2. Cap (= tête) de Dieu :
juron gascon. Comme le patois des paysans de *Dom Juan* ou le gascon du *Bourgeois gentil-
homme*, ce jargon est fantaisiste. — 3. Imbécile. — 4. Mendiant, gueux. Le sens péjoratif
reste seul (Dauzat). — 5. Méridionalisme. — 6. Non. Se prononce *nani*. — 7. T'éloigner.

SCAPIN, *lui remet la tête dans le sac.* — Prenez garde, en voici un autre
qui a la mine d'un étranger. *(Cet endroit est de même[1] celui du*[1260]
*Gascon pour le changement de langage et le jeu du théâtre.)* « Parti![2]
moi courir comme une Basque, et moi ne pouvre point troufair
de tout le jour sti tiable de Gironte? » Cachez-vous bien. « Dites-
moi un peu, fous, Monsir l'homme, s'il ve plaît, fous savoir point
où l'est sti Gironte que moi cherchair? — Non, Monsieur, je ne[1265]
sais point où est Géronte. — Dites-moi-le, fous, frenchemente,
moi li fouloir pas grande chose à lui. L'est seulemente pour li
donnair une petite régale sur le dos d'une douzaine de coups de
bastonne, et de trois ou quatre petites coups d'épée au trafers
de son poitrine. — Je vous assure, Monsieur, que je ne sais pas[1270]
où il est. — Il me semble que j'y fois remuair quelque chose dans
sti sac. — Pardonnez-moi, Monsieur. — Li est assurément
quelque histoire là-tetans. — Point du tout, Monsieur. — Moi

---

1. Variante : « De même que » (1694). — 2. Pardi. C'est toujours un jargon de fantaisie,
mais de consonance germanique cette fois-ci.

■■■■■■■■■■■■■■■■■■■■■■■■■■■■■■■■■■■■■■■■■■■■■■■■■■■■■■■■■■■■■■

- **Le comique.** — Il ressortit ici à la plus pure tradition de la farce. On a
  retrouvé cette scène du sac chez Tabarin et dans *les Facétieuses Nuits*
  de Straparole; en 1661, 1663 et 1664, Molière a joué *Gorgibus dans le
  sac*, voir p. 16, n. 2.

- **Le langage.** — Le comique du jargon gascon puis tudesque, employé
  par Scapin, est doublé par les accents. On n'imaginait pas alors un mata-
  more qui ne fût gascon, un perce-bedaines qui ne fût suisse ou allemand.

- **Les accessoires.** — Outre le sac qui est « la vedette » du spectacle,
  jouent leur rôle : le parasol de Géronte, derrière lequel il se cache, puis
  qu'il serre sur son cœur presque dans le sac (selon la mise en scène de
  M. Poitevin, il dépasse du sac par un trou) et divers objets hétéroclites
  avec lesquels Scapin fait un savant « bruitage » — il contrefait sa voix
  en criant dans son soulier (Poitevin) —; et bien entendu le bâton ne
  chôme pas.

- **Les gestes.** — Scapin saisit rudement Géronte par le bras, le fait pivoter,
  l'effraye, le laisse fuir, le reprend tout tremblant, le relâche. Géronte
  ouvre son ombrelle, se cache dessous, puis saute dans le sac. Scapin
  « choisit » l'endroit où il va frapper (Copeau), et « à chaque coup, sursauts,
  puis silences, gargouillements » (Copeau). Scapin danse autour de lui
  une danse de Sioux. Puis Géronte, lorsqu'il sort, brandit son parasol et,
  « ses vieilles jambes enfermées dans le sac » (Copeau) comme un Hermès
  grotesque, il fonce sur Scapin, à moins qu'il ne s'embarrasse dans les
  accessoires de ce dernier (Poitevin). On peut aussi s'imaginer que Scapin
  prend le sac sur ses épaules pour fuir puis le laisser tomber (ce jeu de
  scène se trouve dans *Joguenet*, à la fin de la sc. 3 : voir p. 103).
  ① Commentez ce jugement de Stendhal : « On joue cette scène beau-
  coup trop vite. Les acteurs ne se donnent pas le temps nécessaire pour
  inventer ce qu'ils disent. »

■■■■■■■■■■■■■■■■■■■■■■■■■■■■■■■■■■■■■■■■■■■■■■■■■■■■■■■■■■■■■■

l'avoir enfie de tonner ain coup d'épée dans sti sac. — Ah! Monsieur, gardez-vous-en bien. — Montre-le-moi un peu, fous, ce [1275] que c'être là. — Tout beau! Monsieur. — Quement! tout beau? — Vous n'avez que faire de vouloir voir ce que je porte. — Et moi, je le fouloir foir, moi. — Vous ne le verrez point. — Ah! que de badinemente! — Ce sont hardes qui m'appartiennent. — Montre-moi fous, te dis-je. — Je n'en ferai rien. — Toi ne faire rien? [1280] — Non. — Moi pailler de ste bastonne dessus les épaules de toi. — Je me moque de cela. — Ah! toi faire le trôle! — Ahi! ahi! ahi! Ah! Monsieur, ah! ah! ah! ah! *(Donnant des coups de bâton sur le sac et criant comme s'il les recevait.)* — ˙Jusqu'au refoir. L'être là un petit leçon pour li apprendre à toi à parlair insolen- [1285] temente. » Ah! peste soit du baragouineux! Ah!

GÉRONTE, *sortant la tête du sac.* — Ah! je suis roué.

SCAPIN. — Ah! je suis mort.

GÉRONTE. — Pourquoi diantre faut-il qu'ils frappent sur mon dos?

SCAPIN, *lui remettant la tête dans le sac.* — Prenez garde, voici une [1290] demi-douzaine de soldats tout ensemble. *(Il contrefait plusieurs personnes ensemble.)* « Allons, tâchons à trouver ce Géronte, cherchons partout. N'épargnons point nos pas. Courons toute la ville. N'oublions aucun lieu. Visitons tout. Furetons de tous les côtés. Par où irons-nous? Tournons par là. Non, par ici. A gauche. A [1295] droite. Nenni. Si fait. » *(A Géronte avec sa voix ordinaire.)* Cachez-vous bien. « Ah! camarades, voici son valet. Allons, coquin, il faut que tu nous enseignes où est ton maître. — Eh! Messieurs, ne me maltraitez point. — Allons, dis-nous où il est. Parle. Hâte-toi. Expédions. Dépêche vite. Tôt. — Eh! Messieurs, doucement. [1300] *(Géronte met doucement la tête hors du sac et aperçoit la fourberie de Scapin.)* — Si tu ne nous fais trouver ton maître tout à l'heure, nous allons faire pleuvoir sur toi une ondée [1] de coups de bâton. — J'aime mieux souffrir toute chose que de vous découvrir mon maître. — Nous allons t'assommer. — Faites tout ce qu'il vous [1305] plaira. — Tu as envie d'être battu? — Je ne trahirai point mon maître. — Ah! tu en veux tâter? Voilà... — Oh! » *(Comme il est prêt de frapper, Géronte sort du sac et Scapin s'enfuit.)*

GÉRONTE. — Ah! infâme! Ah! traître! Ah! scélérat! C'est ainsi que tu m'assassines! [1310]

---

1. Image semblable à celle que Silvestre a employée en I, 1, l. 34. Mais *ondée* se trouve dans *Joguenet* aussi : voir p. 103, l. 101.

#### Scène III. — ZERBINETTE, GÉRONTE.

ZERBINETTE, *riant sans voir Géronte.* — Ah ! ah ! je veux prendre un
peu l'air.

GÉRONTE, *à part, sans voir Zerbinette.* — Tu me le payeras, je te jure.

ZERBINETTE, *sans voir Géronte.* — Ah ! ah ! ah ! ah ! la plaisante histoire,
et la bonne dupe que ce vieillard !                                          1315

GÉRONTE. — Il n'y a rien de plaisant à cela ; et vous n'avez que faire [1]
d'en rire.

ZERBINETTE. — Quoi ! que voulez-vous dire, Monsieur ?

GÉRONTE. — Je veux dire que vous ne devez pas vous moquer de moi.

ZERBINETTE. — De vous ?                                                      1320

GÉRONTE. — Oui.

ZERBINETTE. — Comment ! qui songe à se moquer de vous ?

GÉRONTE. — Pourquoi venez-vous ici me rire au nez ?

ZERBINETTE. — Cela ne vous regarde point, et je ris toute seule d'un
conte qu'on me vient de faire, le plus plaisant qu'on puisse      1325
entendre. Je ne sais pas si c'est parce que je suis intéressée dans
la chose, mais je n'ai jamais trouvé rien de si drôle qu'un tour qui
vient d'être joué par un fils à son père pour en attraper de l'argent.

GÉRONTE. — Par un fils à son père pour en attraper de l'argent ?

ZERBINETTE. — Oui. Pour peu que vous me pressiez, vous me trou- 1330
verez assez disposée à vous dire l'affaire, et j'ai une démangeaison
naturelle à faire part des contes que je sais.

GÉRONTE. — Je vous prie de me dire cette histoire.

ZERBINETTE. — Je le veux bien. Je ne risquerai pas grand'chose à
vous la dire, et c'est une aventure qui n'est pas pour être long- 1335
temps secrète. La destinée a voulu que je me trouvasse parmi
une bande de ces personnes qu'on appelle Égyptiens [2], et qui,
rôdant de province en province, se mêlent de dire la bonne fortune,
et quelquefois de beaucoup d'autres choses. En arrivant dans cette
ville, un jeune homme me vit et conçut pour moi de l'amour. Dès 1340
ce moment il s'attache à mes pas, et le voilà d'abord comme tous
les jeunes gens, qui croient qu'il n'y a qu'à parler, et qu'au moindre
mot qu'ils nous disent, leurs affaires sont faites ; mais il trouva
une fierté qui lui fit corriger ses premières pensées. Il fit connaître

---

1. Vous n'avez aucune raison. — 2. Voir p. 31, n. 4.

sa passion aux gens qui me tenaient, et il les trouva disposés à [1345]
me laisser à lui moyennant quelque somme. Mais le mal de
l'affaire était que mon amant [1] se trouvait dans l'état où l'on voit
très souvent la plupart des fils de famille, c'est-à-dire qu'il était
un peu dénué d'argent ; et il a un père qui, quoique riche, est un
avaricieux [2] fieffé, le plus vilain [3] homme du monde. Attendez. [1350]
Ne me saurais-je souvenir de son nom ? Haye ! Aidez-moi un peu.
Ne pouvez-vous me nommer quelqu'un de cette ville qui soit
connu pour être avare au dernier point ?

GÉRONTE. — Non.

ZERBINETTE. — Il y a à son nom du ron... ronte. Or... Oronte. Non. [1355]
Gé... Géronte. Oui. Géronte, justement ; voilà mon vilain, je l'ai
trouvé, c'est ce ladre-là [4] que je dis. Pour venir à notre conte, nos
gens ont voulu aujourd'hui partir de cette ville ; et mon amant
m'allait perdre, faute d'argent, si, pour en tirer de son père, il
n'avait trouvé de secours dans l'industrie d'un serviteur qu'il a. [1360]
Pour le nom du serviteur, je le sais à merveille. Il s'appelle Scapin ;
c'est un homme incomparable, et il mérite toutes les louanges qu'on
peut donner.

GÉRONTE, *à part.* — Ah ! coquin que tu es !

ZERBINETTE. — Voici le stratagème dont il s'est servi pour attraper [1365]
sa dupe. Ah ! ah ! ah ! ah ! Je ne saurais m'en souvenir que je ne
rie de tout mon cœur. Ah ! ah ! ah ! Il est allé chercher ce chien
d'avare, ah ! ah ! ah ! et lui a dit qu'en se promenant sur le port
avec son fils, hi ! hi ! ils avaient vu une galère turque où on les
avait invités d'entrer ; qu'un jeune Turc leur y avait donné la [1370]
collation, ah ! que, tandis qu'ils mangeaient, on avait mis la
galère en mer ; et que le Turc l'avait renvoyé, lui seul, à terre dans
un esquif, avec ordre de dire au père de son maître qu'il emme-
nait son fils en Alger, s'il ne lui envoyait tout à l'heure cinq cents
écus. Ah ! ah ! ah ! Voilà mon ladre, mon vilain, dans de furieuses [1375]
angoisses ; et la tendresse qu'il a pour son fils fait un combat
étrange avec son avarice. Cinq cents écus qu'on lui demande sont
justement cinq cents coups de poignard qu'on lui donne. Ah ! ah !
ah ! Il ne peut se résoudre à tirer cette somme de ses entrailles ;
et la peine qu'il souffre lui fait trouver cent moyens ridicules pour [1380]
ravoir son fils. Ah ! ah ! ah ! Il veut envoyer la justice en mer
après la galère du Turc. Ah ! ah ! ah ! Il sollicite son valet de s'aller

---

1. Amoureux, au xviie s. — 2. Avare ; sur l'adjectif *fieffé*, voir p. 64, n. 5. — 3. « Un vilain,
dans le style bas, est un homme d'une avarice sordide » (*Dict.* de Furetière, 1690). — 4. Insen-
sible, d'une insensibilité attribuée à la lèpre (ladrerie) ; d'où : très avare.

Claude Cendra
(HYACINTE)
Jacques Goasguen
(SCAPIN)
Françoise Danell
(ZERBINETTE)
(Acte III, scène 1)

*Les Fourberies
de Scapin*
Festival
du Marais
Hôtel Sully
1965

Clichés © Agence de presse Bernand — Photob

offrir à tenir la place de son fils, jusqu'à ce qu'il ait amassé l'argent qu'il n'a pas envie de donner. Ah! ah! ah! il abandonne, pour faire les cinq cents écus, quatre ou cinq vieux habits qui n'en [1385] valent pas trente. Ah! ah! ah! Le valet lui fait comprendre à tous coups l'impertinence de ses propositions, et chaque réflexion est douloureusement accompagnée d'un : « Mais que diable allait-il faire à cette galère? Ah! maudite galère! Traître de Turc! » Enfin, après plusieurs détours, après avoir longtemps gémi et [1390] soupiré... Mais il me semble que vous ne riez point de mon conte. Qu'en dites-vous?

GÉRONTE. — Je dis que le jeune homme est un pendard, un insolent, qui sera puni par son père du tour qu'il lui a fait; que l'Égyptienne est une malavisée [1], une impertinente, de dire des injures à un [1395] homme d'honneur qui saura lui apprendre à venir ici débaucher les enfants de famille; et que le valet est un scélérat qui sera par Géronte envoyé au gibet avant qu'il soit demain.

SCÈNE IV. — SILVESTRE, ZERBINETTE.

SILVESTRE. — Où est-ce donc que vous vous échappez [2]? Savez-vous bien que vous venez de parler là au père de votre amant? [1400]

ZERBINETTE. — Je viens de m'en douter, et je me suis adressée à lui-même, sans y penser, pour lui conter son histoire.

SILVESTRE — Comment, son histoire ?

ZERBINETTE. — Oui, j'étais toute remplie du conte, et je brûlais de le redire. Mais qu'importe? Tant pis pour lui. Je ne vois pas que les [1405] choses pour nous en puissent être ni pis ni mieux.

SILVESTRE. — Vous aviez grande envie de babiller; et c'est avoir bien de la langue que de ne pouvoir se taire de ses propres affaires.

ZERBINETTE. — N'aurait-il pas appris cela de quelque autre?

---

1. A peu près synonyme d'impertinente. — 2. *Échapper :* « Céder à son emportement, se laisser aller à des actions, des paroles inconsidérées, légères, condamnables » (Littré).

■■■■■■■■■■■■■■■■■■■■■■■■■■■■■■■■■■■■■■■■■■■■■■■■■■■■■■■■■■■

● **Une interprète sur mesure.** — « Zerbinette, écrit Éd. Thierry, c'était Mlle BEAUVAL. Nous n'aurions pas d'autre preuve de ses succès dans *le Bourgeois gentilhomme* que nous aurions le récit de Zerbinette. Si le rire éclatant de Nicole, avec toutes ses variétés d'intention et tous ses épisodes, n'avaient pas enlevé la Cour et la ville, Molière, à sept mois de distance, ne lui eût pas cherché un grand air de bravoure noté encore une fois par toutes les gammes de rire et n'en eût pas été trouver, retrouver peut-être le thème dans les bizarres contre-points de Cyrano de Bergerac. » Voici quelques extraits du *Pédant joué* de **Cyrano**. Notons tout de suite que Genevote sait qui est Granger (qui lui fait d'ailleurs la cour) et que le récit est très long.

GENEVOTE. — Il faut, avant que d'entrer en matière, que vous anatomisiez ce squelette d'homme et de vêtement, aux mêmes termes qu'un savant m'en a tantôt fait la description... Hé bien, Monsieur, ne voilà pas un joli Ganymède, et c'est pourtant le héros de mon histoire. Cet honnête homme régente une classe dans l'Université. C'est bien le plus faquin, le plus chiche, le plus avare, le plus sordide, le plus mesquin. Mais riez donc !

GRANGER. — Ha, a, a, a, a !

GENEVOTE. — Ce vieux rat de collège a un fils qui, je pense, est le receleur des perfections que la nature a volées au père. Ce chiche-penard, ce radoteur...

GRANGER. — Ah ! malheureux, je suis trahi ; c'est sans doute ma propre histoire qu'elle me conte. Mademoiselle, passez ces épithètes, il ne faut pas croire tous les mauvais rapports ; outre que la vieillesse doit être respectée.

GENEVOTE. — Quoi ! le connaissez-vous ?

GRANGER. — Non, en aucune façon.

GENEVOTE. — Oh ! bien, écoutez donc. Ce vieux bouc veut envoyer son fils en je ne sais quelle ville, pour s'ôter un rival, et pour venir à bout de son entreprise, il veut lui faire croire qu'il est fou. Il le fait lier [1], et lui fait ainsi promettre tout ce qu'il veut. Mais le fils n'est pas longtemps créancier de cette fourbe. Comment ! vous ne riez pas de ce vieux bossu, de ce *maussadas* à triple étage ?

GRANGER. — Baste, baste, faites grâce à ce pauvre vieillard.

GENEVOTE. — Écoutez le plus plaisant. Ce goutteux, ce loup-garou, ce moine bourru [2]...

GRANGER. — Passez outre, cela ne fait rien à l'histoire.

GENEVOTE. — ... Commanda à son fils d'acheter quelque bagatelle pour faire présent à son oncle le Vénitien ; et son fils, un quart d'heure après, lui manda qu'il venait d'être pris prisonnier par des pirates turcs, à l'embouchure du Golfe des Bons-Hommes ; et ce qui n'est pas mal plaisant, c'est que le bonhomme envoya aussitôt la rançon. Mais il n'a que faire de craindre pour sa pécune [3], elle ne courra point de risque sur la mer de Levant.

GRANGER. — Traître Corbineli tu m'as vendu, mais je te ferai donner la salle...

① Vous comparerez ce passage au texte de Molière, en particulier pour la situation (quelle est la plus plaisante ?), les réactions du vieillard et le vocabulaire de Genevote.

② Pendant le récit (« de plus en plus confidentiel ») de Zerbinette, dans la mise en scène de Copeau, « Géronte, pour dissimuler sa grimace, se détourne en piétinant sur place. De sorte qu'il sera de dos au public pour exprimer ses réactions pendant la seconde partie du récit de Zerbinette ». Que pensez-vous de ce jeu ?

③ Dites pourquoi Molière a choisi Zerbinette et non Hyacinte pour ce récit.

---

1. On liait (attachait) les fous. — 2. Voir *Dom Juan*, Bordas, p. 72, note 4. — 3. Son argent.

## Scène V. — ARGANTE, SILVESTRE.

ARGANTE. — Holà! Silvestre. 1410

SILVESTRE, *à Zerbinette*. — Rentrez dans la maison. Voilà mon maître qui m'appelle.

ARGANTE. — Vous vous êtes donc accordés, coquin; vous vous êtes accordés, Scapin, vous et mon fils, pour me fourber, et vous croyez que je l'endure? 1415

SILVESTRE. — Ma foi, Monsieur, si Scapin vous fourbe, je m'en lave les mains, et vous assure que je n'y trempe en aucune façon.

ARGANTE. — Nous verrons cette affaire, pendard, nous verrons cette affaire, et je ne prétends pas qu'on me fasse passer la plume par le bec [1]. 1420

## Scène VI. — GÉRONTE, ARGANTE, SILVESTRE.

GÉRONTE. — Ah! Seigneur Argante, vous me voyez accablé de disgrâce.

ARGANTE. — Vous me voyez aussi dans un accablement horrible.

GÉRONTE. — Le pendard de Scapin, par une fourberie, m'a attrapé cinq cents écus. 1425

ARGANTE. — Le même pendard de Scapin, par une fourberie aussi, m'a attrapé deux cents pistoles.

GÉRONTE. — Il ne s'est pas contenté de m'attraper cinq cents écus; il m'a traité d'une manière que j'ai honte de dire. Mais il me la payera. 1430

ARGANTE. — Je veux qu'il me fasse raison de la pièce qu'il m'a jouée.

GÉRONTE. — Et je prétends faire de lui une vengeance exemplaire.

SILVESTRE, *à part*. — Plaise au Ciel que dans tout ceci je n'aie point ma part!

GÉRONTE. — Mais ce n'est pas encore tout, Seigneur Argante, et un 1435 malheur nous est toujours l'avant-coureur d'un autre. Je me réjouissais aujourd'hui de l'espérance d'avoir ma fille, dont je faisais toute ma consolation; et je viens d'apprendre de mon homme qu'elle est partie, il y a longtemps, de Tarente, et qu'on y croit qu'elle a péri dans le vaisseau où elle s'embarqua. 1440

---

1. Qu'on me frustre de mes espérances. Origine obscure; peut-être s'agit-il de la plume qu'on plaçait dans le bec des oies pour les empêcher de franchir une haie.

ARGANTE. — Mais pourquoi, s'il vous plaît, la tenir à Tarente, et ne
vous être pas donné la joie de l'avoir avec vous?

GÉRONTE. — J'ai eu mes raisons pour cela; et des intérêts de famille
m'ont obligé jusques ici à tenir fort secret ce second mariage.
Mais que vois-je? 1445

## Scène VII. — NÉRINE, ARGANTE, GÉRONTE, SILVESTRE.

GÉRONTE. — Ah! te voilà, nourrice?

NÉRINE, *se jetant à ses genoux.* — Ah! Seigneur Pandolphe, que...

GÉRONTE. — Appelle-moi Géronte, et ne te sers plus de ce nom. Les
raisons ont cessé, qui m'avaient obligé à le prendre parmi vous
à Tarente. 1450

NÉRINE. — Las! que ce changement de nom nous a causé de troubles
et d'inquiétudes dans les soins que nous avons pris de vous venir
chercher ici!

GÉRONTE. — Où est ma fille et sa mère?

NÉRINE. — Votre fille, Monsieur, n'est pas loin d'ici. Mais, avant que 1455
de vous la faire voir, il faut que je vous demande pardon de
l'avoir mariée, dans l'abandonnement[1] où, faute de vous ren-
contrer, je me suis trouvée avec elle.

GÉRONTE. — Ma fille mariée!

NÉRINE. — Oui, Monsieur. 1460

GÉRONTE. — Et avec qui?

NÉRINE. — Avec un jeune homme nommé Octave, fils d'un certain
Seigneur Argante.

GÉRONTE. — Ô Ciel!

ARGANTE. — Quelle rencontre! 1465

GÉRONTE. — Mène-nous, mène-nous promptement où elle est.

NÉRINE. — Vous n'avez qu'à entrer dans ce logis.

GÉRONTE. — Passe devant. Suivez-moi, suivez-moi, Seigneur Argante.

SILVESTRE, *seul.* — Voilà une aventure qui est tout à fait surprenante!

---

1. *Abandon* marque l'état, le résultat; *abandonnement* l'acte d'abandonner. Ici, mis pour
abandon.

■■■■■■■■■■■■■■■■■■■■■■■■■■■■■■■■■■■■■■■■■■■■■■■■■■■■■■■■■■■■■■

● **L'action.** — Ces trois scènes préparent la conclusion. Deux éléments
essentiels pour l'intrigue; l'un rassurant : nous voici enfin à cette recon-
naissance traditionnelle, si commode dans les comédies d'intrigue; l'autre
plus inquiétant : Argante et Géronte veulent punir Scapin.
① Analysez ici les divers rebondissements de l'action.
② Si près de la fin, et connaissant les ressources du génie de Scapin, le
spectateur peut-il craindre vraiment pour lui?

■■■■■■■■■■■■■■■■■■■■■■■■■■■■■■■■■■■■■■■■■■■■■■■■■■■■■■■■■■■■■■

## Scène VIII. — SCAPIN, SILVESTRE.

SCAPIN. — Hé bien! Silvestre, que font nos gens?　　　　1470

SILVESTRE. — J'ai deux avis à te donner. L'un, que l'affaire d'Octave est accommodée. Notre Hyacinte s'est trouvée la fille du Seigneur Géronte; et le hasard a fait ce que la prudence des pères avait délibéré [1]. L'autre avis, c'est que les deux vieillards font contre toi des menaces épouvantables, et surtout le Seigneur Géronte. 1475

SCAPIN. — Cela n'est rien. Les menaces ne m'ont jamais fait mal, et ce sont des nuées qui passent bien loin sur nos têtes.

SILVESTRE. — Prends garde à toi; les fils se pourraient bien raccommoder avec les pères, et toi demeurer dans la nasse.

SCAPIN. — Laisse-moi faire, je trouverai moyen d'apaiser leur cour-1480 roux, et...

SILVESTRE. — Retire-toi, les voilà qui sortent.

## Scène IX. — GÉRONTE, ARGANTE, SILVESTRE, NÉRINE, HYACINTE.

GÉRONTE. — Allons, ma fille, venez chez moi. Ma joie aurait été parfaite si j'y avais pu voir votre mère avec vous.

ARGANTE. — Voici Octave, tout à propos.　　　　1485

## Scène X. — OCTAVE, ARGANTE, GÉRONTE, HYACINTE, NÉRINE, ZERBINETTE, SILVESTRE.

ARGANTE. — Venez, mon fils, venez vous réjouir avec nous de l'heureuse aventure de votre mariage. Le Ciel...

OCTAVE, *sans voir Hyacinte*. — Non, mon père, toutes vos propositions de mariage ne serviront de rien [2]. Je dois lever le masque avec vous, et l'on vous a dit mon engagement.　　　　1490

ARGANTE. — Oui; mais tu ne sais pas...

OCTAVE. — Je sais tout ce qu'il faut savoir.

ARGANTE. — Je veux te dire que la fille du Seigneur Géronte...

OCTAVE. — La fille du Seigneur Géronte ne me sera jamais de rien.

---

1. Décidé. — 2. Nous dirions aujourd'hui : *à* rien.

1495

GÉRONTE. — C'est elle...

OCTAVE, *à Géronte.* — Non, Monsieur; je vous demande pardon, mes résolutions sont prises.

SILVESTRE, *à Octave.* — Écoutez...

OCTAVE. — Non, tais-toi, je n'écoute rien.

ARGANTE, *à Octave.* — Ta femme... 1500

OCTAVE. — Non, vous dis-je, mon père, je mourrai plutôt que de quitter mon aimable Hyacinte. *(Traversant le théâtre pour aller à elle.)* Oui, vous avez beau faire, la voilà celle à qui ma foi est engagée; je l'aimerai toute ma vie, et je ne veux point d'autre femme. 1505

ARGANTE. — Hé bien! c'est elle qu'on te donne. Quel diable d'étourdi, qui suit toujours sa pointe [1]!

HYACINTE, *montrant Géronte.* — Oui, Octave, voilà mon père que j'ai trouvé, et nous nous voyons hors de peine.

GÉRONTE. — Allons chez moi, nous serons mieux qu'ici pour nous 1510 entretenir.

HYACINTE, *montrant Zerbinette.* — Ah! mon père, je vous demande par grâce que je ne sois point séparée de l'aimable personne que vous voyez : elle a un mérite qui vous fera concevoir de l'estime pour elle, quand il sera connu de vous. 1515

GÉRONTE. — Tu veux que je tienne chez moi une personne qui est aimée de ton frère, et qui m'a dit tantôt au nez mille sottises de moi-même!

ZERBINETTE. — Monsieur, je vous prie de m'excuser. Je n'aurais pas parlé de la sorte, si j'avais su que c'était vous, et je ne vous connais- 1520 sais que de réputation.

GÉRONTE. — Comment! que de réputation?

HYACINTE. — Mon père, la passion que mon frère a pour elle n'a rien de criminel, et je réponds de sa vertu.

GÉRONTE. — Voilà qui est fort bien. Ne voudrait-on point que je 1525 mariasse mon fils avec elle? Une fille inconnue, qui fait le métier de coureuse!

---

1. Poursuit son idée avec vigueur ou obstination (Littré).

### Scène XI. — LÉANDRE, OCTAVE, HYACINTE, ZERBINETTE, ARGANTE, GÉRONTE, SILVESTRE, NÉRINE.

LÉANDRE. — Mon père, ne vous plaignez point que j'aime une inconnue, sans naissance et sans bien. Ceux de qui je l'ai rachetée viennent de me découvrir qu'elle est de cette ville, et d'honnête famille; 1530 que ce sont eux qui l'y ont dérobée à l'âge de quatre ans; et voici un bracelet qu'ils m'ont donné, qui pourra nous aider à trouver ses parents.

ARGANTE. — Hélas! à voir ce bracelet, c'est ma fille, que je perdis à l'âge que vous dites. 1535

GÉRONTE. — Votre fille?

ARGANTE. — Oui, ce l'est, et j'y vois tous les traits qui m'en peuvent rendre assuré. Ma chère fille!

HYACINTE. — Ô Ciel! que d'aventures extraordinaires!

### Scène XII. — CARLE, LÉANDRE, OCTAVE, GÉRONTE, ARGANTE, HYACINTE, ZERBINETTE, SILVESTRE, NÉRINE.

CARLE. — Ah! Messieurs, il vient d'arriver un accident étrange. 1540

GÉRONTE. — Quoi?

CARLE. — Le pauvre Scapin...

GÉRONTE. — C'est un coquin que je veux faire pendre.

CARLE. — Hélas! Monsieur, vous ne serez pas en peine de cela. En passant contre un bâtiment, il lui est tombé sur la tête un mar- 1545 teau de tailleur de pierre, qui lui a brisé l'os et découvert toute la cervelle. Il se meurt, et il a prié qu'on l'apportât ici pour vous pouvoir parler avant que de mourir [1].

ARGANTE. — Où est-il?

CARLE. — Le voilà. 1550

---

1. Jusqu'au xvıe s., on pouvait écrire : avant mourir, avant que mourir, avant que de mourir. La première construction se raréfie au xvııe s. et ce sont les deux autres qui l'emportent. *Avant de* est encore assez rare à cette époque et ne s'imposera qu'au xvıııe s.

SCÈNE XIII. — SCAPIN, CARLE, GÉRONTE,
ARGANTE, ETC.

SCAPIN, *apporté par deux hommes, et la tête entourée de linges, comme
s'il avait été bien blessé.* — Ahi! ahi! Messieurs, vous me voyez...
ahi! vous me voyez dans un étrange état. Ahi! je n'ai pas voulu
mourir sans venir demander pardon à toutes les personnes que
je puis avoir offensées. Ahi! oui, Messieurs, avant que de rendre 1555
le dernier soupir, je vous conjure de tout mon cœur de vouloir
me pardonner tous ce que je puis vous avoir fait, et principale-
ment le Seigneur Argante et le Seigneur Géronte. Ahi!

ARGANTE. — Pour moi, je te pardonne. Va, meurs en repos.

SCAPIN, *à Géronte.* — C'est vous, Monsieur, que j'ai le plus offensé 1560
par les coups de bâton que...

GÉRONTE. — Ne parle pas davantage, je te pardonne aussi.

SCAPIN. — Ç'a été une témérité [1] bien grande à moi que les coups
de bâton que je...

GÉRONTE. — Laissons cela.                                           1565

SCAPIN. — J'ai, en mourant, une douleur inconcevable des coups de
bâton que...

GÉRONTE. — Mon Dieu! tais-toi.

SCAPIN. — Les malheureux coups de bâton que je vous...

GÉRONTE. — Tais-toi, te dis-je, j'oublie tout.                     1570

SCAPIN. — Hélas! quelle bonté! Mais est-ce de bon cœur, Monsieur,
que vous me pardonnez ces coups de bâton que...

GÉRONTE. — Eh! oui. Ne parlons plus de rien; je te pardonne tout :
voilà qui est fait.

SCAPIN. — Ah! Monsieur, je me sens tout soulagé depuis cette parole. 1575

GÉRONTE. — Oui; mais je te pardonne à la charge [2] que tu mourras.

SCAPIN. — Comment, Monsieur?

GÉRONTE. — Je me dédis de ma parole, si tu réchappes.

SCAPIN. — Ahi! ahi! Voilà mes faiblesses qui me reprennent.

ARGANTE. — Seigneur Géronte, en faveur de notre joie, il faut lui 1580
pardonner sans condition.

---

1. Audace imprudente et présomptueuse. — 2. A condition que. Cf. « Donnez-lui l'argent
qu'il veut gagner *à la charge qu*'il ne joue point » (Pascal, *Pensées*, Br. II, 139).

GÉRONTE. — Soit.

ARGANTE. — Allons souper ensemble pour mieux goûter notre plaisir.

SCAPIN. — Et moi, qu'on me porte au bout de la table, en attendant
que je meure.                                                    1585

■■■■■■■■■■■■■■■■■■■■■■■■■■■■■■■■■■■■■■■■■■■■■■■■■■■■■■■■■■■■■■■■■

- **La mise en scène.** — « Deux grands diables de porteurs (ouvriers du
  port) paraissent au fond. Dans une espèce de cuvette en bois, qui rappelle
  par sa forme le récipient dans lequel les maçons gâchent leur mortier,
  ils transportent Scapin... Quand ils se mettent à gravir les marches de
  l'escalier du fond, à chaque marche Scapin pousse une plainte stridente
  et prolongée. Les deux porteurs s'avancent au bord du tréteau et là,
  ils vident Scapin du baquet » (Copeau).
  Après le pardon de Géronte (l. 1573), Scapin s'installe plus confortable-
  ment sur son séant, ramène ses jambes en tailleur et change de voix :
  *Ah! Monsieur, je me sens tout soulagé;* puis, à *Comment, Monsieur?*
  (l. 1577), il se détend et roule à nouveau sur le tréteau.
  Le cortège se forme puis s'engage dans la coulisse. Alors « Scapin se
  redresse sans faire usage des mains (comme au premier acte), plus
  svelte que jamais. Il rebondit sur place en disant : *Et moi* (l. 1584),
  arrache son bandage de tête, et saute sur les épaules de l'un des porteurs.
  Au rappel, tout le monde sur le proscénium, Scapin seul sur le tréteau,
  dominant les autres personnages » (Copeau).

- **Scapin.** — Ces *aventures extraordinaires* (paroles de Hyacinte à la fin
  de la scène 11 (l. 1539), comme si Molière parodiait ses dénouements
  conventionnels, — mais l'exclamation figure aussi dans *Joguenet :* voir
  p. 107, l. 305) se terminent le plus heureusement du monde, sauf pour
  Scapin : le voici mourant sur la scène au milieu de l'allégresse générale,
  par un accident assez semblable à celui dont fut victime en 1665
  Cyrano de Bergerac (Molière lui a-t-il emprunté aussi sa mort?). Il est
  à peu près impossible, pour le spectateur, d'imaginer un dénouement
  tragique. Ici encore, nous sommes complices de cette ruse; comment
  va-t-elle sauver le sympathique Scapin?
  ① Les qualités de comédien de Scapin. Comment apparaissent-elles?
  ② Est-il ou non dangereux, pour Scapin, d'insister si cruellement sur
  les *coups de bâton* donnés à Géronte (l. 1561, 1563, 1566, 1569, 1572)
  alors que le vieillard a déjà déclaré (III, 6, l. 1429) : *Il m'a traité d'une
  manière que j'ai honte de dire. Mais il me la payera* ?
  ③ Certaines pièces de Molière se terminent par un trait qui est comme
  le couronnement de la pièce, et en résume le climat. Ainsi *l'Avare* se
  termine par « voir ma chère cassette »; Alceste dans *le Misanthrope*,
  va chercher un coin écarté « où d'être homme d'honneur on ait la liberté »;
  George Dandin veut « s'aller jeter à l'eau, la tête la première ». Le mot
  de Scapin participe-t-il du même esprit?
  ④ « Pour le public, dit J.-L. Barrault, l'art dramatique est finalement
  l'art de la justice : une justice métaphysique qui rétablit l'équilibre de
  la vie, avec une balance juste. Il y a du jugement dernier dans l'art
  dramatique. Ayant assisté à un acte de justice, le public repartira rassuré,
  nettoyé, vivifié; telle est l'utilité sociale du théâtre. » Peut-on appliquer
  ici cette théorie, lorsqu'après son ultime fourberie, Scapin vient d'avoir
  le dernier mot?

■■■■■■■■■■■■■■■■■■■■■■■■■■■■■■■■■■■■■■■■■■■■■■■■■■■■■■■■■■■■■■■■■

# ÉTUDE

# DES « FOURBERIES DE SCAPIN »

## 1. L'action

① Tous les commentateurs sont d'accord pour la trouver invraisemblable. « L'intrigue, habilement ménagée par Térence, perd chez Molière beaucoup de sa vraisemblance », écrit BRAY. On relèvera toutes ces entorses à la logique sur lesquelles É. THIERRY (*Le Moliériste*, 7e année, p. 268) s'étend aussi avec humour et indulgence, et l'on discutera ce jugement de CAILHAVA : « Exposition claire, simple, dénouement vicieux [...], des scènes, un acte inutile. »

Cependant, M. JEAN ÉMELINA remarque que l'action est plus liée que dans *l'Étourdi* : « Scapin savoure ses fourberies, il est moins pressé que Mascarille. »

② D'ailleurs, il ne s'agit pas d'essayer de sauver Molière sur ce plan : il n'en a pas besoin, ayant cherché là, selon le *Boston Newspaper*, « l'expression du théâtre en soi, du pur théâtre ». Nous sommes dans un domaine où « rien ne ressemble à la vérité, pas plus la vérité que le reste » (É. THIERRY), et où « il n'y a pas de justification possible des incidents de l'intrigue » (DESCOTES).

L'intérêt de l'action n'est pas de savoir où l'on arrivera, mais comment on y arrivera, ce qui explique le mot de JOUVET : « La logique de la pièce est dans le fonctionnement du piège et non dans le sort réservé à la proie. »

Aussi bien convient-il de se laisser aller à cette « action dévorante » (Copeau) pour laquelle Audiberti parle d'« ivresse dionysiaque » : « le metteur en scène est avant tout chorégraphe car presque toutes les comédies en prose de Molière, même celles qui ne comportent pas de divertissement proprement dit, sont conçues comme des ballets, dans un sens à la fois plastique et dynamique. Elles semblent être faites pour être dansées sur la musique du texte, une sorte d'improvisation libre et réglée où le mouvement et le bond naîtraient ensemble de concert » (H. GHÉON, *l'Art du théâtre*, p. 90). Dans *les Fourberies* surtout, le mot d'*action* revêt son sens premier et latin d'expression mimique des sentiments.

## 2. Scapin

Tous les rôles joués par Molière sont des rôles vedettes (Sganarelle dans *Dom Juan* paraît dans 26 scènes sur 27; Arnolphe, 31 sur 32; Alceste, 17 sur 22; Jourdain, 23 sur 34). Quantitativement, Scapin paraît désavantagé avec 14 scènes seulement sur 26. Mais aucun autre héros de Molière n'occupe le tréteau avec la même intensité, aucun autre n'est en effet un si meneur de jeu.

**— Présence de Scapin.** — Son « abattage » extraordinaire est dû d'abord à des dons physiques exceptionnels : cette souplesse, cette légèreté qui amortit si bien les coups du bâton et du sort, cette force sans laquelle la grâce n'est que mollesse; il est un de ces hommes sur qui les ans n'ont pas de prise, comme Scaramouche qui, à 80 ans, se donnait du pied un soufflet.

① Il y a de l'acrobate chez ce Scapin « le roi des équilibristes », dit R. JOUANNY, « déshumanisé comme un chat », avec une résistance et une vitalité profondes, conquérantes. « Un bel animal harmonieux, selon P.-A. TOUCHARD, et dont le plaisir de vivre doit être constamment à la source de notre plaisir de le voir et de l'écouter. » Cet instinct du jeu et de la farce qui le pousse à la mystification et à l'intrigue s'appuie sur une plasticité prodigieuse grâce à laquelle, protéiforme, insaisissable, il est, selon le mot du mime MARCEAU, à la fois « David et Goliath »; il mime, copie, ridiculise, modelant son corps à volonté (peut-on l'imaginer à la Radio?); son corps... et sa voix, car il use de tous les accents, de tous les tons, de tous les registres, tour à tour enjôleur, autoritaire, dubitatif, suppliant et persifleur.

② « Sa verve allume un volcan et ses éclats réveilleraient un mort. Il arpente le théâtre, pousse l'un, pousse l'autre, s'offre, se refuse, rayonne, déclame, gesticule. Il est intarissable et foisonnant, avec le jarret vif, du coffre, de l'expérience, mille trompettes dans la voix [...]. La scène sous ses pieds retrouve les vieilles sonorités foraines et lui sert de tremplin. » (P. BRISSON.)

Il a l'œil à tout, surgit d'on ne sait où : il est là, parce qu'il faut qu'il y soit, parce qu'il y a de l'intrigue à nouer ou à dénouer, des coups à donner ou à recevoir. Tour à tour couard comme un valet, courageux comme un chevalier (d'industrie), il secoue le pauvre Silvestre, l'entraîne dans son sillage avec des mots héroï-comiques (*trois ans de galère de plus ou de moins ne sont pas pour arrêter un noble cœur*, I, 5, l. 419).

③ A vrai dire, ce goût du risque a pour corollaire, et explication, une confiance non pas aveugle (qui est plus lucide?) mais presque totale en ses facultés d'invention. Scapin est, pour P.-A. TOUCHARD, « le personnage le plus intelligent du théâtre de Molière et peut-être même du théâtre français »... Il sait aussi que son nom vient de l'italien *scappare* (s'échapper). Il tient du loup, du renard et de l'anguille. Il est vrai que la chance l'aide souvent mais qu'on soit *imperator* romain, gardien de but ou chenapan, on n'a que la chance qu'on mérite. Regardons-le à l'avant-scène se frotter les mains comme un bon artisan qui va empoigner son outil : quand on prend l'ouvrage de si bon cœur, la Fortune elle-même pourrait-elle se montrer ingrate? Par ailleurs, la conscience qu'il a de ses talents (voir *la Fourberie conquérante*, p. 33) ne va pas sans naïveté : il s'en vante comme d'une vertu. Après Mascarille et Hali, il proclame à la face du monde qu'il est fourbe parmi les fourbes et, malgré cela, il réussit ! Surprenante fascination qu'il est trop facile d'expliquer par la conventionnelle sottise des victimes. Il y a sans doute, dans Scapin, autre chose qu'il faut chercher.

## — Humanité de Scapin

④ « Il n'y a pas de psychologie d'un valet fourbe. Il fait des tours comme un pommier porte des pommes », prétend LEJAY. Voilà qui, s'agissant de Scapin, paraît peut-être discutable. Car il serait sans doute aussi faux d'en faire une simple silhouette que de vouloir le hisser à la hauteur d'un Hamlet, d'un Don Juan ou d'un Quichotte. A bien y regarder, il y a, chez Scapin, comme une saveur d'humanité qui tient d'abord à ses contradictions.

⑤ « En jouant Scapin, explique J.-L. BARRAULT, tu es l'adulte roué qui favorise la révolte des touchants et faibles jeunes gens contre leurs pères despotiques mais ridicules. Molière s'est prononcé en faveur de la jeunesse plus hardiment que Corneille ou Racine. Et même Scapin aime l'enfance avec autant de cœur qu'il est gagné par le lyrisme de la farce et se fait prendre comme un enfant quand il bat Géronte [...]. C'est un homme qui prolonge son enfance en jouant, donc un homme vrai et non Tartuffié. » Adulte qui joue, sans doute : il protège les jeunes tout en les méprisant (il serait faux de croire qu'il agit simplement pour les beaux yeux des ingénues). Il a tant d'expérience qu'il pourrait dire, comme Figaro : « J'ai tout vu, tout usé. » Plus rien ne l'étonne; sa vraie force, c'est ce détachement qui va jusqu'au mépris de l'argent (c'est là sa grande originalité, dans la longue lignée des valets de comédie), mépris qu'il faut se garder de prendre pour de la générosité. Car il n'est pas généreux mais féroce, de la férocité des êtres proches de la nature, de la jungle et de l'enfance, qui trouve son excuse dans la pureté et la sincérité.

Ce menteur de profession ne se cache point à nous, comme Tartuffe : son armure d'astuce porte le blason de la Fourberie. Tous ses défauts, voire ses vices, nous les trouvons ici à l'état pur. Une intelligence désabusée et cependant toujours en éveil, une philosophie de la vie sans illusion et pourtant fraîche et dynamique (écoutons-le parler de l'amour et de ses merveilleuses vicissitudes), une naïveté dans la fourbe, un visage et un esprit sans ride : il y a, dans Scapin, comme un écho de certaines tendances qui sont en nous, mais décantées et purifiées jusqu'aux frontières du cynisme. Oui, Scapin est un homme de vérité.

— **Dimensions de Scapin.** — Dans ces conditions, les critères moraux traditionnels se trouvent ici remis en question.

① P. (BENICHOU *Morales du Grand Siècle)* voit dans l'irrespect du valet « le doute jeté sur les hiérarchies de la morale et de la société », le naturalisme de Molière faisant apparaître la fourberie de Scapin, de Mascarille ou de Gros-René comme « la vérité, librement confessée, du caractère humain ». « Toute cette humanité sans apprêt a sa poésie à elle, irrésistible comme la vérité, agile, merveilleuse à déjouer les illusions et les bienséances. L'honnête homme a besoin d'être complété et en quelque sorte ironisé par l'accompagnement de ce double plus humain que lui fait son valet. »

② Pour JULES LEMAITRE, « il représente quelque chose de très clair et de très bon en somme et d'éternellement cher à la foule : la gaie revanche du faible sur le fort ». On peut en discuter : est-il le faible?

③ A l'inverse, CAILHAVA le condamne : « Un fourbe se permettant les atrocités les plus fortes; un fils souffrant que des fripons volent, frappent son père, ce qui a porté vraisemblablement Jean-Jacques à soutenir que le théâtre était une école de vices et de mauvaises mœurs. » Mais peut-on juger Molière dans l'optique de Jean-Jacques Rousseau?

On cernera mieux la question à la lumière de ces réflexions de PAUL MESNARD : « Le dessein de Molière est ici d'un technicien plus que d'un moraliste »; et de P.-A. TOUCHARD : « Le théâtre a deux ennemis, la morale et la vraisemblance. » Aussi bien, lorsqu'ANTOINE ADAM dit qu'il n'y a pas de « morale » dans *les Fourberies de Scapin*, ce n'est pas d'immoralité qu'il parle mais d'amoralité.

Si les ancêtres de Scapin sont les Carion, les Xanthias, les Dave et les Géta de l'Antique Comédie, il appartient aussi à la famille des Till l'Espiègle et des Panurge, apôtres actifs de cette « liberté totale » que le mime Marceau reconnaît en Scapin. Comme Panurge, il obéit à la devise rabelaisienne « Fay ce que voudras », vivant dans un univers qui ignore le péché originel. Son amoralité n'est choquante que pour qui peut s'étonner de voir les chats manger les souris et les souris le fromage... Remarquons d'ailleurs que, contrairement à celle de Don Juan, sa cruauté ne s'exerce pas sur des personnages sympathiques. En face de l'immoralité du « grand seigneur méchant homme », son amoralité a quelque chose de naïf et de bon enfant qui rassure.

Cependant, il y a dans le personnage une absence de réflexion morale qui le limite, il faut bien l'avouer, une élasticité de conscience qui exclut tout remords. D'ailleurs, comment pourrait-il en avoir? Il ne vit que dans l'instant, et ses prévisions sont à court terme : « qui vivra verra », tel est le premier mot de sa philosophie ; son passé, il l'évoque très allusivement, là où Figaro se raconte.

① Aussi bien, contrairement à Figaro (on comparera soigneusement les deux héros), n'a-t-il pas conscience de ce dualisme qui existe entre sa condition et sa vocation. Il n'y a chez lui aucune amertume de sa condition : « Il assume, dit excellemment P.-A. TOUCHARD, jusqu'aux bastonnades inclusivement, sa condition de valet, et c'est en valet qu'il domine. »

② C'est cette soumission à l'emploi qui pourrait faire trouver paradoxal le jugement de P.-A. TOUCHARD. Il voit, dans *les Fourberies*, « une pièce infiniment plus importante qu'il ne paraît » et qui « cent ans avant *le Barbier de Séville*, substitue les hiérarchies de l'Intelligence aux hiérarchies de la Naissance, de la Fortune, de la Société. » A plus forte raison, peut-on discuter l'affirmation de PIERRE BRISSON : « Certaines violences de fourberie durcissent son visage. Il y a du vrai coquin, du démagogue et de l'émeutier possible en lui. Sa batte d'Arlequin pourrait un jour prendre le poids d'une trique. » Quoi qu'il en soit de l'interprétation sociale du personnage, il est un point sur lequel tout le monde s'accorde : le rôle comporte une conception de l'acte pour l'acte (on n'ose parler d'acte gratuit), du jeu pour le jeu, du plaisir d'inventer et de faire, qui conduisent à une sorte d'épuration d'où jaillit une poésie particulière. Ceux-là mêmes qui évoquent des résonances presque révolutionnaires parlent de « lyrisme », de « lyrisme intérieur », bien que la poésie soit ici plus du domaine des actes que des paroles. Scapin est touché d'une grâce physique, intellectuelle et presque — pourquoi ne pas le dire — morale : elle explique le point de vue de Copeau lorsqu'il exige de l'acteur qu'il donne l'impression d'un personnage « au bord de l'Incréé ».

## 3. Les personnages secondaires

③ « La plus grande partie des personnages sont plus conventionnels que naturels » (MESNARD). Mais s'agit-il de personnages interchangeables, de « frères siamois, de marionnettes couplées » (P. BRISSON)? **Argante** n'est pas **Géronte**. « Argante, dit MESNARD, n'entrerait pas dans le sac où se met Géronte. » Il est plus intelligent, ou si l'on veut, moins bête, il est « la seule opposition à Scapin » (COPEAU). Cependant, CAILHAVA les met sur le même pied, en les classant tantôt dans la catégorie des pères Cassandre (bêtes par excellence, appartenant à la parade), tantôt des pères Grime (faibles, impatients, coléreux, se rapprochant de la bonne comédie). N'en déplaise à Rousseau d'ailleurs, et selon la remarque de SAINT-MARC GIRARDIN, « les pères dans la comédie de Molière ne sont pas ridicules parce qu'ils sont pères ou vieux, mais par leurs défauts ».

① **Les deux jeunes gens** sont-ils « indiscernables » (P. Brisson)? Quelles sont leurs différences (éducation, tempérament)?

② **Leurs deux maîtresses** sont liées par un contraste. L'une est une élégie, l'autre un éclat de rire. Leur façon de concevoir l'amour, la vie des autres, est influencée par leur tempérament. On a reproché à Molière la faiblesse de ses figures féminines. Mais ici manquent-elles de relief, Zerbinette en particulier?

Quant à **Silvestre,** c'est le digne second de Scapin, un chenapan marchant allègrement sur les traces de son maître. Homme de main, pas maladroit du tout, sachant mentir effrontément et jouer au croquemitaine, à qui il manque surtout ce degré de philosophie et d'assurance qui permet à Scapin de mépriser joyeusement le danger.

## 4. Mise en scène et interprétation

Lorsque Molière joua la pièce, il ne faut pas oublier que la scène était encombrée de spectateurs et que le champ de bataille (car il s'agissait d'une bataille) était très réduit. Aussi bien le metteur en scène moderne, qui se veut fidèle à Molière, doit-il peut-être se demander, non pas comment Molière jouait la pièce, mais comment il l'aurait jouée s'il avait pu le faire librement.

③ Si, comme le prétend P. BRISSON, « *les Fourberies de Scapin* doivent se jouer à l'étroit, dans les quelques mètres d'un tréteau, sous le plein feu des projecteurs avec des rouges vifs [...],des bleus profonds, des ombres violettes », alors Molière a rencontré des conditions idéales. C'est au nom d'une telle conception que la critique attaque la mise en scène de **Jouvet** (1949) et son dispositif scénique, avec « ses escaliers montmartrois » dans un « décor de Lancret » (dû à **Christian Bérard**) qui permettaient des « petites grimpettes », des « descentes à pas tricoteurs », des « glissades sur les rampes ». Toute une dynamique donc, très aérée, voire aérienne, visant à traduire une légèreté quasi irréelle, ce qui, selon Brisson, est un contre-sens sur l'œuvre.

En réalité, Jouvet avait repris, en l'accentuant peut-être, la conception de son maître **Jacques Copeau.** Jusqu'alors, on jouait *Scapin* à l'italienne. La révolution apportée par Copeau fut l'invention d'un tréteau (voir *la Mise en scène*, p. 94). En 1913, dans son premier manifeste sur la rénovation du théâtre, il concluait : « Que les autres prestiges s'évanouissent et pour l'œuvre nouvelle qu'on nous laisse un tréteau nu. » En 1917, il monte un praticable formé de quatre morceaux de cinq escaliers de quatre marches, et de trois cubes qui servent de base entre les deux escaliers du bas. « Ce dispositif, dit-il, par sa présence est déjà l'acte... matérialise la forme de l'acte. Notre décor, notre dispositif occupé par l'action disparaît. » Il refuse le réalisme de **Stanislawski**, lequel, pour justifier le sac, place au fond de la scène des sacs de farine sur un bateau. Que valait cette formule? Laissons la parole à un homme de théâtre, **Léon Chancerel** : « Parce que mes comédiens en sentaient le désir et aussi pour réagir contre ce qu'on avait nommé le « calvinisme » de Jacques Copeau, j'avais utilisé un minimum de décoration : quelques praticables, escaliers et châssis, très rudimentaires et facilement transportables, suffisaient à évoquer les quartiers maritimes et populaires de Naples... ou de Marseille, châssis roses ou châssis verts, tantôt étincelants de lumière, tantôt baignés de bleu crépusculaire ou de tendre aurore. Si je remontais aujourd'hui (1945) *les Fourberies de Scapin*, je crois que je retournerais au tréteau nu, car la meilleure représentation que nous en ayons donnée le fut sur la piste d'un cirque forain, le Cirque Fanny, qui, en 1937, avait monté son modeste chapiteau sous les quatre énormes pattes de la Tour Eiffel. » Ainsi donc, il est permis d'hésiter entre le réalisme pittoresque napolitain et le « jansénisme » de Copeau.

Une autre question secondaire, mais non sans intérêt, est celle du **masque**. Les deux *Vecchi* traditionnels jouèrent sous le masque jusqu'en 1752. Au Théâtre Marigny, Pierre Bertin joua Géronte avec un nez de carton et une barbe, et si Jouvet n'avait pas de masque chez Copeau, il jouait le même personnage avec une économie de mimique qui allait jusqu'à la quasi-fixité des traits. Pour Scapin, on est à peu près certain que Molière le jouait à visage découvert. Chancerel, soucieux d'insister sur le côté *Commedia dell'arte*, donnait à Olivier Hussenot un demi-masque, pour s'écarter de tout naturalisme.

① La question n'est pas sans importance car c'est toute la conception du rôle de Scapin qui se trouve mise en cause. En effet, comme s'opposent en gros deux conceptions de la mise en scène, il y a aussi, pour Maurice Descotes, deux façons de jouer le rôle : en largeur d'abord, avec un « abattage lyrique » en dehors des exigences de la vraisemblance, en finesse ensuite avec des inflexions variées, des trouvailles au ralenti : « une œuvre savante, moins entraînante que satisfaisante pour l'esprit ». A la première école appartiennent Rosimont puis Armant, transfuge de la Comédie Italienne, qui joua le rôle quarante ans, avec un grand succès, grâce à « la santé, la vigueur agile et surtout la gaîté libre et naturelle » (*Almanach Duchesne*, 1767). Dugazon allait jusqu'à la bouffonnerie gauloise. Le meilleur Scapin du genre fut Constant Coquelin, l'aîné, avec « sa voix extraordinaire de timbre et de variété » ... « Scapin lyrique, il emportait toute la pièce dans un tourbillon de gaieté. »

Après Préville, Samson, Monrose, Got, plus modérés, la seconde manière est illustrée d'abord par Copeau dont nous avons abondamment parlé, puis par Jean-Louis Barrault, dans la mise en scène de L. Jouvet. « Arlequin papillonnant et non rugueuse canaille, élégant pierrot blanc et non plus serviteur retors », écrit Pierre Brisson, qui condamne cette interprétation. De telles discussions autour du rôle prouvent avant tout sa richesse. Son ampleur dépasse ici le texte même et exige une véritable prouesse physique : si l'on n'est pas un mime comme Barrault, un acrobate comme R. Hirsch ou un athlète comme Sorano, on doit renoncer à jouer Scapin. De cela, tous les interprètes, tous les metteurs en scène demeurent d'accord.

# JOGUENET
# OU LES VIEILLARDS DUPÉS [1]

*Voici la plus grande partie de la scène 2 de l'acte III, dont le début est semblable à celui de la scène correspondante (III, 2) des* Fourberies de Scapin.

JOGUENET. — Attendez. Voici une affaire que je me suis trouvée fort à                    1
  propos pour vous tirer des pattes de ces gens-là. Il faut que je vous
  enveloppe dans cette couverture, et que...
GARGANELLE. — Ah! Il me semble que j'entends venir quelqu'un.
JOGUENET. — Non, non; point; point, *ce n'est personne* [2]. *Il faut, dis-je,*          5
  *que je vous enveloppe là-dedans, et que vous gardiez de remuer en aucune*
  *façon; je vous chargerai sur mon dos, comme un paquet de quelque chose,*
  *afin de vous sauver; et je vous porterai ainsi, au travers de vos ennemis,*
  *jusque dans votre maison,* en passant par la porte qu'il y a derrière, *où,*
  *quand nous serons une fois arrivés, nous pourrons nous barricader, et*      10
  *envoyer quérir main-forte contre la violence.*
GARGANELLE. — *L'invention est bonne.*
JOGUENET. — *La meilleure du monde. Vous allez voir* comme *vos ennemis*
  *seront bien attrapés. Mettez-vous* là bien à votre aise, *et surtout prenez*
  *garde de ne* point vous *montrer et de branler, quelque chose qui puisse*    15
  *arriver.*
GARGANELLE. — *Laisse-moi faire. Je saurai me tenir* dans la position qu'il
  faut.
JOGUENET. — Ah! Faites vite, cachez-vous et laissez-vous mener comme
  je voudrai. Je veux vous porter de même que si vous étiez une balle de       20
  marchandise. *Cachez-vous* asture, faites vite. Voilà qui est fait. Nous
  sommes perdus. *Voici un spadassin qui vous cherche.* Ne branlez pas
  au moins. Tournez-moi le dos et appuyez la tête à la muraille. (Ici
  Jodelet contrefait sa voix, et, s'étant écarté au bout du théâtre, il fait
  un autre personnage et dit :) *Quoi! Je n'aurai pas l'avantage de tuer ce*    25
  Garganelle? *Quelqu'un ne m'enseignera-t-il pas où il est?* J'ai couru
  comme un Basque tout le jour sans pouvoir le rencontrer. Sambleu!
  Je le trouverai, se fût-il caché au centre de la terre! Holà! Hé! Écoute
  ici, garçon. Je te baille un louis si tu m'enseignes un peu où peut être
  Garganelle. Oui, morbleu! Je le cherche partout sans savoir encore          30
  de ses nouvelles. (Ici Joguenet se tourne de l'autre côté du théâtre, et,
  prenant son ton naturel dit :) Et *pour quelle affaire, Monsieur,* cherchez-
  vous le seigneur Garganelle? Vous me paraissez fort en colère contre lui.
  (Contrefaisant sa voix.) Il me le paiera bien si je le tiens; *je le veux faire*
  *mourir sous les coups de bâton.* (Il reprend son ton naturel). *Oh! Monsieur,*  35
  *les coups de bâton ne se donnent point aux gens* faits *comme lui, et ce*
  *n'est pas un homme à être traité de la sorte.* (Il se tourne de l'autre côté et
  contrefait sa voix.) *Qui? Ce fat de* Garganelle, *ce maraud, ce belître?*
  — *Le Seigneur* Garganelle, *Monsieur, n'est ni fat, ni maraud, ni belître,*

---

1. Voir *le Problème « Joguenet »*, p. 22. — 2. Nous mettons en italiques les paroles qui figurent dans *les Fourberies.*

*et vous devriez, s'il vous plaît, parler d'autre façon.* — Comment, coquin, [40]
tu me traites ainsi *avec cette hauteur?* — Je défends, comme je dois, un
homme d'honneur qu'on offense injurieusement. — *Est-ce que tu es des
amis de Garganelle?* — *Oui, j'en suis,* et de ses meilleurs; je le servirai
toute ma vie. — Ah! teste! mort! *tu es de ses amis? A la bonne heure.*
Si je le puis rencontrer, ou des soldats de ma compagnie, il n'en paiera [45]
pas moins que de sa vie, ou il consentira au mariage que son fils a
contracté avec Sylvie. De quoi s'est-il allé aviser de le vouloir rompre?
Cependant, coquin, voilà des coups de bâton que je te donne. *Porte-lui
cela de ma part.* (Ici, Joguenet frappe sur le dos de Garganelle comme
si on le battait lui-même, et dit :) *Ah! Monsieur, tout beau! ah! douce-* [50]
*ment,* je vous prie, je n'en suis pas la cause! Pourquoi me frapper si
rudement? Au secours! au secours!

GARGANELLE. — *Ah!* Joguenet, *je n'en puis plus.* Ôtons-nous d'ici.

JOGUENET. — Hélas! *Monsieur, je suis tout moulu,* moi; *et les épaules me
font un mal* si *épouvantable* que je n'aurai pas les forces de vous porter [55]
ailleurs.

GARGANELLE. — Comment donc faire? Ah! me voilà perdu de tous côtés. Ce
diable de Valère va causer ma mort.

JOGUENET. — Hé! Monsieur, à la fin, il vous faudra résoudre à ce mariage
de votre fils. [60]

GARGANELLE. — Non, non, j'aime mieux mourir plutôt que d'y consentir
jamais.

JOGUENET. — Hé bien! comme il vous plaira. Cependant, tout ce que je
puis faire pour votre service, c'est de vous cacher ici derrière, dans ce
coin et là attendre... Faites vite. *Voici un autre qui a la mine d'un étranger.* [65]
Demeurez-là en repos.


SCÈNE III. — GARGANELLE *(caché)*, JOGUENET, ROBIN, FABIAN.


ROBIN. — Holà! holà! hé! où vas-tu! approche un peu ici, dis-moi? Peut-on
par ton moyen savoir des nouvelles de Garganelle, que je cherche partout?

JOGUENET. — *Non, Monsieur,* je ne suis point d'ici, et je ne sais où il est.

ROBIN. — Dis-moi *franchement* la vérité, car je lui veux parler d'une affaire [70]
de très grande conséquence, et lui donner avis que s'il ne se résout bientôt
à consentir au mariage de son fils avec cette Égyptienne, il est perdu,
et on va lui mettre des gens aux trousses qui, sans faute, lui passeront
leur épée au travers de son corps.

JOGUENET. — Ah! que le monde n'est pas si méchant ici qu'en Barbarie; [75]
ils s'en garderont bien.

ROBIN. — Non, non, voilà qui est fait si tu le trouves, de ma part tu peux
l'en avertir en ami. Prenez garde à vous. Voici une demi-douzaine de
soldats bien mutins, qui viennent tous ensemble pour le prendre et se
défaire de lui. [80]

JOGUENET. — Pourquoi diantre! en vouloir si méchamment à ce pauvre
homme-là et le venir assassiner ainsi? Mais peut-être qu'ils s'y
tromperont.

ROBIN, habillé en cavalier et Fabian en Égyptien, contrefaisant tous deux
plusieurs personnes ensemble, disent : — *Allons, tâchons à trouver ce*    85
Garganelle, *cherchons partout. N'épargnons point nos pas, courons toute
la ville,* jusqu'à ce que nous l'ayons rencontré. *N'oublions aucun lieu,
visitons tout, furetons de tous côtés. Par où irons-nous? Tournons par là...
Non, par ici. A gauche, à droite, nenni, si fait.*

JOGUENET dit tout bas à Garganelle:— *Cachez-vous bien,* ne bougez pas, et    90
songez à vos affaires.

FABIAN. — *Ah! camarades, voici son valet. Allons, coquin, il faut que tu nous
enseignes où est* Garganelle.

JOGUENET. — *Eh! messieurs, ne me maltraitez point,* je vous prie.

ROBIN. — *Allons, dis-nous où il est. Parle, hâte-toi.*    95

FABIAN. — *Expédions, dépêche vite,* coquin! Allons donc. Qu'est ceci? Tu
ne veux pas parler? Donnons-lui cent coups.

JOGUENET. — Ah! *Messieurs, doucement;* j'en ai bien reçu assez sans les
vôtres.

FABIAN. — *Si tu ne nous fais trouver ton maître tout à l'heure, nous allons*    100
*faire pleuvoir sur toi une ondée de coups de bâton.*

JOGUENET. — *J'aime mieux souffrir toute chose que de vous découvrir le*
Seigneur Garganelle.

ROBIN. — *Nous allons t'assommer,* coquin, de ce pas.

JOGUENET. — *Faites tout ce qu'il vous plaira de moi.*    105

FABIAN. — *Tu as envie d'être battu,* assurément; tu en as toute la mine.

JOGUENET. — Non, je ne trahirai point mon maître, j'aime mieux aller à
la galère.

ROBIN et FABIAN le frappent et le poursuivent. — *Ah! tu en veux tâter; voilà*
ce que tu mérites. (Ils se retirent.)    110

JOGUENET s'enfuit. — *Ah! scélérats! je suis mort! je n'en puis plus!*

GARGANELLE s'aperçoit de la fourberie. — *Ah! infâme! ah! scélérat!* c'est
toi qui es le scélérat : *c'est ainsi que tu* me fais assassiner!

## SCÈNE IV. — GARGANELLE, SYLVIE, ROBIN.

SYLVIE. — Sortons d'ici. *Je veux prendre un peu l'air* et me divertir de cette
affaire. Ah! ah! que cela est drôle!    115

GARGANELLE. — *Tu me le payeras, je te jure.*

SYLVIE. — Ah! ah! j'en veux rire tout mon saoul.

GARGANELLE. — *Il n'y a rien de plaisant à cela, et vous n'avez que faire d'en
rire.* Cela ne vous touche pas.

SYLVIE. — *Quoi? Que voulez-vous dire, Monsieur?* Ah! Ah!    120

GARGANELLE. — *Je veux dire que vous ne devez pas vous moquer de moi* ainsi.

SYLVIE. — Moi, me moquer de vous? Je n'ai garde, Monsieur. Ah! Ah!

GARGANELLE. — Oui, faites vos affaires et ne riez pas à mes dépens.

ROBIN. — Quel procédé est le vôtre aussi, et qu'avez-vous à rire? Monsieur
a-t-il quelque chose de ridicule en soi?    125

SYLVIE. — Comment? qui songe à se moquer de lui? Je ne suis pas malhon-
nête.

GARGANELLE. — *Pourquoi venez-vous donc me rire au nez?*

SYLVIE. — *Cela ne vous regarde point,* Monsieur, *et je ris toute seule,* ah! ah!
*d'un conte qu'on vient de me faire, le plus plaisant qu'on puisse entendre.*    130
*Je ne sais pas si c'est parce que je suis intéressée dans la chose; mais je n'ai
jamais rien trouvé de si drôle qu'un tour qui vient d'être joué par un fils
à son père, pour en attraper de l'argent.*

GARGANELLE. — *Par un fils à son père, pour en attraper de l'argent?*

SYLVIE. — *Oui, j'ai une démangeaison naturelle de faire part des contes que* 135
*je sais* à quiconque les veut écouter, ah! ah!, et pour peu que vous me
pressiez, vous me trouverez assez disposée à vous dire la chose tout
entière. Ah! Ah!

GARGANELLE. — Voyons un peu, s'il vous plaît, racontez-moi *cette histoire.*

ROBIN. — A quoi allez-vous vous amuser de vouloir entendre des baga- 140
telles qui n'en valent pas peut-être la peine?

GARGANELLE. — Pourquoi? Sans tant de façons, parlez; je suis bien aise
de le savoir.

SYLVIE. — *Je le veux bien. Je ne risquerai pas grand'chose à vous la dire,*
cela me servira de divertissement, ah! ah! et *c'est une aventure qui* 145
*n'est pas pour être longtemps secrète. La destinée a voulu que je me trou-*
*vasse parmi une bande de personnes qu'on appelle Égyptiens et qui,*
*rôdant de province en province, se mêlent de dire la bonne fortune, et*
*quelquefois de beaucoup d'autres choses. En arrivant dans cette ville,*
*un jeune homme me vit et conçut de l'amour pour moi. Dès ce moment il* 150
s'attacha *à mes pas, et le voilà d'abord comme tous les jeunes gens qui croient*
*qu'il n'y a qu'à parler, et qu'au moindre mot qu'ils nous disent, leurs*
*affaires sont faites; mais il trouva une fierté qui lui fit* un peu *corriger ses*
*premières pensées. Il fit connaître sa passion aux gens qui me tenaient, et*
*il les trouva disposés à me laisser à lui, moyennant quelque somme. Mais* 155
*le mal de l'affaire était que mon amant se trouvait dans l'état où l'on voit*
*très souvent la plupart des gens de famille, c'est-à-dire qu'il était un peu*
*dénué d'argent; et il a un père qui, quoique riche, est* un avare achevé et
*le plus vilain homme du monde.*

ROBIN. — Et qui est celui-là? Savez-vous? 160

SYLVIE. — *Attendez.* Je ne saurais me *souvenir de son nom* si vous ne m'aidez
un peu. *Ne pouvez-vous me nommer quelqu'un de cette ville,* Monsieur *qui*
*soit connu pour être* un avaricieux *au dernier point?*

GARGANELLE. — Non, vraiment, je n'en connais point.

SYLVIE. — *Il y a à son nom du* nel... et commence par un Go... Gor... Gor- 165
guinel...

GARGANELLE. — Non, je n'en sais point de ce nom.

SYLVIE. — Ah! je me trompais, ce n'est pas Gorguinel; non, son nom est
Gar... voyons, Garga... Garganelle, oui, justement, Garganelle. *Je*
*l'ai* enfin *trouvé,* mon vilain, que je dis. 170

ROBIN. — C'est ce ladre que vous cherchiez tant.

SYLVIE. — Oui, *pour revenir à notre conte, nos gens ont voulu aujourd'hui*
*partir de cette ville; et mon amant m'allait perdre faute d'argent si, pour*
*en tirer de son père, il n'avait trouvé du secours dans l'industrie d'un servi-*
*teur qu'il a,* fort adroit, le nom duquel *je sais à merveille : il s'appelle* 175
Joguenet; *c'est un homme incomparable, et il mérite toutes les louanges*
*qu'on saurait* donner *à un serviteur fidèle.*

GARGANELLE, à part. — Ah! coquin que tu es!

SYLVIE. — *Voici le stratagème dont il s'est servi pour attraper sa dupe. Ah!*
*ah! je ne saurais m'en souvenir que je ne rie de tout mon cœur. Ah! ah! ah!* 180
*il est allé trouver ce chien d'avare, et il lui a dit qu'en se promenant sur le*
*port avec son fils, ils avaient vu une galère turque où on les avait invités*
*d'entrer.*

GARGANELLE, à part. — Ah! maudite galère.

SYLVIE. — ...*Qu'un jeune Turc leur avait donné* une *collation; que, tandis* [185]
*qu'ils mangeaient, on avait mis* insensiblement *la galère en mer, et que
le Turc l'avait renvoyé, lui seul, à terre dans un esquif, avec ordre de dire
au père de son maître qu'il emmenait son fils en Alger, s'il ne lui envoyait
tout à l'heure cinq cents écus.*

ROBIN. — Voilà donc le *ladre* et le *vilain dans de furieuses angoisses,* n'est-ce [190]
pas?

SYLVIE. — Imaginez-vous que la *tendresse qu'il a pour son fils fait un combat
étrange avec son avarice. Cinq cents écus qu'on lui demande sont juste-
ment cinq cents coups de poignard qu'on lui donne. Il ne peut se résoudre
à tirer cette somme de ses entrailles, et la peine qu'il souffre lui fait trouver* [195]
*cent moyens ridicules pour ravoir son fils.* Premièrement : *Il veut envoyer
la justice en mer après la galère du Turc. Puis il sollicite son valet de s'en
aller offrir à tenir la place de son fils jusqu'à ce qu'il ait amassé l'argent
qu'il n'a pas envie de donner. Ensuite, il abandonne, pour faire les cinq
cents écus, quatre ou cinq vieux habits qui n'en valent pas trente. Après,* [200]
*le valet lui fait comprendre à tous coups l'impertinence de ses propositions,
et chaque réflexion est douloureusement accompagnée d'un « Mais que diable
allait-il faire dans cette galère! Ah! maudite galère! Traître de Turc!*
sans conscience, sans foi, sans loi... »

ROBIN. — Elle n'est pas tant sotte. La peste! qu'elle a de l'esprit! [205]

SYLVIE. — *Enfin, après plusieurs détours, après avoir longtemps gémi et
soupiré... ah! ah!... Mais il me semble, Monsieur, que vous ne riez point
de mon conte. Qu'en dites-vous?* Ne lui a-t-on pas joué une bonne pièce?
Ah! Ah! Parlez...

GARGANELLE. — *Je dis que le jeune homme est un pendard, un insolent qui* [210]
*sera puni par son père du tour qu'il lui a fait; que l'Égyptienne est une
mal avisée et une impertinente de dire des injures à un homme d'honneur,
qui saura lui apprendre à venir ici débaucher les enfants de famille; et
que le valet est un scélérat qui sera par* Garganelle *envoyé au gibet avant
qu'il soit demain.* Adieu, serviteur. [215]

## SCÈNE V. — SYLVIE, ROBIN.

ROBIN. — *Où est-ce donc que vous vous échappez!* Quel diable de conte
allez-vous lui faire? *Savez-vous bien que vous venez de parler là au père
de votre amant* qui s'en sent piqué? Mais je n'ai pu vous en avertir à
temps et n'ai pas fait semblant de rien.

SYLVIE. — Je m'en doutais bien à la fin, *et je me suis adressé à lui-même,* [220]
*sans y penser, pour lui conter son histoire.* J'ai ce défaut que naturellement
je prends plaisir à faire quelque conte au premier qui se présente à moi,
tant j'ai mon naturel à rire. Ah! Ah!

ROBIN. — Je vois bien que *vous aviez grande envie de babiller, et c'est avoir
bien de la langue que de ne se pouvoir taire de ses propres affaires* et de [225]
lui conter son histoire sur le nez.

SYLVIE. — Oui. J'étais toute remplie du conte, et je brûlais de le redire.
Mais qu'importe? qui est galeux, qu'il se gratte. Tant pis pour lui. *Je
ne vois pas que les choses, pour nous, en puissent être ni pis ni mieux.*

ROBIN. — C'est une rage que le sexe a naturellement de parler toujours 230
et de ne rien cacher. Ah! fi! Pourquoi aller mettre en jeu le pauvre
Joguenet?

SYLVIE. — Il vaut autant qu'il le sache de moi! *N'aurait-il pas appris
cela de quelqu'autre?*

*Les scènes 6 et 7 de* Joguenet *correspondent de très près aux scènes 5 et 6 des*
Fourberies; *mais, au lieu de rester en scène, les vieillards sortent et nous avons
alors le texte suivant :*

## SCÈNE VIII. — JOGUENET, ROBIN.

ROBIN. — Ah! que je le plains à l'heure qu'il est! Il y a bien de la besogne 235
à découdre pour son pauvre Joguenet.

JOGUENET. — Holà! Robin! écoute. Eh bien! que font nos deux vieillards?
Où sont-ils allés?

ROBIN. — Ils sont là qui vont revenir.

JOGUENET. — Tu étais bien présent, à ce qu'ils ont dit? 240

ROBIN. — Oui. J'ai deux avis à te donner. Le premier est que ces deux
vieillards font contre toi des menaces épouvantables, et surtout le
Seigneur Garganelle. Il n'y va pas moins que de la corde.

JOGUENET. — Bon, tarare, cela n'est rien. Ne t'en mets pas en peine. *Les
menaces ne m'ont jamais fait mal, et ce sont des nuées qui passent bien* 245
*loin sur nos têtes.*

ROBIN. — Crois-moi, *prends garde à toi. Les fils se pourraient bien raccom-
moder avec les pères, et toi demeurer* du côté du vent de la corde.

JOGUENET. — *Laisse-moi faire.* J'ai trouvé un *moyen d'apaiser leur cour-
roux.* 250

ROBIN. — L'autre avis est qu'il faudrait tâcher d'ajuster l'affaire d'Alcandre.

JOGUENET. — Elle est déjà toute accommodée : en m'informant au vrai
de notre Lucrèce, elle s'est trouvée être la propre fille du seigneur Gar-
ganelle. Ainsi le hasard a fait heureusement ce que la prudence des pères
avait déjà délibéré, et je viens lui en porter la nouvelle. 255

ROBIN. — *Les voilà qui sortent* tous deux, parle.

## SCÈNE IX. — ALCANTOR, GARGANELLE, JOGUENET, ROBIN.

JOGUENET. — Allégresse, allégresse! courage, Seigneur Garganelle!

GARGANELLE. — Eh bien! qu'est cela, fripon de Joguenet?

JOGUENET. — Le Ciel enfin vous favorise dans vos malheurs, et je viens
de découvrir des nouvelles qui vous feront sans doute beaucoup de 260
plaisir.

ALCANTOR. — Sachons un peu ce qu'il veut dire.

JOGUENET. — C'est qu'une certaine Florice, qui est la nourrice de Lucrèce,
votre belle-fille prétendue, vient de m'apprendre qu'elle était de fort
honnête condition et qu'elle était fille du Seigneur Bandodini de la ville 265
de Tarente, où vous avez resté autrefois sous le nom de Bandodini.

GARGANELLE. — *Appelle-moi* Garganelle *et ne te sers plus de ce nom* de Ban-
dodini, car, à l'heure qu'il est, *les raisons ont cessé qui m'avaient obligé*
de *prendre* ce nom dans ce pays-là.

JOGUENET. — Et c'est *ce changement de nom,* sans doute, qui leur a *causé* 270
ces *troubles* et ces *inquiétudes dans les soins* qu'elles ont *pris de vous
venir chercher ici.*

GARGANELLE. — *Où est ma fille? et sa mère?*

JOGUENET. — *Votre fille, Monsieur, n'est pas loin d'ici, mais avant que de
vous la faire voir,* Florice m'a chargé de vous demander *pardon* pour 275
elle, *de l'avoir mariée dans l'abandonnement où, faute de vous rencontrer,*
elle s'est *trouvée* seule chargée de votre fille, et vous en fera ses excuses
en particulier dès qu'elle sera remise de son incommodité au pied.

GARGANELLE. — *Ma fille est mariée!*

JOGUENET. — *Oui, Monsieur,* et très bien mariée, Dieu merci! 280

GARGANELLE. — *Et avec qui,* dis-moi?

JOGUENET. — *Avec un jeune homme nommé* Alcandre, *fils du Seigneur* Alcan-
tor.

GARGANELLE. — O Ciel! Cela est-il possible?

JOGUENET. — Il n'y a rien de plus vrai. 285

GARGANELLE. — Quel rencontre si heureux! Le hasard a donc fait déjà ce
que nous avions projeté, j'en suis ravi!

ROBIN. — *Voilà une aventure tout à fait surprenante.*

GARGANELLE. — *Mène-nous,* Joguenet, *mène-nous promptement où elle est.*

JOGUENET. — *Vous n'avez qu'à entrer dans ce logis.* 290

GARGANELLE. — *Passe devant* pour nous montrer le chemin; *suivez-moi,
Seigneur* Alcandre, suivez-moi. Allons la voir.

*La scène 10 de* Joguenet *est identique à la scène 10 des* Fourberies.

SCÈNE XI. — GARGANELLE, ALCANTOR, ALCANDRE, VALÈRE, LUCRÈCE, SYLVIE,
JOGUENET, ROBIN.

VALÈRE. — *Mon père, ne vous plaignez point,* s'il vous plaît, *que j'aime
une inconnue, sans naissance et sans bien. Ceux de qui je l'ai rachetée,*
de votre argent, *viennent de me découvrir qu'elle est de cette ville ici et* 295
*d'honnête famille; que ce sont eux qui l'ont dérobée à l'âge de quatre ans,
et voici un bracelet qu'ils m'ont donné* pour marque, lequel *pourra nous
aider à trouver ses parents.*

ALCANTOR. — Voyons un peu. *Hélas! à regarder ce bracelet! c'est ma fille
que je perdis à l'âge que vous dites* là. 300

GARGANELLE. — *Votre fille!* Encore, serait-il possible?

ALCANTOR. — *Oui, ce l'est* assurément, c'est le même bracelet, et de plus
je remarque asture en elle *tous les traits* de son visage qui me peuvent
rendre témoignage que c'est ma propre fille.

LUCRÈCE. — *O Ciel! Que d'aventures extraordinaires* qui se présentent aujour- 305
d'hui pour favoriser nos amants!

JOGUENET. — Voilà ce que c'est que de blâmer les gens avant de les
entendre.

GARGANELLE. — Pour toi, tu es un *coquin que je veux faire pendre* demain
pour l'exemple. 310

JOGUENET. — Hélas! il ne me reste donc qu'un jour à vivre! Pauvre
Joguenet! Voilà la belle récompense que vous me faisiez espérer tantôt
lorsque je vous ai bien servi.

ALCANTOR. — Pour moi je te pardonne tes fourberies.

JOGUENET. — Et c'est vous pourtant que j'ai le plus offensé, Monsieur. 315
Je ne serai que demi-pendu. Hélas!

GARGANELLE. — Tais-toi. Ne parle pas davantage. Je te pardonne aussi. Voilà qui est fait, j'oublie tout.

JOGUENET. — Hélas! Quelle bonté! Oh! Monsieur, je me sens tout soulagé depuis cette parole : je te pardonne. J'avais déjà mal au cœur [320] et je croyais être pendu dès demain.

GARGANELLE. — Ne parlons plus de rien que de joyeux. Je te pardonne tout, à la charge que tu ne resteras plus chez...

JOGUENET. — Hélas! je ne serai donc pas de fête, moi qui ai eu tant de part à la faire. [325]

ALCANTOR. — *Il faut,* Seigneur Garganelle, *en faveur de notre joie, lui pardonner* absolument *sans aucune condition.*

GARGANELLE. — A la bonne heure, *soit!* Puisque vous le voulez, qu'il demeure encore pour avoir part à notre fête.

JOGUENET. — *Mais est-ce* tout de bon, Monsieur, *que vous me pardonnez?* [330]

GARGANELLE. — Oui, oui, c'est assez dit.

JOGUENET. — Eh bien! *Je vous conjure de tout mon cœur,* les uns et les autres, *de vouloir* aussi *me pardonner tous* en général et en particulier tout ce que je puis avoir fait de mauvais, *et principalement le Seigneur* Alcantor *et le Seigneur* Garganelle, que j'ai le plus fâchés, je les prie... [335]

GARGANELLE. — Oui, oui, tais-toi, te dis-je, ne raisonne plus avec moi.

ALCANTOR. — *Pour mieux goûter notre plaisir, allons* tous *souper ensemble* chez moi. Entrons; passez, Seigneur Garganelle.

GARGANELLE. — Ce sera après vous, s'il vous plaît, que j'entrerai.

ALCANTOR. — Sans tant de façons, entrez le premier, je vous prie, et les [340] autres suivront.

JOGUENET. — Ah! voilà ce que c'est maintenant! Sans les fourberies de Joguenet, qu'on voulait tant décrier et punir exemplairement, si je n'avais pas bien joué mon rôle, nous ne ferions pas ces deux mariages à la fois. [345]

ROBIN. — Par ma foi, tu l'as échappé belle, Joguenet; eh bien, tant mieux que tu aies tant d'esprit pour conduire les intrigues d'amour et pour savoir mener ainsi les affaires à bon port. Vogue la galère! Vive l'amour et la joie!

### ● L'imitation et l'invention

L'examen de cet acte fait ressortir des différences sensibles entre les deux pièces. Dans *Joguenet :*
— Robin, Silvestre et Fabian prêtent la main à Joguenet pour bâtonner Géronte : la vengeance de Joguenet (qui d'ailleurs n'est pas clairement annoncée à la fin de l'acte II) est donc une affaire moins personnelle.
— Robin assiste au récit que fait Sylvie-*Zerbinette* à Garganelle-*Géronte.* Il sait qui est Argante et ne fait rien pour l'empêcher de parler.
— La nourrice n'apparaît pas et c'est Joguenet qui apprend l'heureuse nouvelle, ce qui allège la reconnaissance, toujours assez artificielle, et permet d'expliquer le pardon de la fin.
— La facilité de ce pardon n'oblige pas Joguenet-*Scapin* à une dernière fourberie fort plaisante et qui met un digne point final aux *Fourberies.*
— La langue est plus imagée et plus copieuse; certaines plaisanteries ne se retrouvent pas dans la pièce des *Fourberies* qui, plus courte, gagne par ailleurs en vivacité.

① Montrez comment, de ces différences, on peut conclure à la supériorité des *Fourberies de Scapin* sur *Joguenet ou les Vieillards dupés.*

ADRASTE se met aux genoux d'Isidore,
pendant que Dom Pèdre parle à Hali... (*Le Sicilien*, l. 450 et suiv.)

Gravure de Boucher

# LA COMÉDIE DU « SICILIEN »

## 1. Représentation

Lorsque, le 2 décembre 1666, Louis XIV donne de grandes fêtes à Saint-Germain, ce que Paris compte de meilleurs comédiens, la troupe de Molière, celle de l'Hôtel de Bourgogne, les Italiens et les Espagnols participent au *Ballet des muses* ordonné par Bensserade. Molière écrit la troisième entrée du Ballet, une pastorale héroïque et précieuse, *Mélicerte*, remplacée en janvier par *la Pastorale comique*. Il fournit aussi la quatorzième et dernière entrée, ajoutée le 14 février comme couronnement du cycle et signal du *plaudite* : c'est *le Sicilien ou l'Amour peintre*. Lully avait signé la musique, et Louis XIV, Monsieur, M^lle de Lavallière et d'autres grands formaient la troupe des « Maures et Mauresques de qualité ». Le succès fut vif à la Cour. Mais les boutiquiers et bourgeois de la ville, à qui Molière, malade, ne put présenter la pièce que quatre mois plus tard, goûtèrent peu cette délicate bluette qu'il jouait avec des tragédies ou des comédies. Robinet se montra pourtant fort louangeur le 12 juin, prononçant le mot de *chef-d'oeuvre* et indiquant que Molière jouait le rôle du Sicilien « d'une manière — Qui fait rire de tout le cœur ». Son habit était le plus somptueux qu'il eût jamais porté au théâtre, « présent de Roi » dit Robinet, mot qu'il faut peut-être prendre au pied de la lettre. « Chausses et manteau de satin violet, avec une broderie or et argent, doublé de tabis vert, et le jupon de moire d'or, à manches de toile d'argent, garni de broderies d'or et d'argent et un bonnet de nuit, une perruque et une épée », précise l'Inventaire.

## 2. Les sources

Le jaloux abusif est un thème primitif de la littérature, exploité surtout par les Espagnols et les Italiens, et que Molière a lui-même traité dans *l'Étourdi* et *l'École des femmes*. *L'Amour médecin* et *le Médecin malgré lui* se terminent aussi par un enlèvement. Pour la scène au cours de laquelle Climène cherche un asile chez Dom Pèdre contre les violences d'un jaloux, on peut en trouver l'origine chez CALDERON (*El Escondido y la tapada*, l'homme caché et la femme voilée). Molière s'est d'ailleurs servi de ce voile dans *l'École des maris*. Quant à l'idée de *l'Amour peintre*, il l'a peut-être trouvée dans la huitième des *Facétieuses journées* de GABRIEL CHAPPUIS : « Galeaz de la Vallée aime une femme et la fait pourtraire ; elle devient amoureuse du peintre et ne veut plus voir Galeaz ». Mais le peintre est un vrai peintre, non un amant déguisé. Le déguisement vient peut-être de *l'Argenis* de DU RYER, de *la Pèlerine amoureuse* de ROTROU, du *Campagnard* de GILLET DE LA TESSONNERIE. Bref, l'idée est dans l'air et sera d'ailleurs exploitée encore. Tantôt c'est l'amour-médecin, tantôt l'amour-commissaire (*les Plaideurs* de RACINE), tantôt l'amour-maître de musique (*le Barbier de Séville*). Mais qu'importent ces rapprochements ? Ici encore, le travail des « sourciers » s'avère naïvement inutile.

### 3. Les mœurs

Est-il plus important de se demander si, dans cette fantaisie de circonstance, la peinture des mœurs a quelque solidité? Paul Mesnard a trop longuement démontré que l'esclavage existait encore en Sicile au xviie siècle. A vrai dire, à travers une intrigue passe-partout et des personnages conventionnels, nous avons ici, selon Antoine Adam, « une des œuvres les plus curieuses, les plus attachantes de Molière ». Cet Orient qu'on lui a imposé, il l'enrichit de toute son expérience vécue ou livresque du Midi, de l'Espagne, de l'Italie. La poésie des masques, des déguisements, des sérénades au clair de lune, la bigarrure des costumes et des jargons, la fourbe du valet, l'industrieuse galanterie des amants, la débonnaire férocité du croquemitaine jaloux composent déjà, polissonnerie en moins, un de ces contes orientaux dont le xviiie siècle sera si friand. Et pourtant ce n'est pas une pièce Régence : il règne ici comme un parfum traînant de l'Hôtel de Rambouillet, une délicate décence qui sent son Versailles de loin. Sous la baguette du franco-florentin Lully, les Sganarelle, les Arnolphe, splendidement vêtus de toutes les pierreries de l'Orient, dansent au son des timbales sarrazines un Ballet des Nations où le point d'honneur espagnol, la galanterie française, la grâce languissante d'une Grèce de harem s'unissent à l'aspérité sicilienne pour réussir, à la Cour du Roi Soleil, le plus cosmopolite et le plus léger des divertissements. (Nous avons traduit le sabir des chansons.)

### 4. Le style

Pour cette œuvre d'imagination où ni le psychologue, ni le moraliste ne trouvent leur compte, il fallait un style approprié. A la lecture du *Sicilien*, M. Jourdain aurait eu une grande surprise : ce ne sont plus des vers, et ce n'est pas tout à fait de la prose. Entre la saveur populaire d'une langue sobre et musclée et l'allégresse primesautière d'un vers dansant, Molière hésite alors. Il trouvera pour *Amphitryon* le mètre varié et ondoyant qui permet de concilier ces deux exigences. Ici, tous les critiques ont remarqué l'écriture très particulière, comportant une foule de vers de 5, 6, 8, 10, 12 syllabes, comme si Molière avait d'abord voulu écrire la pièce en vers. Mais alors comment ne trouverait-on pas, de ci, de là, quelques traces de rime? Serait-ce le tic d'un écrivain qui vient d'écrire en vers et sous la plume duquel les cadences reviennent instinctivement? C'est possible mais nous remarquons d'abord qu'il ne semble pas avoir lutté contre cette tendance : il était facile d'écrire « je veux jusqu'au jour les faire ici chanter », et, non comme il l'a fait (l. 36) : « jusques au jour », ce qui donne un alexandrin. Par ailleurs, les images, les inversions appartiennent au mode poétique. Le vers le plus évocateur de toute notre poésie classique, nous le trouvons dans ce début du *Silicien* (l. 3), qu'il est si facile de découper en vers : « Le ciel s'est habillé ce soir en Scaramouche... » Cette liberté de rythme n'est pas le moindre charme d'une œuvre dont Voltaire affirme : « C'est la seule petite pièce en un acte où il y ait de la grâce », jugement qui ne nous apparaît injuste qu'en référence à l'œuvre, postérieure, de Musset.

# LE SICILIEN OU L'AMOUR PEINTRE

| LES PERSONNAGES | LES ACTEURS |
|---|---|
| ADRASTE, gentilhomme français, amant d'Isidore. | La Grange. |
| DOM PÈDRE, Sicilien, amant d'Isidore. | Molière. |
| ISIDORE, Grecque, esclave de Dom Pèdre. | M<sup>lle</sup> de Brie. |
| CLIMÈNE, sœur d'Adraste. | M<sup>lle</sup> Molière. |
| HALI, valet d'Adraste. | La Thorillière. |
| LE SÉNATEUR. | Du Croisy. |
| LES MUSICIENS. | |
| TROUPE D'ESCLAVES. | |
| TROUPE DE MAURES. | |
| DEUX LAQUAIS. | |

*La scène est à Messine, dans une place publique.*

### SCÈNE PREMIÈRE. — HALI, MUSICIENS.

HALI *aux musiciens.* — Chut... N'avancez pas davantage, et demeurez dans cet endroit jusqu'à ce que je vous appelle. *(Seul.)* Il fait noir comme dans un four; le ciel s'est habillé ce soir en Scaramouche[1], et je ne vois pas une étoile qui montre le bout de son nez. Sotte condition que celle d'un esclave! de ne vivre jamais pour soi, et d'être toujours tout entier aux passions d'un maître; de n'être réglé que par ses humeurs, et de se voir réduit à faire ses propres affaires de tous les soucis qu'il peut prendre! Le mien me fait ici épouser ses inquiétudes; et parce qu'il est amoureux, il faut que nuit et jour je n'aie aucun repos[2]. Mais voici des flambeaux et sans doute c'est lui.

### SCÈNE II. — ADRASTE ET DEUX LAQUAIS, *portant chacun un flambeau;* HALI.

ADRASTE. — Est-ce toi, Hali?

HALI. — Et qui pourrait-ce être que moi? A ces heures de nuit, hors vous et moi, Monsieur, je ne crois pas que personne s'avise de courir maintenant les rues.

ADRASTE. — Aussi ne crois-je pas qu'on puisse voir personne qui sente dans son cœur la peine que je sens. Car, enfin, ce n'est rien d'avoir à combattre l'indifférence ou les rigueurs d'une beauté qu'on aime : on a toujours au moins le plaisir de la plainte et la liberté des soupirs. Mais ne pouvoir trouver aucune occasion de parler à ce qu'on adore, ne pouvoir savoir d'une belle si l'amour qu'inspirent ses yeux est pour lui plaire ou lui déplaire, c'est la plus fâcheuse, à mon gré, de toutes les inquiétudes; et c'est où me réduit l'incommode jaloux qui veille, avec tant de souci, sur ma charmante Grecque, et ne fait pas un pas sans la traîner à ses côtés.

---

1. Scaramouche, que Molière admira tant, était vêtu de noir. — 2. Voir les plaintes de Sosie dans *Amphitryon*, I, 1, et celles de Petit-Jean dans *les Plaideurs*, I, 1.

HALI. — Mais il est en amour plusieurs façons de se parler; et il me semble, ²⁵
à moi, que vos yeux et les siens, depuis près de deux mois se sont dit
bien des choses.

ADRASTE. — Il est vrai qu'elle et moi nous nous sommes souvent parlé
des yeux; mais comment reconnaître que, chacun de notre côté, nous
ayons comme il faut expliqué ce langage? Et que sais-je, après tout, si ³⁰
elle entend bien tout ce que mes regards lui disent? et si les siens me
disent ce que je crois parfois entendre?

HALI. — Il faut chercher quelque moyen de se parler d'autre manière.

ADRASTE. — As-tu là tes musiciens?

HALI. — Oui. ³⁵

ADRASTE. — Fais-les approcher. *(Seul.)* Je veux, jusques au jour, les faire
ici chanter, et voir si leur musique n'obligera point cette belle à paraître
à quelque fenêtre.

HALI. — Les voici. Que chanteront-ils?

ADRASTE. — Ce qu'ils jugeront de meilleur [1]. ⁴⁰

HALI. — Il faut qu'ils chantent un trio qu'ils me chantèrent l'autre jour.

ADRASTE. — Non, ce n'est pas ce qu'il me faut.

HALI. — Ah! Monsieur, c'est du beau bécarre [2].

ADRASTE. — Que diantre veux-tu dire avec ton beau bécarre?

HALI. — Monsieur, je tiens pour le bécarre : vous savez que je m'y connais. ⁴⁵
Le bécarre me charme; hors du bécarre, point de salut en harmonie.
Écoutez un peu ce trio.

ADRASTE. — Non, je veux quelque chose de tendre et de passionné, quelque
chose qui m'entretienne dans une douce rêverie.

HALI. — Je vois bien que vous êtes pour le bémol [3]; mais il y a moyen de ⁵⁰
nous contenter l'un et l'autre. Il faut qu'ils vous chantent une certaine
scène d'une petite comédie que je leur ai vu essayer. Ce sont deux bergers
amoureux, tout remplis de langueur, qui, sur bémol, viennent sépare-
ment faire leurs plaintes dans un bois, puis se découvrent l'un à l'autre
la cruauté de leurs maîtresses; et là-dessus vient un berger joyeux, avec ⁵⁵
un bécarre admirable, qui se moque de leur faiblesse.

ADRASTE. — J'y consens. Voyons ce que c'est.

HALI. — Voici, tout juste [4], un lieu propre à servir de scène; et voilà deux
flambeaux pour éclairer la comédie.

ADRASTE. — Place-toi contre ce logis, afin qu'au moindre bruit que l'on ⁶⁰
fera dedans, je fasse cacher les lumières.


SCÈNE III, *chantée par trois musiciens.*


PREMIER MUSICIEN, représentant Philène.
— *Si du triste récit de mon inquiétude*
*Je trouble le repos de votre solitude,*
*Rochers, ne soyez point fâchés.* ⁶⁵
*Quand vous saurez l'excès de mes peines secrètes,*

---

1. *De* était très usité au XVIIᵉ s., avec *être* et *paraître*, devant le complément. — 2. Mode
majeur. — 3. Mode mineur. — 4. Justement.

> *Tout rochers que vous êtes,*
> *Vous en serez touchés.*

SECOND MUSICIEN, représentant Tircis.
> — *Les oiseaux réjouis, dès que le jour s'avance,*      70
> *Recommencent leurs chants dans ces vastes forêts :*
> *Et moi j'y recommence*
> *Mes soupirs languissants et mes tristes regrets.*
> *Ah! Mon cher Philène!*

PREMIER MUSICIEN.
> —
> *Ah! mon cher Tircis!*      75

SECOND MUSICIEN.
> —.
> *Que je sens de peine!*

PREMIER MUSICIEN.
> —
> *Que j'ai de soucis!*

SECOND MUSICIEN.
> — *Toujours sourde à mes vœux est l'ingrate Climène.*

PREMIER MUSICIEN.
> — *Cloris n'a point pour moi de regards adoucis.*

TOUS DEUX. —
> *O loi trop inhumaine!*      80
> *Amour, si tu ne peux les contraindre d'aimer,*
> *Pourquoi leur laisses-tu le pouvoir de charmer?*

TROISIÈME MUSICIEN, représentant un pâtre.
> — *Pauvres amants, quelle erreur*
> *D'adorer des inhumaines!*      85
> *Jamais les âmes bien saines*
> *Ne se payent de rigueur;*
> *Et les faveurs sont les chaînes*
> *Qui doivent lier un cœur.*
> *On voit cent belles ici*      90
> *Auprès de qui je m'empresse;*
> *A leur vouer ma tendresse*
> *Je mets mon plus doux souci;*
> *Mais lorsque l'on est tigresse,*
> *Ma foi, je suis tigre aussi.*      95

PREMIER ET SECOND MUSICIENS.
> — *Heureux hélas! qui peut aimer ainsi!*

HALI. — Monsieur, je viens d'ouïr quelque bruit au-dedans.

ADRASTE. — Qu'on se retire vite, et qu'on éteigne les flambeaux.

SCÈNE IV. — DOM PÈDRE, ADRASTE, HALI.

DOM PÈDRE, *sortant en bonnet de nuit et robe de chambre avec une épée sous*  100
*son bras.* — Il y a quelque temps que j'entends chanter à ma porte; et,
sans doute, cela ne se fait pas pour rien. Il faut que, dans l'obscurité,
je tâche à découvrir quelles gens ce peuvent être.

ADRASTE. — Hali!

HALI. — Quoi? 105

ADRASTE. — N'entends-tu plus rien?

HALI. — Non. *(Dom Pèdre est derrière eux, qui les écoute.)*

ADRASTE. — Quoi! Tous nos efforts ne pourront obtenir que je parle un moment à cette aimable Grecque? et ce jaloux maudit, ce traître de Sicilien, me fermera toujours tout accès auprès d'elle? 110

HALI. — Je voudrais, de bon cœur, que le diable l'eût emporté, pour la fatigue qu'il nous donne, le fâcheux, le bourreau qu'il est! Ah! si nous le tenions ici, que je prendrais de joie à venger sur son dos tous les pas inutiles que sa jalousie nous fait faire!

ADRASTE. — Si faut-il bien pourtant[1] trouver quelque moyen, quelque 115 invention, quelque ruse pour attraper notre brutal : j'y suis trop engagé pour en avoir le démenti et quand j'y devrais employer...

HALI. — Monsieur, je ne sais pas ce que cela veut dire, mais la porte est ouverte; et si vous le voulez, j'entrerai doucement pour découvrir d'où cela vient. *(Dom Pèdre se retire sur sa porte.)* 120

ADRASTE. — Oui, fais, mais sans faire de bruit; je ne m'éloigne pas de toi. Plût au Ciel que ce fût la charmante Isidore!

DOM PÈDRE, *lui donnant sur la joue.* — Qui va là?

HALI, *lui faisant de même.* — Ami.

DOM PÈDRE. — Holà! Francisque, Dominique, Simon, Martin, Pierre, 125 Thomas, Georges, Charles, Barthélémy[2]! Allons, promptement, mon épée, ma rondache, ma hallebarde, mes pistolets, mes mousquetons, mes fusils! Vite, dépêchez! Allons, tue, point de quartier.

## SCÈNE V. — ADRASTE, HALI.

ADRASTE. — Je n'entends remuer personne. Hali! Hali!

HALI, *caché dans un coin.* — Monsieur. 130

ADRASTE. — Où donc te caches-tu?

HALI. — Ces gens sont-ils sortis?

ADRASTE. — Non, personne ne bouge.

HALI, *en sortant d'où il était caché.* — S'ils viennent, ils seront frottés.

ADRASTE. — Quoi! tous nos soins seront donc inutiles? et toujours ce 135 fâcheux jaloux se moquera de nos desseins.

HALI. — Non, le courroux du point d'honneur me prend. Il ne sera pas dit qu'un triomphe de mon adresse; ma qualité de fourbe s'indigne de tous ces obstacles, et je prétends faire éclater les talents que j'ai eus du Ciel[3]. 140

ADRASTE. — Je voudrais seulement que, par quelque moyen, par un billet, par quelque bouche, elle fût avertie des sentiments qu'on a pour elle, et savoir les siens là-dessus. Après, on peut trouver facilement les moyens...

HALI. — Laisse-moi faire seulement; j'en essayerai tant de toutes les 145 manières, que quelque chose enfin nous pourra réussir. Allons, le jour paraît; je vais chercher mes gens, et venir attendre en ce lieu que notre jaloux sorte.

---

1. Pléonasme : cependant (= *si*), il faut bien malgré tout (= *pourtant*). — 2. Même mouvement de Mascarille dans *les Précieuses ridicules* (sc. 11). — 3. A quelle scène des *Fourberies de Scapin* pensons-nous ici?

## SCÈNE VI [1]. — DOM PÈDRE, ISIDORE.

ISIDORE. — Je ne sais pas quel plaisir vous prenez à me réveiller si matin; cela s'ajuste assez mal, ce me semble, au dessein que vous avez pris de me faire peindre aujourd'hui; et ce n'est guère pour avoir le teint frais et les yeux brillants que se lever dès la pointe du jour. 150

DOM PÈDRE. — J'ai une affaire qui m'oblige à sortir à l'heure qu'il est.

ISIDORE. — Mais l'affaire que vous avez eût bien pu se passer, je crois, de ma présence; et vous pouviez, sans vous incommoder, me laisser goûter les douceurs du sommeil du matin. 155

DOM PÈDRE. — Oui, mais je suis bien aise de vous voir toujours avec moi. Il n'est pas mal de s'assurer un peu contre les soins des surveillants; et, cette nuit encore, on est venu chanter sous nos fenêtres.

ISIDORE. — Il est vrai; la musique en était admirable. 160

DOM PÈDRE. — C'était pour vous que cette musique se faisait?

ISIDORE. — Je le veux croire ainsi, puisque vous me le dites.

DOM PÈDRE. — Vous savez qui était celui qui donnait cette sérénade?

ISIDORE. — Non pas; mais qui que ce puisse être, je lui suis obligée.

DOM PÈDRE. — Obligée! 165

ISIDORE. — Sans doute, puisqu'il cherche à me divertir.

DOM PÈDRE. — Vous trouvez donc bon qu'on vous aime?

ISIDORE. — Fort bon; cela n'est jamais qu'obligeant.

DOM PÈDRE. — Et vous voulez du bien à tous ceux qui prennent ce soin?

ISIDORE. — Assurément. 170

DOM PÈDRE. — C'est dire fort net ses pensées.

ISIDORE. — A quoi bon de dissimuler? Quelque mine qu'on fasse, on est toujours bien aise d'être aimée : ces hommages à nos appas ne sont jamais pour nous déplaire. Quoi qu'on en puisse dire, la grande ambition des femmes est, croyez-moi, d'inspirer de l'amour. Tous les soins qu'elles prennent ne sont que pour cela; et l'on n'en voit point de si fière qui ne s'applaudisse en son cœur des conquêtes que font ses yeux. 175

DOM PÈDRE. — Mais si vous prenez, vous, du plaisir à vous voir aimée, savez-vous bien, moi qui vous aime, que je n'y en prends nullement?

ISIDORE. — Je ne sais pas pourquoi cela; et si j'aimais quelqu'un, je n'aurais point de plus grand plaisir que de le voir aimé de tout le monde. Y a-t-il rien qui marque davantage la beauté du choix que l'on fait? et n'est-ce pas pour s'applaudir que ce que nous aimons soit trouvé fort aimable? 180

DOM PÈDRE. — Chacun aime à sa guise, et ce n'est pas là ma méthode. Je serai fort ravi qu'on ne vous trouve point si belle, et vous m'obligerez de n'affecter point tant de le paraître à d'autres yeux. 185

---

1. La scène reste vide un moment : le jour paraît, chassant les uns, amenant les autres. C'est comme un entracte.

ISIDORE. — Quoi! jaloux de ces choses-là?

DOM PÈDRE. — Oui, jaloux de ces choses-là, mais jaloux comme un tigre et, si vous voulez, comme un diable. Mon amour vous veut toute à moi; [190] sa délicatesse s'offense d'un souris, d'un regard qu'on vous peut arracher; et tous les soins qu'on me voit prendre ne sont que pour fermer tout accès aux galants, et m'assurer la possession d'un cœur dont je ne puis souffrir qu'on me vole la moindre chose.

ISIDORE. — Certes, voulez-vous que je dise? Vous prenez un mauvais parti; [195] et la possession d'un cœur est fort mal assurée, lorsqu'on prétend le retenir par force. Pour moi, je vous l'avoue, si j'étais galant d'une femme qui fût au pouvoir de quelqu'un, je mettrais toute mon étude à rendre ce quelqu'un jaloux, et l'obliger à veiller nuit et jour celle que je voudrais gagner. C'est un admirable moyen d'avancer ses affaires; [200] et l'on ne tarde guère à profiter du chagrin et de la colère que donne à l'esprit d'une femme la contrainte et la servitude [1].

DOM PÈDRE. — Si bien donc que, si quelqu'un vous en contait, il vous trouverait disposée à recevoir ses vœux?

ISIDORE. — Je ne vous dis rien là-dessus. Mais les femmes enfin n'aiment [205] pas qu'on les gêne; et c'est beaucoup risquer que de leur montrer des soupçons et de les tenir renfermées [2].

DOM PÈDRE. — Vous reconnaissez peu ce que vous me devez, et il me semble qu'une esclave que l'on a affranchie, et dont on veut faire sa femme... [210]

ISIDORE. — Quelle obligation vous ai-je, si vous changez un esclavage en un autre beaucoup plus rude, si vous ne me laissez jouir d'aucune liberté, et me fatiguez, comme on voit, d'une garde continuelle?

DOM PÈDRE. — Mais tout cela ne part que d'un excès d'amour.

ISIDORE. — Si c'est votre façon d'aimer, je vous prie de me haïr. [215]

DOM PÈDRE. — Vous êtes aujourd'hui dans une humeur désobligeante; et je pardonne ces paroles au chagrin où vous pouvez être de vous être levée matin.

SCÈNE VII. — DOM PÈDRE, ISIDORE; HALI, *habillé en Turc, faisant plusieurs révérences à Dom Pèdre.*

DOM PÈDRE. — Trêve aux cérémonies. Que voulez-vous?

HALI (*Il se tourne vers Isidore, à chaque parole qu'il dit à Dom Pèdre, et lui* [220] *fait des signes pour lui faire connaître le dessein de son maître*). — Signor (avec la permission de la Signore), je vous dirai (avec la permission de la Signore) que je viens vous trouver (avec la permission de la Signore), pour vous prier (avec la permission de la Signore) de bien vouloir (avec la permission de la Signore)... [225]

DOM PÈDRE. — Avec la permission de la Signore, passez un peu de ce côté. (*Dom Pèdre se met entre Hali et Isidore.*)

HALI. — Signor, je suis un virtuose [3].

DOM PÈDRE. — Je n'ai rien à donner.

---

1. Cf. Rabelais (chapitre 34 du *Tiers Livre*) : « Au temps, dit Carpalim, que j'étais rufian à Orléans, je n'avais — argument plus persuasif envers les dames — pour les attirer aux jeux d'amours que vivement, apertement, détestablement remontrant comment leurs maris étaient d'elles jaloux. ». — 2. Comparer Isidore avec Agnès de *l'École des femmes*. — 3. De l'italien *virtuoso*, francisé, semble-t-il, par Molière; mot nouveau, d'où la réplique comique de Dom Pèdre.

HALI. — Ce n'est pas ce que je demande. Mais comme je me mêle un peu ²³⁰
de musique et de danse, j'ai instruit quelques esclaves qui voudraient
bien trouver un maître qui se plût à ces choses; et comme je sais que
vous êtes une personne considérable, je voudrais vous prier de les voir
et de les entendre, pour les acheter s'ils vous plaisent, ou pour leur
enseigner quelqu'un de vos amis qui voulût s'en accommoder. ²³⁵

ISIDORE. — C'est une chose à voir, et cela nous divertira. Faites-les nous
venir.

HALI. — *Chala bala...* Voici une chanson nouvelle, qui est du temps. Écoutez
bien. *Chala bala.*

SCÈNE VIII. — HALI *et quatre* ESCLAVES; ISIDORE, DOM PÈDRE.
Hali chante dans cette scène, et les esclaves dansent dans les intervalles de son chant.

HALI chante. ²⁴⁰

> — *D'un cœur ardent, en tous lieux*
> *Un amant suit une belle;*
> *Mais d'un jaloux odieux*
> *La vigilance éternelle*
> *Fait qu'il ne peut que des yeux* ²⁴⁵
> *S'entretenir avec elle.*
> *Est-il peine plus cruelle*
> *Pour un cœur bien amoureux?*

(A Dom Pèdre.)

| | |
|---|---|
| *Chiribirida ouch alla!* | Chiribirida ouch alla ! ²⁵⁰ |
| *Star bon Turca,* | Être bon Turc, |
| *Non aver danara.* | Pas avoir un denier. |
| *Ti voler comprara?* | Toi vouloir acheter? |
| *Mi servir à ti,* | Moi servir toi, |
| *Se pagar per mi :* | Si toi payer pour moi : ²⁵⁵ |
| *Far bona coucina,* | Faire bonne cuisine, |
| *Mi levar matina,* | Me lever matin, |
| *Far boller cadara.* | Faire bouillir marmite. |
| *Parlara, parlara :* | Parler, parler : |
| *Ti voler comprara?* | Toi vouloir acheter? ²⁶⁰ |

*PREMIÈRE ENTRÉE DE BALLET*

Danse des esclaves.

HALI, *à Isidore.*

> — *C'est un supplice à tous coups,*
> *Sous qui cet amant expire;*
> *Mais si d'un œil un peu doux*
> *La belle voit son martyre* ²⁶⁵
> *Et consent qu'aux yeux de tous*
> *Pour ses attraits il soupire,*
> *Il pourrait bientôt se rire*
> *De tous les soins du jaloux.*

(A Dom Pèdre.)

| | |
|---|---|
| *Chiribirida ouch alla!* | Chiribirida ouch alla! [270] |
| *Star bon Turca,* | Être bon Turc, |
| *Non aver danara.* | Pas avoir un denier. |
| *Ti voler comprara?* | Toi vouloir acheter? |
| *Mi servir à ti,* | Moi servir toi, |
| *Se pagar per mi :* | Si toi payer pour moi : [275] |
| *Far bona coucina,* | Faire bonne cuisine, |
| *Mi levar matina,* | Me lever matin, |
| *Far boller cadara.* | Faire bouillir marmite. |
| *Parlara, parlara :* | Parler, parler : |
| *Ti voler comprara?* | Toi vouloir acheter? [280] |

## IIᵉ ENTRÉE DE BALLET

Les esclaves recommencent leurs danses.

DOM PÈDRE chante.

> — *Savez-vous, mes drôles,*
> *Que cette chanson*
> *Sent pour vos épaules*
> *Les coups de bâton?* [285]

| | |
|---|---|
| *Chiribirida ouch alla!* | Chiribirida ouch alla! |
| *Mi ti non comprara,* | Moi, pas t'acheter, |
| *Ma ti bastonnara,* | Mais te bâtonner, |
| *Si ti non andara.* | Si toi pas t'en aller. |
| *Andara, andara,* | T'en aller, t'en aller, [290] |
| *O ti bastonnara.* | Ou te bâtonner. |

Oh! Oh! quels égrillards! *(A Isidore.)* Allons, rentrons ici; j'ai changé de pensée, et puis le temps se couvre un peu. *(A Hali, qui paraît encore là.)* Ah! fourbe que je vous y trouve!

HALI. — Hé bien! oui, mon maître l'adore; il n'a point de plus grand plai- [295] sir que de lui montrer son amour; et, si elle y consent, il la prendra pour femme.

DOM PÈDRE. — Oui, oui, je la lui garde.

HALI. — Nous l'aurons malgré vous.

DOM PÈDRE. — Comment! coquin... [300]

HALI. — Nous l'aurons, dis-je, en dépit de vos dents [1].

DOM PÈDRE. — Si je prends...

HALI. — Vous avez beau faire la garde; j'en ai juré, elle sera à nous.

DOM PÈDRE. — Laisse-moi faire, je t'attraperai sans courir.

HALI. — C'est nous qui vous attraperons; elle sera notre femme, la chose [305] est résolue. *(Seul.)* Il faut que j'y périsse, ou que j'en vienne à bout.

## SCÈNE IX. — ADRASTE, HALI.

ADRASTE. — Hé bien! Hali, nos affaires s'avancent-elles?

HALI. — Monsieur, j'ai déjà fait quelque petite tentative; mais je...

ADRASTE. — Ne te mets point en peine; j'ai trouvé par hasard tout ce que

---

1. A rapprocher de l'expression « malgré ses dents », ainsi expliquée par Furetière (*Dict.*, 1690) : « quelque empêchement qu'il y puisse mettre ou apporter. »

je voulais, et je vais jouir du bonheur de voir chez elle cette belle. Je [310]
me suis rencontré chez le peintre Damon, qui m'a dit qu'aujourd'hui
il venait faire le portrait de cette adorable personne ; et, comme il est
depuis longtemps de mes plus intimes amis, il a voulu servir mes feux,
et m'envoie à sa place avec un petit mot de lettre pour me faire accepter.
Tu sais que de tout temps je me suis plu à la peinture, et que parfois [315]
je manie le pinceau, contre la coutume de France, qui ne veut pas qu'un
gentilhomme sache rien faire [1] : ainsi j'aurai la liberté de voir cette
belle à mon aise. Mais je ne doute pas que mon jaloux fâcheux ne soit
toujours présent, et n'empêche tous les propos que nous pourrions avoir
ensemble ; et, pour te dire vrai, j'ai, par le moyen d'une jeune esclave, [320]
un stratagème prêt pour tirer cette belle Grecque des mains de son
jaloux, si je puis obtenir d'elle qu'elle y consente.

HALI. — Laissez-moi faire, je veux vous faire un peu de jour à [2] le pouvoir
entretenir. *(Il parle bas à l'oreille d'Adraste.)* Il ne sera pas dit que je
ne serve de rien dans cette affaire-là. Quand allez-vous ? [325]

ADRASTE. — Tout de ce pas, et j'ai déjà préparé toutes choses.

HALI. — Je vais de mon côté me préparer aussi.

ADRASTE, *seul.* — Je ne veux point perdre de temps. Holà ! il me tarde que
je ne goûte le plaisir de la voir.


SCÈNE X. — DOM PÈDRE, ADRASTE.


DOM PÈDRE. — Que cherchez-vous, cavalier, dans cette maison ? [330]

ADRASTE. — J'y cherche le Seigneur Dom Pèdre.

DOM PÈDRE. — Vous l'avez devant vous.

ADRASTE. — Il prendra, s'il lui plaît, la peine de lire cette lettre.

DOM PÈDRE lit. — *Je vous envoie, au lieu de moi, pour le portrait que
vous savez, ce gentilhomme français, qui, comme curieux d'obliger les* [335]
*honnêtes gens, a bien voulu prendre ce soin, sur la proposition que je lui
en ai faite. Il est, sans contredit, le premier homme du monde pour ces
sortes d'ouvrages, et j'ai cru que je ne vous pouvais rendre un service
plus agréable que de vous l'envoyer, dans le dessein que vous avez d'avoir
un portrait achevé de la personne que vous aimez. Gardez-vous bien sur-* [340]
*tout de lui parler d'aucune récompense ; car c'est un homme qui s'en
offenserait, et qui ne fait les choses que pour la gloire et pour la répu-
tation.*

DOM PÈDRE, *parlant au Français.* — Seigneur Français, c'est une grande
grâce que vous me voulez faire, et je vous suis fort obligé. [345]

ADRASTE. — Toute mon ambition est de rendre service aux gens de nom
et de mérite.

DOM PÈDRE. — Je vais faire venir la personne dont il s'agit.

---

1. *Rien*, au sens latin (*rem*), signifie : quelque chose. Montaigne (*Essais*, II, 8) écrit que
la noblesse de France, au xviᵉ s. déjà, était « d'une condition oisive et [...] ne vivait, comme
on dit, que de ses restes ». Cf. aussi La Fontaine, *les Membres et l'Estomac* : « Chacun d'eux
résolut de vivre en gentilhomme, — Sans rien faire ». — 2. Vous donner l'occasion de.

SCÈNE XI. — ISIDORE, DOM PÈDRE, ADRASTE, *et* DEUX LAQUAIS.

DOM PÈDRE, *à Isidore*. — Voici un gentilhomme que Damon nous envoie, qui se veut bien donner la peine de vous peindre. *(Adraste baise Isidore* ³⁵⁰ *en la saluant, et Dom Pèdre lui dit.)* Holà! Seigneur Français, cette façon de saluer n'est point d'usage en ce pays.

ADRASTE. — C'est la manière de France.

DOM PÈDRE. — La manière de France est bonne pour vos femmes, mais pour les nôtres elle est un peu trop familière. ³⁵⁵

ISIDORE. — Je reçois cet honneur avec beaucoup de joie. L'aventure me surprend fort, et, pour dire le vrai, je ne m'attendais pas d'avoir ¹ un peintre si illustre.

ADRASTE. — Il n'y a personne sans doute qui ne tînt à beaucoup de gloire de toucher à un tel ouvrage. Je n'ai pas grande habileté; mais le sujet, ³⁶⁰ ici, ne fournit que trop de lui-même, et il y a moyen de faire quelque chose de beau sur un original fait comme celui-là.

ISIDORE. — L'original est peu de chose; mais l'adresse du peintre en saura couvrir les défauts.

ADRASTE. — Le peintre n'y en voit aucun, et tout ce qu'il souhaite est ³⁶⁵ d'en pouvoir représenter les grâces aux yeux de tout le monde, aussi grandes qu'il les peut voir.

ISIDORE. — Si votre pinceau flatte autant que votre langue, vous allez me faire un portrait qui ne me ressemblera pas.

ADRASTE. — Le Ciel, qui fit l'original, nous ôte le moyen d'en faire un ³⁷⁰ portrait qui puisse flatter.

ISIDORE. — Le Ciel, quoi que vous en disiez, ne...

DOM PÈDRE. — Finissons cela, de grâce; laissons les compliments et songeons au portrait.

ADRASTE, *aux laquais*. — Allons, apportez tout. *(On apporte tout ce qu'il* ³⁷⁵ *faut pour peindre Isidore.)*

ISIDORE, *à Adraste*. — Où voulez-vous que je me place?

ADRASTE. — Ici. Voici le lieu le plus avantageux, et qui reçoit le mieux les vues favorables de la lumière que nous cherchons.

ISIDORE, *s'asseyant*. — Suis-je bien ainsi? ³⁸⁰

ADRASTE, *assis*. — Oui. Levez-vous un peu, s'il vous plaît; un peu plus de ce côté-là, le corps tourné ainsi, la tête un peu levée, afin que la beauté du cou paraisse. Ceci un peu plus découvert. *(Il parle de sa gorge.)* Bon. Là, un peu davantage; encore tant soit peu.

DOM PÈDRE, *à Isidore*. — Il y a bien de la peine à vous mettre; ne sauriez- ³⁸⁵ vous vous tenir comme il faut?

ISIDORE. — Ce sont ici des choses toutes neuves pour moi; et c'est à Monsieur à me mettre de la façon qu'il veut.

ADRASTE. — Voilà qui va le mieux du monde, et vous vous tenez à merveille. *(La faisant tourner un peu devers lui.)* Comme cela, s'il vous plaît. ³⁹⁰ Le tout dépend des attitudes qu'on donne aux personnes qu'on peint.

---

1. C'est l'usage du temps que de mettre ici *de*; cf. La Fontaine, *La Tortue et les deux Canards :* « On ne s'attendait guère — De voir Ulysse en cette affaire ».

DOM PÈDRE. — Fort bien.

ADRASTE. — Un peu plus de ce côté; vos yeux toujours tournés vers moi, je vous en prie, vos regards attachés aux miens.

ISIDORE. — Je ne suis pas comme ces femmes qui veulent, en se faisant 395
peindre, des portraits qui ne sont point elles, et ne sont point satisfaites
du peintre s'il ne les fait toujours plus belles qu'elles ne sont. Il faudrait,
pour les contenter, ne faire qu'un portrait pour toutes; car toutes
demandent les mêmes choses : un teint tout de lis et de roses, un nez
bien fait, une petite bouche et de grands yeux vifs, bien fendus, et 400
surtout le visage pas plus gros que le poing, l'eussent-elles d'un pied de
large. Pour moi, je vous demande un portrait qui soit moi, et qui
n'oblige point à demander qui c'est.

ADRASTE. — Il serait malaisé qu'on demandât cela du vôtre, et vous avez
des traits à qui fort peu d'autres ressemblent. Qu'ils ont de douceurs 405
et de charmes, et qu'on court risque à les peindre !

DOM PÈDRE. — Le nez me semble un peu trop gros.

ADRASTE. — J'ai lu, je ne sais où, qu'Apelle peignit autrefois une maîtresse
d'Alexandre d'une merveilleuse beauté, et qu'il en devint, la peignant,
si éperdument amoureux qu'il fut près d'en perdre la vie : de sorte 410
qu'Alexandre, par générosité, lui céda l'objet de ses vœux [1]. *(Il parle
à Dom Pèdre.)* Je pourrais faire ici ce qu'Apelle fit autrefois; mais vous
ne feriez pas peut-être ce que fit Alexandre? *(Dom Pèdre fait la grimace.)*

ISIDORE, *à Dom Pèdre.* — Tout cela sent la nation; et toujours Messieurs les
Français ont un fonds de galanterie qui se répand partout. 415

ADRASTE. — On ne se trompe guère à ces sortes de choses; et vous avez
l'esprit trop éclairé pour ne pas voir de quelle source partent les choses
qu'on vous dit. Oui, quand Alexandre serait ici, et que ce serait votre
amant, je ne pourrais m'empêcher de vous dire que je n'ai rien vu de
si beau que ce que je vois maintenant et que... 420

DOM PÈDRE. — Seigneur Français, vous ne devriez pas, ce me semble, tant
parler; tout cela vous détourne de votre ouvrage.

ADRASTE. — Ah ! point du tout. J'ai toujours de coutume [2] de parler quand
je peins; et il est besoin, dans ces choses, d'un peu de conversation pour
réveiller l'esprit et tenir les visages dans la gaieté nécessaire aux per- 425
sonnes que l'on veut peindre.


SCÈNE XII. — HALI, *vêtu en Espagnol;* DOM PÈDRE, ADRASTE, ISIDORE.


DOM PÈDRE. — Que veut cet homme-là? Et qui laisse monter les gens sans
nous en venir avertir.

HALI, *à Dom Pèdre.* — J'entre ici librement, mais entre cavaliers telle liberté
est permise. Seigneur, suis-je connu de vous? 430

DOM PÈDRE. — Non, Seigneur.

HALI. — Je suis Dom Gilles d'Avalos, et l'histoire d'Espagne vous doit
avoir instruit de mon mérite.

DOM PÈDRE. — Souhaitez-vous quelque chose de moi?

HALI. — Oui, un conseil sur un fait d'honneur. Je sais qu'en ces matières 435

---

1. Il s'agit de la plus chérie des concubines d'Alexandre, Campaspe. Pline l'Ancien, qui rapporte le fait *(Histoire naturelle,* XXXV, 24), ajoute que, pour certains, elle serait le modèle de la Vénus Anadyomène. — 2. Usité à l'époque pour : avoir *coutume.*

il est malaisé de trouver un cavalier plus consommé que vous; mais je vous demande pour grâce que nous nous tirions à l'écart.

DOM PÈDRE. — Nous voilà assez loin.

ADRASTE *va pour parler à Isidore; Dom Pèdre le surprend.* — J'observais de près la couleur de ses yeux [1]. 440

HALI, *tirant Dom Pèdre pour l'éloigner d'Adraste et d'Isidore.* — Seigneur, j'ai reçu un soufflet. Vous savez ce qu'est un soufflet, lorsqu'il se donne à main ouverte, sur le beau milieu de la joue. J'ai ce soufflet fort sur le cœur; et je suis dans l'incertitude si, pour me venger de l'affront, je dois me battre avec mon homme ou bien le faire assassiner. 445

DOM PÈDRE. — Assassiner, c'est le plus sûr et le plus court chemin. Quel est votre ennemi?

HALI *tient Dom Pèdre, en lui parlant, de façon qu'il ne peut voir Adraste.* — Parlons bas, s'il vous plaît.

ADRASTE *se met aux genoux d'Isidore, pendant que Dom Pèdre parle à Hali.* — 450 Oui, charmante Isidore, mes regards vous le disent depuis plus de deux mois, et vous les avez entendus. Je vous aime plus que tout ce que l'on peut aimer, et je n'ai point d'autre pensée, d'autre but, d'autre passion, que d'être à vous toute ma vie.

ISIDORE. — Je ne sais si vous dites vrai, mais vous persuadez. 455

ADRASTE. — Mais vous persuadé-je jusqu'à vous inspirer quelque peu de bonté pour moi?

ISIDORE. — Je ne crains que d'en trop avoir.

ADRASTE. — En aurez-vous assez pour consentir, belle Isidore, au dessein que je vous ai dit? 460

ISIDORE. — Je ne puis encore vous le dire.

ADRASTE. — Qu'attendez-vous pour cela?

ISIDORE. — A me résoudre.

ADRASTE. — Ah! quand on aime bien, on se résout bientôt.

ISIDORE. — Hé bien! allez, oui, j'y consens. 465

ADRASTE. — Mais consentez-vous, dites-moi, que ce soit dès ce moment même?

ISIDORE. — Lorsqu'on est une fois résolu sur la chose, s'arrête-t-on sur le temps?

DOM PÈDRE, *à Hali.* — Voilà mon sentiment, et je vous baise les mains. 470

HALI. — Seigneur, quand vous aurez reçu quelque soufflet, je suis homme aussi de conseil, et je pourrai vous rendre la pareille.

DOM PÈDRE. — Je vous laisse aller sans vous reconduire; mais, entre cavaliers, cette liberté est permise.

ADRASTE, *à Isidore.* — Non, il n'est rien qui puisse effacer de mon cœur les 475 tendres témoignages... *(Dom Pèdre apercevant Adraste qui parle de près à Isidore.)* Je regardais ce petit trou qu'elle a au côté du menton, et je croyais d'abord que ce fût une tache. Mais c'est assez pour aujourd'hui, nous finirons une autre fois. *(Parlant à Dom Pèdre.)* Non, ne regardez rien encore; faites serrer cela, je vous prie. *(A Isidore.)* Et 480 vous, je vous conjure de ne vous relâcher point, et de garder un esprit gai, pour le dessein que j'ai d'achever notre ouvrage.

ISIDORE. — Je conserverai pour cela toute la gaieté qu'il faut.

-----

1. Variante (1668) : « Elle a les yeux bleus » (c'était une particularité de M<sup>lle</sup> De Brie).

### SCÈNE XIII. — DOM PÈDRE, ISIDORE.

ISIDORE. — Qu'en dites-vous? Ce gentilhomme me paraît le plus civil du monde, et l'on doit demeurer d'accord que les Français ont quelque 485 chose en eux de poli, de galant, que n'ont point les autres nations.
DOM PÈDRE. — Oui, mais ils ont cela de mauvais, qu'ils s'émancipent un peu trop, et s'attachent, en étourdis, à conter des fleurettes à tout ce qu'ils rencontrent.
ISIDORE. — C'est qu'ils savent qu'on plaît aux Dames par ces choses. 490
DOM PÈDRE. — Oui, mais s'ils plaisent aux Dames, ils déplaisent fort aux Messieurs; et l'on n'a point bien aise de voir, sur sa moustache [1], cajoler hardiment sa femme ou sa maîtresse.
ISIDORE. — Ce qu'ils en font n'est que par jeu.

### SCÈNE XIV. — CLIMÈNE, DOM PÈDRE, ISIDORE.

CLIMÈNE, *voilée.* — Ah! Seigneur cavalier, sauvez-moi, s'il vous plaît, des 495 mains d'un mari furieux dont je suis poursuivie. Sa jalousie est incroyable, et passe dans ses mouvements tout ce qu'on peut imaginer. Il va jusques à vouloir que je sois toujours voilée; et pour m'avoir trouvée le visage un peu découvert, il a mis l'épée à la main, et m'a réduite à me jeter chez vous, pour vous demander votre appui contre 500 son injustice. Mais je le vois paraître. De grâce, Seigneur cavalier, sauvez-moi de sa fureur.
DOM PÈDRE, *à Climène, lui montrant Isidore.* — Entrez là-dedans avec elle, et n'appréhendez rien.

### SCÈNE XV. — ADRASTE, DOM PÈDRE.

DOM PÈDRE. — Hé quoi! Seigneur, c'est vous? Tant de jalousie pour un 505 Français? Je pensais qu'il n'y eût que nous qui en fussions capables.
ADRASTE. — Les Français excellent toujours dans toutes les choses qu'ils font; et quand nous nous mêlons d'être jaloux, nous le sommes vingt fois plus qu'un Sicilien. L'infâme croit avoir trouvé chez vous un assuré refuge; mais vous êtes trop raisonnable pour blâmer mon ressentiment. 510 Laissez-moi, je vous prie, la traiter comme elle mérite.
DOM PÈDRE. — Ah! de grâce, arrêtez; l'offense est trop petite pour un courroux si grand.
ADRASTE. — La grandeur d'une telle offense n'est pas dans l'importance des choses que l'on fait. Elle est à transgresser les ordres qu'on nous 515 donne; et sur de pareilles matières, ce qui n'est qu'une bagatelle devient fort criminel lorsqu'il est défendu.
DOM PÈDRE. — De la façon qu'elle a parlé, tout ce qu'elle en a fait a été sans dessein; et je vous prie enfin de vous remettre bien ensemble.
ADRASTE. — Hé quoi! vous prenez son parti, vous qui êtes si délicat sur ces 520 sortes de choses?
DOM PÈDRE. — Oui, je prends son parti; et si vous voulez m'obliger, vous oublierez votre colère, et vous vous réconcilierez tous deux. C'est une

---

1. Sous ses yeux.

grâce que je vous demande; et je le recevrai comme un essai de l'amitié
que je veux qui soit entre nous. 525
ADRASTE. — Il ne m'est pas permis, à ces conditions, de vous rien refuser;
je ferai ce que vous voudrez.

### SCÈNE XVI. — CLIMÈNE, ADRASTE, DOM PÈDRE.

DOM PÈDRE. — Holà! venez. Vous n'avez qu'à me suivre, et j'ai fait
votre paix. Vous ne pouviez jamais mieux tomber que chez moi.
CLIMÈNE. — Je vous suis obligée plus qu'on ne saurait croire; mais je 530
m'en vais prendre mon voile : je n'ai garde, sans lui, de paraître à ses
yeux.
DOM PÈDRE. — Le voici qui s'en va venir; et son âme, je vous assure, a
paru toute réjouie lorsque je lui ai dit que j'avais raccommodé tout.

### SCÈNE XVII. — ISIDORE, *sous le voile de Climène;* ADRASTE, DOM PÈDRE.

DOM PÈDRE. — Puisque vous m'avez bien voulu donner votre ressentiment, 535
trouvez bon qu'en ce lieu je vous fasse toucher dans la main l'un de
l'autre, et que tous deux je vous conjure de vivre, pour l'amour de moi,
dans une parfaite union.
ADRASTE. — Oui, je vous le promets, que, pour l'amour de vous, je m'en
vais, avec elle, vivre le mieux du monde. 540
DOM PÈDRE. — Vous m'obligerez sensiblement, et j'en garderai la mémoire.
ADRASTE. — Je vous donne ma parole, Seigneur Dom Pèdre, qu'à votre
considération, je m'en vais la traiter du mieux qu'il me sera possible.
DOM PÈDRE. — C'est trop de grâce que vous me faites. *(Seul.)* Il est bon
de pacifier et d'adoucir toujours les choses. Hola! Isidore, venez. 545

### SCÈNE XVIII. — CLIMÈNE, DOM PÈDRE.

DOM PÈDRE. — Comment! que veut dire cela?
CLIMÈNE, *sans voile*. — Ce que cela veut dire? Qu'un jaloux est un monstre
haï de tout le monde, et qu'il n'y a personne qui ne soit ravi de lui
nuire, n'y eût-il point d'autre intérêt; que toutes les serrures et les ver-
rous du monde ne retiennent point les personnes, et que c'est le cœur 550
qu'il faut arrêter par la douceur et par la complaisance; qu'Isidore est
entre les mains du cavalier qu'elle aime, et que vous êtes pris pour dupe.
DOM PÈDRE. — Dom Pèdre souffrira cette injure mortelle? Non, non, j'ai
trop de cœur, et je vais demander l'appui de la justice pour pousser le
perfide à bout. C'est ici le logis d'un Sénateur. Holà! 555

### SCÈNE XIX. — LE SÉNATEUR, DOM PÈDRE.

LE SÉNATEUR. — Serviteur, Seigneur Dom Pèdre. Que vous venez à propos!
DOM PÈDRE. — Je viens me plaindre à vous d'un affront qu'on m'a fait.
LE SÉNATEUR. — J'ai fait une mascarade la plus belle du monde.
DOM PÈDRE. — Un traître de Français m'a joué une pièce [1].

---

1. Un mauvais tour.

LE SÉNATEUR. — Vous n'avez, dans votre vie, jamais rien vu de si beau. ⁵⁶⁰

DOM PÈDRE. — Il m'a enlevé une fille que j'avais affranchie.

LE SÉNATEUR. — Ce sont gens vêtus en Maures, qui dansent admirablement.

DOM PÈDRE. — Vous voyez si c'est une injure qui se doive souffrir.

LE SÉNATEUR. — Les habits merveilleux, et qui sont faits exprès.

DOM PÈDRE. — Je demande l'appui de la justice contre cette action. ⁵⁶⁵

LE SÉNATEUR. — Je veux que vous voyiez cela; on la va répéter pour en donner le divertissement au peuple.

DOM PÈDRE. — Comment? De quoi parlez-vous là?

LE SÉNATEUR. — Je parle de ma mascarade.

DOM PÈDRE. — Je vous parle de mon affaire. ⁵⁷⁰

LE SÉNATEUR. — Je ne veux point aujourd'hui d'autres affaires que de plaisir. Allons, Messieurs, venez; voyons si cela ira bien.

DOM PÈDRE. → La peste soit du fou, avec sa mascarade !

LE SÉNATEUR. — Diantre soit le fâcheux, avec son affaire !

### SCÈNE DERNIÈRE

*Plusieurs Maures font une danse entre eux, par où finit la comédie.* ⁵⁷⁵

ADRASTE. — *J'ai lu [...] qu'Apelle peignit autrefois une maitresse d'Alexandre d'une merveilleuse beauté...*

(l. 410 et suiv.)

*Le Sicilien* joué, place Furstenberg, en 1954 par la Compagnie Lionel Baylac

Cl. Bernand

- **L'action**

① Quels sont les problèmes que pose au metteur en scène l'action et le lieu? Xavier de Courville, présentant de nos jours *le Sicilien*, se servait d'un jeu de rideaux pour marquer les changements de scène. Précisez ce jeu.

- **Les personnages.** — **Adraste** « pousse le tendre et le passionné », comme dit une des *Précieuses ridicules*. Enclin à la « douce rêverie », il a pratiqué dans les ruelles parisiennes la pointe et le madrigal. Il est cultivé, connaît l'histoire, surtout anecdotique et galante, et possède les arts d'agrément, peinture et musique. Avec l'esprit de repartie, l'astuce, et une « débrouillardise » dont on sent bien qu'elle est de nature plus que de circonstance, il est armé pour la séduction et l'intrigue. C'est d'ailleurs lui qui mène le jeu.

② Vous le comparerez au Comte Almaviva de Beaumarchais.

**Hali** est d'abord, selon la convention, un esclave qui se plaint de sa condition. Poète avec cela, comme le montrent ses premiers mots, mais pas très instruit sur le *bécarre* (l. 43) car autodidacte sans doute.

Son irritabilité, son esprit batailleur l'emportent parfois un peu loin (sc. 8), mais il ne manque pas de dons pour l'intrigue et le travesti. Fourbe, « fourbissime » et conscient de l'être, il se trouverait déshonoré et frustré si on l'empêchait de participer à une chaude affaire. Ce n'est plus Mascarille, et ce n'est pas encore Scapin : il se situe tout de même au second plan.

**Dom Pèdre** reste le barbon classique : « jaloux comme un tigre », dit-il lui-même (l. 189), il est un adversaire assez redoutable. Dépourvu de scrupules (il a des mots très durs parfois), mais non point d'esprit, il est toujours sur ses gardes et difficile à prendre en défaut.

③ La générosité qu'il montre à la fin de la pièce (sc. 14 et suiv.) et qui confine à la naïveté, vous paraît-elle dans la logique du personnage ou dictée par les nécessités de l'intrigue?

**Isidore** exprime avec acidité la révolte de sa nature, son goût de la liberté et son appétit de vivre. Car c'est l'amour qui la tient toute. Rien d'ailleurs d'une Roxane (dans *Bajazet*), mais une grâce à la fois plaintive et vigoureuse. Une Henriette (*les Femmes Savantes*) à la scène 11, avec sa saine simplicité, mais une Henriette teintée de Célimène (*le Misanthrope*).

④ Vous comparerez cette silhouette à Agnès de *l'École des femmes*, et à Rosine du *Barbier de Séville*.

- **Morale.** ⑤ En comparant avec d'autres pièces de Molière (notamment *l'École des femmes*), montrez comment Climène sert de porte-parole à Molière.

- **Style.** ⑥ Relevez les vers non rimés, en particulier dans la scène 1.

# Table des matières

Imprimerie Berger-Levrault, Nancy — 715492-01-90
Dépôt légal : mars 1990 — Dépôt légal 1<sup>re</sup> édition : 1964
*Imprimé en France*